广西大学马克思主义理论研究与建设工程基地

马克思诞辰200周年纪念文库
The 200ᵗʰ Anniversary Books for Karl Marx

转型发展与马克思主义经济理论

李欣广 | 著

中央编译出版社
Central Compilation & Translation Press

图书在版编目（CIP）数据

转型发展与马克思主义经济理论 / 李欣广著 . -- 北京：中央编译出版社，2019.1
ISBN 978-7-5117-3675-8

Ⅰ. ①转…
Ⅱ. ①李…
Ⅲ. ①马克思主义政治经济学—研究—中国
Ⅳ. ①F0-0

中国版本图书馆 CIP 数据核字（2018）第 288090 号

转型发展与马克思主义经济理论

出 版 人：	葛海彦
责任编辑：	谭　伟
责任印制：	刘　慧
出版发行：	中央编译出版社
地　　址：	北京西城区车公庄大街乙 5 号鸿儒大厦 B 座（100044）
电　　话：	（010）52612345（总编室）　　（010）52612349（编辑室） （010）52612316（发行部）　　（010）52612346（馆配部）
传　　真：	（010）66515838
经　　销：	全国新华书店
印　　刷：	三河市华东印刷有限公司
开　　本：	710 毫米 ×1000 毫米　1/16
字　　数：	238 千字
印　　张：	16.5
版　　次：	2019 年 1 月第 1 版
印　　次：	2019 年 1 月第 1 次印刷
定　　价：	78.00 元

网　　址：	www.cctphome.com　　邮　箱：cctp@cctphome.com
新浪微博：	@中央编译出版社　　微　信：中央编译出版社（ID：cctphome）
淘宝店铺：	中央编译出版社直销店（http：// shop108367160.taobao.com）　（010）55626985

本社常年法律顾问：北京市吴栾赵阎律师事务所　闫军　梁勤
凡有印装质量问题，本社负责调换，电话：（010）55626985

前　言

本书所说的转型发展，是指在技术革命以及由此带动的产业革命基础上，在相关的国内外政治经济变局的背景下，一国社会经济所发生的经济体制转型、经济增长与经济发展方式转型、文明形态转型。因此，转型发展这个概念本身就包含经济发展的内容，或者说，转型发展不仅有狭义的经济发展内涵即经济结构的升级，还有经济形态的变迁与经济关系的改进等重要内容。

本书所说的经济理论，是指马克思主义的经济理论，在坚持原有的理论基础、学科范式的前提下，部分具体的观点与时俱进，有所改进。本书尝试的改进包括在三方面发展马克思主义的经济理论：

一是在深度方面，例如在第二章中深化马克思的三大社会形态学说；在第四章中深化马克思主义经济学关于市场与计划的理论；在第八章中深化马克思的劳动力价值论。

二是在广度方面，例如在第五章中，将马克思的扩大再生产理论拓展到经济增长方式与新型工业化道路；在第九章中提出国际价值链的"环节价值"是当代价值形态；在第十章中将马克思的价值理论从经济系统拓展到生态系统，提出生态价值论。

三是在视角上转换经济理论的表述，例如在第三章中拓展经济关系新视野，从职权关系、产权关系、社会契约关系来分析经济体制及其变迁；在第六章中从当代市场经济、知识经济的视角更新经济范畴；在第七、八章中从科学发展观、五大发展理念、以人民为中心的经济发展等来论述马克思主义的发展经济学。

目 录

Contents

第一章　导论：关于马克思主义经济学的发展 …………………… 1
　　第一节　马克思主义经济学的发展使命 …………………………… 1
　　第二节　经济体制转型中的政治经济学 …………………………… 11

第二章　经济制度竞争与经济体制转型 ……………………………… 17
　　第一节　经济体制转型的背景 ……………………………………… 17
　　第二节　经济体制转型的方向——中国特色社会主义经济 ……… 25
　　第三节　经济全球化与中国经济发展道路面临的挑战 …………… 31

第三章　转型发展的理论基础——社会形态理论 ………………… 39
　　第一节　马克思的三大社会形态学说 ……………………………… 39
　　第二节　劳动时间经济的历史假说 ………………………………… 42
　　第三节　"物"的依赖关系下的社会分工与财富分配 …………… 47

第四章　转型中的三大经济关系 ……………………………………… 52
　　第一节　经济关系新视野：职权关系、产权关系、社会契约关系　52
　　第二节　社会主义三大经济关系的依据与历史由来 ……………… 58

第三节　社会主义市场经济体制建立中的经济关系 …………… 64

第五章　转型中的国民经济运行 ………………………………… 78
　　第一节　国民经济运行的两种调节 …………………………… 78
　　第二节　西方发达资本主义国家的经济运行 ………………… 84
　　第三节　社会主义国家的经济运行及其世界意义 …………… 88
　　第四节　计划与市场的辩证关系 ……………………………… 94

第六章　转型中的经济增长 ………………………………………… 101
　　第一节　扩大再生产与经济增长 ……………………………… 101
　　第二节　经济转型的大趋势：知识经济与信息社会 ………… 109
　　第三节　转型依托的新型工业化道路 ………………………… 116

第七章　经济范畴的更新 …………………………………………… 124
　　第一节　经济学范畴的重新界定 ……………………………… 124
　　第二节　价值的实质与表现 …………………………………… 129
　　第三节　融入知识经济与生态经济视角的财富与资本范畴更新 … 134

第八章　经济发展方式转型与发展新理念 ………………………… 145
　　第一节　共同富裕与科学发展 ………………………………… 145
　　第二节　科学发展观与发展方式 ……………………………… 151
　　第三节　经济发展新理念 ……………………………………… 159

第九章　以人民为中心的经济发展 ………………………………… 172
　　第一节　以人民为中心的发展宗旨 …………………………… 172
　　第二节　"民生论" …………………………………………… 182
　　第三节　劳动力价值新论 ……………………………………… 189

第十章　对外开放与国际经济理论 ………………………………… 200
　　第一节　马克思的国际价值论 ………………………………… 200

第二节　国际分工与对外开放 ·················· 205
　　第三节　比较优势与竞争优势 ·················· 209
　　第四节　国际价值链的环节价值是当代价值形态 ········ 214

第十一章　可持续发展视角下的经济理论 ············ 224
　　第一节　可持续发展视角下的经济理论特点 ·········· 224
　　第二节　可持续发展视野中的经济学概念 ············ 228
　　第三节　生态文明与社会历史发展 ················ 238

参考文献 ······························ 245

后记 ································ 252

第一章　导论：关于马克思主义经济学的发展

第一节　马克思主义经济学的发展使命

一、马克思主义经济学的理论意义

（一）起到领军作用的是马克思主义政治经济学

马克思主义经济学是理论经济学，不是部门经济学或专门领域的经济学。就学科而言，当代马克思主义经济理论包括五大学科：①马克思主义政治经济学，该学科主要是揭示现实中的经济关系的，它的具体化包括马克思主义制度经济学。②社会主义发展经济学，该学科主要是针对欠发达地区、老少边山穷地区如何发展经济的。③社会主义国民经济学，是探讨经济运行的学科，研究对象是宏观经济、企业经济与产业经济的综合，该学科需要以金融学、财政学等部门经济学为基础。④社会主义生态经济学，当前，该学科面临研究循环经济、低碳经济、建设两型社会（环境友好型、资源节约型）等问题。⑤马克思主义世界经济学，研究世界整体的或区域的经济关系、经济运行，为对外开放提供理论指导。

习近平同志提出的五大发展理念，分别在这五大学科中都有涉及。政治经济学着重阐述共享发展，探讨如何在社会主义市场经济体制下走共同富裕道路。发展经济学着重阐述创新发展与共享发展，包含扶贫经济学。国民经济学着重阐述协调发展，力求比例协调，国民经济均衡运行。生态经济学着重阐述绿色发展。世界经济学着重阐述开放发展。当然，任何一个学科也都要阐述其他发展理念。

在经济理论发展中起到领军作用的,是当代马克思主义政治经济学。政治经济学是马克思主义的三个组成部分之一(其他两个部分是哲学与科学社会主义),与社会发展有密切关系。习近平总书记在两次讲话中都提到马克思主义政治经济学。一次是在全国哲学社会科学工作座谈会上[①],批驳了"马克思主义政治经济学过时了,《资本论》过时了"的错误观点,从国际金融危机发生后的世界经济与学术动态来论证马克思主义政治经济学的生命力。一次是在主持中央就马克思主义政治经济学基本原理和方法论的学习会上就说道[②],要立足我国国情和我国发展实践,揭示新特点新规律,提炼和总结我国经济发展实践的规律性成果;掌握科学的经济分析方法,认识经济运动过程,提高驾驭社会主义市场经济能力,更好回答我国经济发展的理论和实践问题。由此看来,经济学这个大学科的发展,离开政治经济学,就像物理学科离开理论物理学一样,必然会缺少主心骨。

(二)当代马克思主义政治经济学的动向

在西方经济学席卷中国经济学理论界、力图主导理论界的情况下,我国越来越多的理论与实际工作者,对马克思主义经济学边缘化的趋势奋起进行抗争。由此较有规模地开始了本世纪以来当代马克思主义政治经济学的批判与创新。

批判内容主要针对改革开放以来在所有制背景下出现的如下观点:①乘机否定私有制的剥削本性,鼓吹生产要素价值论,歪曲、否定和替代劳动价值论,抹杀、篡改剩余价值理论,进而否认按资分配,借管理劳动概念否认剥削。②乘机美化私有制经济、丑化公有制经济,鼓吹私有制是必由之路、必然选择。在效率、产权、垄断性、"与民争利"等方面对国有企业进行无端的指责,将改革需要克服的问题、计划经济体制下国营企业的局限性,都说成公有制的本质问题。③抹杀私人企业内的劳资矛盾,否认生产资料占有的不平等是两极分化的根本源泉,在分配问题上以第二次分配的福利性来取代第一次分配的公平性。④乘机抹杀企业的所有制性

---

① 2016年5月17日。
② 2015年11月23日中共中央政治局第28次集体学习会。

质，制造所谓"官有"与"民有"的矛盾，颠覆马克思主义经济学的所有制理论，实行实质上的私有化方针。另外就是通过抬高西方经济学来排挤、公开或暗地驱逐马克思主义经济学的观点。还有针对那些变换名词，扭曲实质，偷换错误理论的观点，它们可概括为"三伪论"，即伪公有制论、伪改革论、伪装社会主义论。

创新内容主要体现在以下两方面：

一是社会主义市场经济学理论，内容包括：①社会主义与市场经济相结合的理论，论证公有制可以与市场经济兼容，阐述计划与市场两种调节机制的相互关系，论述在公有制基础上解决市场经济矛盾的可能性和途径；②论证以公有制为主体、多种经济成分共同发展的必然选择与正确理解，提出了公有制经济的实现形式理论，提出了公有资本理论；③阐述国有经济与国有企业的作用；论证市场经济中的国有企业产权关系、阐述其内部经济关系与企业治理机制；构思了国有企业管理体制；④论述民主监督与公有制成败的关系，公有制经济民主管理与政府控制相关性，公共物品与政府的作用；⑤论述农村集体经济的改革与发展，分析当前我国"三农问题"的症结是小农经济生产方式与现代市场经济的矛盾，系统分析了土地经营权流转问题，等等。

二是对当代资本主义的理论分析，内容包括当代资本主义结构性危机理论，提出国际金融垄断资本主义发展阶段的判断、新的经济周期说，当代国际金融货币体系本质理论，资本社会化发展趋势理论、发展中国家的后发资本主义理论，经济长波与资本主义发展阶段性理论。有的运用马克思的国际价值理论解说经济全球化，还有的揭露了美国发动的"世界经济战争"。

综上所述，当代马克思主义政治经济学，就是我国改革开放以来，研究社会主义市场经济、研究经济全球化时代的、金融垄断资本主义的政治经济学。

（三）马克思主义政治经济学对国民经济的指导

对中国当前各个领域的社会经济问题（如宏观经济、产业经济、城市经济、区域经济），以及热点难点问题（如产能过剩、私有经济、外资进入、土地流转），如何对它们的性质、特点、原因、效果等做出深刻的分析？这需要应用政治经济学，因为对于这些问题的分析离不开经济关系与运行方式。也只有对问题的实质有所明察，才能提出正确的对策建议。近来经济界的一个重要学术动态，就是林毅夫与张维迎就一个国家的经济发展要不要产业政策展开大辩论，许多经济学者纷纷加入辩论当中。我们如何来判断正确或错误？本人的看法，此题材必须涉及这一基本理论问题，就是弄清在社会化大生产条件下，国民经济是在怎样的调节力量下运行的。西方经济学早就看到有"政府失灵"与"市场失灵"的问题，发达资本主义国家的政府运作是同时针对这两个"失灵"的。正因为如此，邓小平指出指出：计划与调节都是社会化大生产的调节手段，资本主义也有计划，社会主义也有市场。为什么资本主义与社会主义都需要两种调节手段？这需要用政治经济学的分析来说明。一个社会化大生产的国民经济，完全不通过理性调节，彻底依赖自发的利益调节，是不可想象的。

政治经济学探索中国特色社会主义经济的生产、分配、交换、消费等主要环节，从经济运动的规律性来研究它们之间的相互关系。如习近平在探索经济问题时，就发现我国经济发展面临的问题，供给和需求两侧都有，但矛盾的主要方面在供给侧。增强供给结构对需求变化的适应性和灵活性，促使供给与需求在更高水平上均衡，才能解决有效供给能力不足带来的大量"需求外溢"，才能满足广大人民日益增长、不断升级和个性化的物质文化和生态环境需求，并有效创造新的消费需求，促进经济社会持续健康发展。这些论述涉及政治经济学的经济周期理论、供给与需求关系理论等。习近平的新观点揭示了政治经济学的基本原理：供给和需求是社会经济中非常重要的一对关系，其内在的核心关系又是生产和消费的关系。生产是消费的源泉和根据，消费是生产的目的和结果。在生产与消费的关系中，生产是第一性的，是起决定作用的；消费对生产起到重要的反作用。基本原理可以随着实践的深化不断延伸，为我们认识社会经济运行提供越来越多的理论工具。

（四）当代中国马克思主义政治经济学理论发展的任务

习近平倡导开拓当代中国马克思主义政治经济学新境界[①]，将涉及如下

[①] 习近平总书记在2015年11月23日中共中央政治局第28次集体学习会上的发言。

任务：

1. 根本任务，在于应用马克思主义政治经济学基本原理和方法论，认识当代复杂的国内外经济运动过程，透过纷繁多样的经济现象认识社会经济的本质。

2. 对于党的十一届三中全会以来我们党形成的重要理论成果，比如，关于社会主义本质的理论，关于社会主义初级阶段基本经济制度的理论，关于市场与政府在资源配置中各自作用的理论，关于推动新型工业化、信息化、城镇化、农业现代化相互协调的理论，关于用好国际国内两个市场、两种资源的理论，关于促进社会公平正义、逐步实现全体人民共同富裕的理论，等等，仍需进一步深入联系实际，加以充实，更有效地指导实践。

3. 马克思主义政治经济学的根本立场，是坚持以人民为中心的发展思想。为此，要在理论上论述好这个根本立场。增进人民福祉、促进人的全面发展、朝着共同富裕方向稳步前进，理应是中国经济发展的出发点和落脚点。

4. 在理论上明确社会主义基本经济制度的内容，论证巩固和发展公有制经济、鼓励、支持、引导非公有制经济发展、推动各种所有制取长补短、相互促进、共同发展的历史必要性，论证公有制主体地位与国有经济主导作用的现实必要性。阐述社会主义基本分配制度的内容，论述居民收入增长和经济增长同步、劳动报酬提高和劳动生产率提高同步，促进国民收入分配格局更公平、更合理的体制机制和政策。阐述增加城乡居民收入、缩小收入差距的具体途径。

5. 阐述改革开放的方向要体现"两点论"：既要坚持、又要发挥社会主义基本制度与市场经济两方面的优势，在两者的结合上下功夫；既要坚持对外开放基本国策，善于统筹国内国际两个大局，利用好国际国内两个市场、两种资源，发展更高层次的开放型经济，积极参与全球经济治理，又要坚决维护我国发展利益，积极防范各种风险，确保国家经济安全。

二、马克思主义政治经济学的与时俱进

（一）继承与更新

马克思主义经济学在最基本的方面继承马克思恩格斯经济理论的成

果，具体论证了历史唯物主义的原理，体现了深刻的辩证法，将社会经济关系深入进行了剖析，为经济理论科学的发展开创了先河。

西方经济学对市场经济的分析，擅长分析经济现象，对宏观微观的经济运行有一定的实用性。然而，揭示经济本质，总结历史规律，马克思经济学方为上乘。有的理论高度是西方经济学永远无法达到的。例如，马克思指出，人类社会要经历三个阶段：人对人的依赖阶段，人对物的依赖阶段，自由人联合体的阶段。有这样的远见卓识，我们就能深刻认识现代社会中的矛盾及其未来的解决途径。这正是马克思经济学的价值所在。

当然，作为分析资本主义市场经济的马克思经济学，不能直接搬到社会主义经济中来，要进行改造。但不是斯大林时期构建社会主义政治经济学那样的另砌炉灶，必须保持原有的范式。而对于这个改造，最关键之处就在于，要肯定马克思对资本主义市场经济进行分析所用的系列范畴：商品、市场、价值、货币、资本、剩余价值、生产价格、利润、平均利润、利息、地租等，都能适用于社会主义市场经济，只是内涵有变化。此外，必须结合一百多年来世界各国市场经济发展的新材料，推进原有的理论。

（二）构建新范畴、新原理

时代在变化，我们所处的社会，具有知识经济、服务经济、信息社会、生态经济、可持续发展等时代新背景。我们不能只懂得它们的现象，只懂得适应新时代的操作技能，还应当懂得其中的经济关系。这需要用马克思主义政治经济学的新范畴、新原理来说明。

政治经济学的突出进展，一是运用西方新制度学派理论来思考中国经济体制问题，且有明显的"中国化"趋向。二是用所有以往经济理论都不曾有的新视野来发展理论经济学：引进可持续发展观，引入知识经济观。于是对原有的经济价值观念、经济范畴、机制分析、理论体系都要有重大变革。

比如，商品的形态已不限于物质资料，它至少包括三种主要形态：物质产品、劳务、信息。同样，当代的财富绝不限于物质资料一种，而是包括物质财富、信息财富与生态财富三大类。接下来，财产又比财富多一种形态，分为物质财产、生态财产、信息财产、货币财产。信息财产包括专利权、商标权、专有技术权、著作权与版权、软件的知识产权等。自然资源所有权，就是生态财产的表现之一。财产分为消费性财产与增值性财产。增值性财产就可以称为是广义的资本。在社会经济中，资本实际上分为生产性资本与索取性资本，前者就是职能资本，它必须通过企业发挥作用；后者包括生息资本与虚拟资本。职能资本投入到企业中，要转化为企业的资产。但职能资本与企业资产是有区别的两个概念。一者，资本是价值，而资产是企业中现实起作用的要素。凡资本都可转为某种资产，但不是一切资产都属于资本，如商誉与营销渠道就是非资本性的资产。二者，资本可以是自有资本，或是借入资本。资产虽然有自备的或租赁来的，但它们都作为统一的企业资产而发挥作用。此外，在企业的价值生产过程中，生产资本与流通资本都有了新内容。信息财产（专利、标准）转为技术资本，广告投资造就的品牌转为营销资本。两者合起来成为现代企业的无形资本，与企业的物质资本、人力资本并列为三大形态。它们在企业资本的循环与周转中都有新的运动特点，由此也增加了新的会计内容，为补偿这三大形态的资本，理论上把企业提取的折旧资金与教育培训资金、法律支出费用、科技开发资金、广告资金等，都作为企业资本循环周转运动中的环节。我们掌握了马克思主义政治经济学，对经济生活中各种新事物的理解，就会自觉得多。

（三）对时代发展的新解说

马克思主义经济学原理运用于社会主义市场经济，最基本的改造是价值标准的改造。只有成功地完成这一改造，原来用于对资本主义市场经济关系的深刻分析，才可能对现代各种市场经济中产生的新问题进行分析，从中得到大发展。历史实践已经证明，我们当前正在建设的社会主义仍然处在马克思所说的"人对物的依赖"这一阶段，我们还远远未跨进"自由人的联合体"阶段。在现实的社会中，人与人之间的经济关系，建立在商品货币基础上比建立在任何人身依附关系、权力关系等其他关系上都要更为合理。用肯定性的价值判断来分析商品货币关系，是将马克思经济学理论运用于社会主义经济的基本前提。而现代商品货币关系的发展，是将一切生产要素价值化、资本化，资本的本性与基本功能就是生产剩余价值。社会经济的这个运动基础，要从市场经济关系来看待。价值生产中机器要素超过土地要素的重要性，是几百年来社会经济的进步；当价值生产中知识要素超过机器要素的重要性时，则是今天社会经济的进步。马克思主义经济学理论应当在改造发展中，胜任对世界历史发展新趋势以正确解释的使命。

三、马克思主义经济学的发展之路

（一）马克思主义经济学的历史命运

马克思主义政治经济学曾有跨越三个世纪的演进过程。19世纪马克思恩格斯创立以批判资本主义为主要内容的政治经济学，20世纪初列宁创立以揭示帝国主义为主要内容的政治经济学，20世纪50年代在斯大林的指导下苏联学术界创立以反映社会主义（计划经济体制）经济规律为主要内容的政治经济学。

马克思、恩格斯对资本主义市场经济进行了卓越的理论分析，他们逝世后，列宁担负了建立政治经济学帝国主义部分的使命。由于列宁处在紧张的政治斗争中，他只能对帝国主义的经济现象进行直接的理论归纳，直截了当地提出帝国主义的经济特征与历史地位，召唤无产阶级进行社会主义革命，无暇静下心来从学科建设的角度来运用马克思经济学范式进行演绎。社会主义制度建立之后，按照当时对社会主义是一个非商品经济社会的认识，马克思主义经济学无论如何也套不上对这个"新社会"的分析，以致苏俄的经济学者陷于极为尴尬的境地。直到十月革命后35年，斯大林钦定的社会主义经济学体系才得以问世，但这是与马克思主义经济学范式缺少联系的"苏式计划经济学"，其理论体系主要依靠先验式定下来的规范，用演绎法来建立。它的寿命，随着指令性计划经济体制的结束而告终。在这期间，经济学家孙冶方曾想在认定社会主义是非商品经济的前提下（这是不可避免的历史局限性），运用马克思经济理论中的价值论和经济学范式，来分析社会主义经济，这是一个被"左"倾政治蛮横打断了的来不及进行的探索。我国改革开放后，建立社会主义市场经济的目标模式成为共识，作为分析市场经济行家里手的马克思经济学，也到重振雄风的时候了。

（二）改革开放开启了"当代"政治经济学的发展历程

粉碎"四人帮"之后，社会主义政治经济学开始总结几十年来在经济建设上走过的弯路,更加强调经济规律、经济效益、经济比例、经济杠杆与宏观经济平衡。

在经济改革推动下,中国理论界在构建社会主义市场经济学方面迈出重要的两步。一步是,吸收了20世纪七八十年代苏联东欧社会主义国家的经济改革理论,使社会主义政治经济学能够承担对经济体制改革的论证。另一步是,1992年党的十四大确立了我国经济体制改革模式是社会主义市场经济之后,理论界将西方经济学的若干市场经济理论纳入社会主义经济解说中(有马学为体、西学为用的味道),为社会主义市场经济学这一马克思主义政治经济学的新形态引路。这是我国马克思主义经济学内部一次重要的范式革命,体现"重新认识社会主义"的原则。与此同时,根据"重新认识资本主义"的另一原则,中国理论界对当代资本主义生产方式进行了新的解说。综合这两点,"当代"马克思主义政治经济学就是由此起步的。然而在新自由主义对我国理论与实践的严重冲击下,主流经济学家日益对"社会主义"与揭示当代资本主义的本质不感兴趣,却热衷于探讨所谓"现代市场经济",由此该学科的构建一度处于中断状态。

20世纪90年代后产生的"社会主义市场经济学",面临改革、开放与发展的一系列重大经济理论问题:公有制与市场经济相结合的实现形式,按劳分配原则的客观基础及其实现形式,社会主义统一的市场体系,共产党各级组织在社会主义市场经济中的作用与地位,人民政府对社会经济的调节与指导,工人与企业家的关系,国家和公民在社会经济中的关系,社会主义国有企业的改革(这显然不同于西方国家国有企业的改革),社会主义初级阶段的经济特征、迎接知识经济的挑战,等等。对这些问题的探讨不可回避。然而,从经济理论界的现实看来,人们好像认为讨论这些问题"空泛,说不清,学究气,吃力不讨好"诸如此类。的确,实际生活在给理论制造难度,很多人心里明白。其实,不把这些重大问题弄清,就不可能把社会主义市场经济本身弄清。

社会主义市场经济学的学说体系中,许多观点来自对80年代中国市场取向改革理论探讨的概括,反映了我们对这一时期经济问题的共识。但是,该体系基本上是在1992年之后短时间内构建起来的,很不成熟。要从这个路径上来建立理论经济学，就要做到：①不能停留在用理论术语来分类描述市场经济现象上面。②不能过多地凭着对市场经济常识性知识的一般理解。对市场取向改革的理想化设想。来罗列市场经济的规范。在进行市场经济启蒙性宣传教育时这样有作用，但作为学科建设，这些内容大多会降低学术水平，削弱其应用价值。③在对中国经济改革与开放问题进行理论分析当中，不能就事论事，要认真进行国际对比与历史回顾，使对问题的理解真正上升到理论层面。

（三）时代对政治经济学发展的要求

时代对经济学的理论发展提出了如下重大要求：

1. 中国与世界面临着若干重大经济问题。比如，中国经历由人治下的指令性计划经济体制转为法治下的市场经济体制这一重大制度变迁，中国进行着由农业社会向工业社会的发展跃迁，中国走向开放型经济，世界各国经历了各种类型的市场化改革，世界正出现全球经济一体化的发展趋势，南北双方矛盾进入新的历史发展过程，等等。

2. 中国经济学必须是21世纪的科学，要具有对现实经济问题很强的解释力，对经济发展趋势很强的预测力，对经济生活矛盾深刻认识有很大的启发作用，对指导经济实践有很大的应用价值。

3. 揭示经济运行规律，判断经济关系的历史地位，为经济的制度安排提供思想指导，这是我们所要建立的理论经济学应有的使命。我们建立社会主义市场经济体制，是在特定的时代背景和国际环境中进行的。我们的理论经济学必须具有这一特征，就是未来单一理想目标与当今世界多极化的论证相统一。未来单一理想目标，就是人类社会必然走向共产主义，其经济制度以生产资料全社会所有与各尽所能、按需分配为基础，基本经济关系是自由人联合体。这样的目标，必定要成为经济学理论的自然延伸，但是，它只能在经济学理论上是抽象的、原则性的反映，而不能构筑细节，原因是缺少更多的实践基础。当今世界多极化，就是世界各国的发展，应当按照多种制度模式和发展模式来进行。各种模式都有其运行原则。不同国家的制度模式或发展模式，只要有利于生产力的发展、特别是生产力当中的主体因素——劳动者的发展，就有历史的合理性，而理论应当能够说明这一客观性,说明模式中固有的运行原则合理性。这就决定了在理论上进行经济分析时,要有正确的价值判断。

第二节 经济体制转型中的政治经济学

在社会主义计划经济体制向社会主义市场经济的转型中,政治经济学承担着肯定现实方向(市场取向改革)、肯定前进方向(社会主义制度胜利)、肯定理论基础(马克思主义经济理论)三个任务。为此,该学科必须有理论体系上的创新,如可用两条主线的经济关系(劳动占有关系与劳动交往关系)、商品—市场经济范畴的适应性、经济体制依托的三种经济关系(产权关系、职权关系、社会契约关系)来作为理论主线。

一、进展

在中国经济学界,对经济体制转型进行研究,通过理论概括,形成新的历史发展阶段的政治经济学学科,将对指导这一阶段的改革、开放和发展,起到非常重要的作用,有利于改变社会经济发展方向不明、道路不清的局面,从而消除各类经济决策中的盲目性。

这一理论发展的历程,可以分为以下几个时期:

1. 在确立经济体制改革的市场经济目标之前,我国经济学界已经有许多经济学论著,论述了商品经济是社会发展不可逾越的历史阶段,实际上奠定了社会主义政治经济学关于经济体制转型的基础性内容。80年代后期,中国经济学界广泛吸收了东欧经济学的理论因素,产生了经济模式、经济体制概念,从经济运行角度来探讨经济问题,这些进展为形成政治经济学体制转型理论初步奠定了基础。在党的十三大前后,关于社会主义经济也能运用商业竞争、市场体系、债券股票等事物的论证,实际上触及了市场经济的体制特征。

2. 在确立经济体制改革的市场经济目标之后,经济学界在短时间内纷纷建立了"社会主义市场经济学"这一学科,这个过程延迟至21世纪到来前。这是社会主义政治经济学体制转型理论的雏形。比起在此之前的政治经济学,其成绩和进步应当充分肯定。但毕竟它太不成熟了,其主要缺陷是:①对市场经济运行,较为盲目地沿袭西方古典、新古典经济学的原理,未能探索到中国特有国情条件下市场经济运行的特有规律。②按照传统政治经济学(指苏联"52年教科书"延续下来的政治经济学)的思路来看待公有制,又按照西方主流派经济学的原理来看待市场经济,想要找出公有制与市场经济相兼容的解说,这个理论探索始终未能成功。③对马克思主义经济学(指以《资本论》为基础的经济学理论体系)大量重大理论问题的现实应用,采取了回避的态度,实际上默认了这样一个肤浅的看法:当我们要建立市场经济体制时,马克思主义主义经济理论是无能为力的。产生上述三个缺陷,原因不难找出:由于构建"社会主义市场经济学"基本上是对市场取向经济改革的思想推进,是对党的十四大方针的回应,未经反复的实践磨炼和充分的学术探讨。因此,经济学界本身就有三个不足:一是不知如何处理马克思主义经济学全面否定市场经济的理论体系与将要建立的社会主义市场经济两者的关系;二是对市场经济本身的运行只能暂且照搬西方主流经济学的初级知识;三是对50年代建立的两种公有制形式的认识还不能摆脱苏式教科书政治经济学的理论束缚。由于这一时期建立的"社会主义市场经济学"对解释现实、展现前景、并与我国宪法规定的指导思想不大吻合,它的吸引力终于降了下来。热潮消退,后来为它努力的人不多了。

3.20世纪90年代后半期,随着改革的深入,公有制实现形式及其公有制与市场经济兼容问题的突出,我国经济学界另辟道路,借鉴西方制度经济学的理论范式,正在形成人们称之为"中国制度经济学"的学派。他们的研究旨在探讨:中国将要建立(或者能够建立)的经济体制,其所有制与运行方式到底是怎么回事?这些学者实力很强,对当今世界流行的经济学知识与分析手段掌握充分,其研究成果对推进中国经济学的发展十分有力。然而,这一经济学派的进展与发展马克思主义经济学是不相干的,于是问题就产生了。既然发达国家的现代市场经济是目前最成熟和相对有效率的,我国要建立的"社会主义市场经济"那个"帽子",到底是出于政治策略的需要还是中国未来根本性的制度创新？用什么样的理论来支撑"社会主义"基本制度的合理性？运用西方经济理论的范式，能解决这个基本问题吗？也许有人认为我们这一代可以回避它，但所谓"回避"，不过是想在保持政治上稳定的条件下偷偷地往"现代市场经济"（它的真正名称就是"现代资本主义市场经济"）发展。于是，经济学界的一个潜规则产生了：少谈主义，多谈问题。

进入新世纪，一个这样的社会主义政治经济学构建与发展亟待起程：它是摆脱苏联范式的公有制概念的，又是不照搬西方主流经济学关于市场经济运行理论的，还是能"恰当处理"好马克思主义经济学原来全面否定市场经济的观念的。这个学科能成功建立，将使社会主义市场经济体制的建立和发展真正得到经济学理论的支撑和理论指导。

二、任务

政治经济学作为一个反映社会存在的社会意识，如果它是科学的、真实的，就不应当是按人们的需要来构建的。但作为特定历史时期的思想产物，客观上就肩负这样的使命，即通过正确地反映现实、揭示客观规律来澄清人们的种种疑问，为想要采取历史主动行为的人群提供可行的依据。从这样的角度，本文认为社会主义政治经济学的体制转型理论有以下三个任务：

1. 第一个任务关系到现实方向的肯定，就是论证建立社会主义基本经济制度与先后选择计划经济和市场经济体制的历史顺序的客观性与合理性，这是经济转型本身得以成立的依据。

国内外经济学界已经有一系列论述计划经济体制的历史作用及其不能有效延续的研究成果，从中完全可以再进一步作出理论概括，形成政治经济学的一般理论。对于经济资源的配置，计划经济体制有着难以克服的内在缺陷；相比而言，市场经济体制却包含着难以取代的资源优化配置机制。国际的历史事实与国内的改革实践都证实了这一点。但是，人们对市场经济体制可能无效的结果尚未有认识，这是因为我们一直在进行市场取向的体制改革，多年的成就会掩盖滋生着的问题。市场经济体制的有效是要有前提的，现实中国的这些前提一直没有充分具备，一些学者看到了中国经济中正在蔓延着的各种反市场规律的现象。加上国际市场竞争中我国长期所处的弱势地位，在融入世界经济体系中维护国家经济安全的挑战相当严峻，这些问题有可能为反对市场经济体制的人提供依据。因此，社会主义政治经济学的体制转型理论必须深刻而系统地来论证体制转型本身。

2.第二个任务关系到前进方向的肯定，就是论证以科学社会主义为制度基础的市场经济发展的历史必然性，在此历史进程中产生的真实经济关系及其发展趋势。

市场经济是早在世界上存在的事物，人类文明对它的认识已经相当成熟。从斯密的理性经济人、马克思的"以物的依赖性为基础的人的独立性"的历史发展阶段理论，到路德维希·艾哈德（德国社会市场经济的理论创立者）对市场竞争的肯定，都揭示了它的基本特征。但社会主义这个事物仍然在不确定中。我们所肯定的科学社会主义的基本特征，经邓小平同志的概括：发展生产力、消灭剥削、走共同富裕道路，凝结了几代社会主义者的经验教训，是我们继续探索的重要起点。此外，在社会主义社会中劳动的解放、工人阶级的主人翁地位等特征，是科学社会主义的共识。在社会主义制度基础上建立市场经济体制，如何说明其历史必然性，这个理论课题是该学科不可回避的。在这个大课题中，包含着以公有制为主体的多种经济成分并存这一所有制关系的论证，国有经济与市场经济相兼容的论证，非国有的公有制经济可成立的论证，这些都不能让其还是科学假说的样子。

在理论上将这些问题解决了，也就解决了社会主义经济制度得以与资本主义展开竞赛，并最终取代资本主义经济制度的历史合理性问题。否则，将会有很多人想象，市场经济的发展必然会走上资本主义的道路，如果变不成一个成型的现代资本主义，社会经济必将是混乱、无序和低效的，反而会导致改革失败。在这样的"普通人见解"的背后，是以下的有待解决的问题：市场经济发展是否会否定社会主义制度的特征（如消灭剥削、劳动的解放、工人阶级的主人翁地位等）。当人们看到社会上雇佣劳动在发展、生产资料由公有转向个体私人所有（包括自然人持股的共有）的趋势在加强、收入与财产的差距在扩大时，产生这些疑问并不奇怪，这就要求社会主义政治经济学体制转型理论正视这些现象，分析其中的经济关系，作出有理论根据的解说。

3. 第三个任务关系到理论基础的肯定，就是论证马克思主义经济学最基本的原理与理论范式，经过改造能够且必须运用于社会主义经济体制转型。

我们知道，马克思主义经济学的经典著作《资本论》，是将资本主义经济制度与市场经济关系紧紧地结合在一起，难解难分。诸如商品是资本主义经济关系的细胞，从劳动力买卖直接产生了资本主义剥削的经济关系，在剩余价值生产中体现了资本主义生产的全部特征、矛盾与运行规律，这些人们熟知的论断，一旦运用于市场经济，只要人们的逻辑推理不出毛病，就不可避免地得出市场经济的发展将走向资本主义的结论。现在，我们正是要将这两块结合得紧紧的东西再剥离开来，论证市场经济关系同样适用于社会主义基本制度。进行这么一项近乎"脱胎换骨"的改造，无疑是极为艰难的工作。而保障我们能完成这项工作的，不是靠其他学说，恰恰靠马克思主义理论体系本身，靠借助历史唯物主义与唯物辩证法，靠马列主义的认识论。

由计划经济转向市场经济，使马克思、恩格斯有关社会经济的表层论点大量失效。如公有制经济与商品货币关系不相容，反映市场经济关系的概念范畴同时代表着资本主义经济关系，等等，都为我们的实践所否定。但是，马克思关于以劳动交往关系为主线的三个社会发展阶段的学说，有着宏大的历史眼光；马克思将经济关系凝结成系统的经济范畴的论述方法，对于揭示本质与运行特征十分优越；马克思对具体社会经济形态的分析以生产关系与生产力相互作用的原理为指导，不失为有效的理论路径。所有这些都将会表明，掌握马克思主义经济学的最基本原理与理论范式，在社会主义政治经济学的经济体制转型理论中是大有裨益的。轻易丢掉这个理论宝库，如同物种大量灭绝对生物基因的损失一样。更重要的是，只有马克思主义经济学才能超越经济竞争这个社会发展的手段问题，关注和解决现代社会中的劳动解放这个社会目的性问题。

三、主线内容

为完成上述三项任务，在理论体系上必定要有创新。为能够产生整体上的创新，就要有相应的主线内容，本文尝试提出以下几点：①从劳动占有关系与劳动交往关系两类经济关系来探讨社会主义制度的历史阶段地位与相关特征。②论述商品—市场经济范畴对社会主义市场经济的适应性。③从产权关系、职权关系、社会契约关系这三种经济关系来论述社会主义市场经济体制的依托关系。

将上述主线内容构成社会主义政治经济学的经济体制转型理论的骨架，赋予它完成所承担的三项任务的功能，我们就可以从容地来锻造其他理论构件。重要的构件有：与职权关系扭曲相关联的权力异化问题，由权力异化引起的产权关系失调问题，在产权关系失调中劳动与资本交易的失衡问题，由此导致市场经济无序、低效与经济剥削、不公平的滋生问题。再有，国民经济中公有与私有、计划与市场、公平与效率、集中与分散、开放与保护、调控与自由等的选择、组合方式、模式，由这些选择所产生的经济调控有效性问题，等等。

在政治经济学中，经济体制转型理论的构建，必将成为马克思主义经济理论振兴的机遇。

第二章 经济制度竞争与经济体制转型

第一节 经济体制转型的背景

一、制度竞争下的社会主义发展

自从十月革命催生了社会主义制度以来,世界社会主义就是在世界资本主义的压力下发展的。两种制度的斗争以20世纪70年代中期为界限,在此之前是战争实力的较量,历经苏俄内战、反法西斯战争、中国解放战争、朝鲜战争、西藏平叛、古巴吉隆滩之战、印度支那战争等,均以世界资本主义败阵告终;在此之后则是制度的发展竞争,从德国柏林墙到中国的"逃港",显露的是社会主义吸引力弱小。至东欧剧变、苏联解体,世界社会主义的这次重大挫折,表明了两种制度发展在20世纪竞争的结果。但是,这绝不是西方学者所得意忘形说的"历史的终结"。两种制度发展竞争在21世纪将继续进行。

两种制度的发展竞争,开始于苏俄内战结束。社会主义从新生到成长壮大的同时,资本主义也在发展。从生产力发展的角度看,在经济上出现多种市场经济模式,分别适应各自国情,且都建立了社会保障制度、实施着阶级关系缓和措施;在国际经济关系上,国际经济外交秩序以美国为主导;在科技上,西方发达国家基本掌握了世界科技发展的引领权,占据国际技术垄断地位。而美国这个资本主义堡垒,通过两次世界大战的暴发户幸运,再加上新技术革命的成就,经济实力变得异常强大。社会主义与资本主义共处在这个世界上，无时不在经济上进行着有形无形的竞争。这种制度竞争，为我们探寻社会主义道路提供了启示。

社会主义是人类走向共产主义的最初社会形态，符合社会历史发展趋势，得到广大劳动人民的拥护，有着新生制度的优越性和生命力，本应以不可阻挡之势发展起来。但现实历程却不是这样。这其中有我们还未认识到的问题。一般地说，新生、弱小、无经验的说法，不能解决问题。特别是苏联已是超级大国，有70年发展的制度历史，更不能以上述说法来解释。我们要深入分析的，正是社会主义在制度发展竞争中所忽略的弱点。

（一）社会主义经济制度的体制模式问题

历史上的社会主义经济制度在若干体制模式上都未能成功。第一个社会主义国家苏联建立的是行政集权的指令性计划经济体制，该体制是有历史贡献的，曾经创造了经济奇迹。这个经济体制不仅一度成为当时社会主义阵营的基本经济体制，也带动了一批发展中国家对此进行仿效。甚至西方资本主义国家也在某些方面予以借鉴。但该体制内在的单一公有制成分、排斥对外开放、排斥市场体系的特征，不能适应很多情况。虽然在社会主义国家中，南斯拉夫、匈牙利、"文革"前的中国等都尝试走新路、创建新的模式，但都没有成功。到80年代，这个经济体制特征在世界范围内出现失败症状，东方、西方、南方各类国家都在不同意义上进行经济改革，所针对的体制特征是相似的。

（二）社会主义经济的发展模式问题

另外，社会主义制度都诞生在相对或绝对落后的国家：或是资本主义列强中发展最不成熟、旧遗产遗留最多、处于世界资本主义薄弱环节中的俄国，以及资本主义列强边缘的东欧国家；或是殖民地半殖民地的中国、朝鲜、越南、古巴等资本主义经济成分与无产阶级队伍比重均很小的国家；或是基本没有无产阶级、独立后由于执政党仰慕社会主义而想走这条道路的落后国家。它们都面临在资本主义发达国家在经济上的强烈对比，因此，像发达国家那样实现工业化、现代化就成为社会主义国家不可避免的任务。

社会主义国家曾经致力于开创一条不同于资本主义国家的工业化道路，于是，除了社会主义制度本身给工业化带来的特点，如没有两极分化、实行计划经济之外，还有发展模式带来的两个新特征：①没有资本主义对外掠夺、对内剥削的资本积累过程，而是依靠全体本国人民艰苦奋斗、勤俭建国的内部积累来奠定工业化财力。②遵循"生产资料生产优先增长"规律，不选择资本主义从轻工业开始的发展顺序。综合上述特点，就称为社会主义工业化道路。

凭借制度优势与后发优势，大多数社会主义国家在工业化发展上都取得卓越的成就，这是不可忽略的历史。但是，这场制度竞争仍然没有让社会主义在20世纪取得最终优胜。究其原因有：①传统计划经济体制适合粗放式发展，不利于集约式发展。正因为如此，具有一定发达程度的苏联长期摆脱不了粗放式发展的状况。人们观察到，它可以积累起庞大的经济实力，但不能引领世界经济技术发展新潮流。②当资本主义发达国家从工业化社会继续向前迈进时，后发优势的作用力远远抵消不了先发优势的作用力。③社会主义实现工业化、现代化的大背景已经江河不再。尽管我们可以发挥技术上的后发优势，却不能摆脱资源上的后发劣势。我们遇上了资本主义国家以前没有碰到过的资源与环境的制约。

（三）"两个转变"

中国从90年代中期以后，先后提出了经济体制与经济增长方式"两个转变"的方针，提出了走信息化带动工业化的新型工业化道路，提出了建立资源节约型社会的目标，都是针对上述原因的应对战略措施。走出一条不同于资本主义国家的工业化道路，已经不仅是制度区别的体现，更是发展模式的选择。

工业化这个生产力的发展进程，长期套上资本主义经济的外壳，两者相互渗透。即使我们舍象掉资本主义生产关系的直接特点，工业化发展也仍然抹不干净资本主义的色调。比如，经济资源依靠资本来调动，资本所有者成为社会生产的主导因素；生产单位总是对自然界进行相对无限度索取与征服；物耗成本向外界的转嫁；以资本增值（表现为利润增加）为生产动力；市场拉动物质资料生产规模一味增大，造成资源浪费与环境损坏，却总是对社会生产的主导力量有利。社会主义生产方式诞生后要搞工业化，无法摆脱上述色调。如果我们只看到两种社会制度的差异，不认识来源于资本主义制度的工业化特有的弊病,就会在发展方式上重蹈资本主义工业化道路的许多覆辙。

后进的社会主义国家在工业化道路上赶超发达资本主义国家,固然在区别上出现竞争优势,但共同点很多,这些方面几乎都比人家不利,总的看来还是跟在人家后面追赶,缩小差距不难,真正超越就不容易了。

对于"要走出一条与资本主义工业化不同的新路"这个选择,理论界实际上并没有共识。不少观点盲目崇拜西方发达国家在发展进程中出现的各种表征,除了口头上不认可"先污染、后治理"这一点之外,对其发展方式、动力机制、消费类型、产业结构、城市化、产品更新模式、技术发展状态等一概无条件推崇仿效。不克服这个认识局限,我们就不可能对世界整个工业革命所开创的历史发展道路进行反思。

二、社会主义制度发展竞争的取胜之道

要争取社会主义在21世纪的优胜前景,第一个条件是,社会主义要积极学习资本主义的长处,但绝不能被资本主义所融化。第二个条件是,社会主义必须继承20世纪的成功经验,但更要开创新的制度发展优势。

(一)建立全新的社会主义市场经济体制

这一条件的实现,其内涵在于,要使社会主义经济制度既有公平、又有效率,既能通过集中实现宏观效益与社会保障,又能通过分散取得微观效益与竞争活力。其要点在于:①在所有制关系上,形成公有经济与私有经济的生态关系。公有经济是社会主义经济的制度基础,是社会经济的主体,私有经济(包括外资经济)是必要的补充。无论公有经济还是私有经济,都有多种实现形式,各自有其更为适应的领域,总体上共同发展、相互补充,一部分可以混合生长。在公有经济中,国有经济是主导,是国民经济的重心。国有经济应分别通过国营、民营(资产责任制、承包制、租赁制)、股份制(包括公有法人持股)等经营形式来运行。②在对外经济方面,社会主义经济将正确处理开放与保护之间的关系。国内的社会主义市场经济与国际资本主义市场经济必然形成经济关系上对立、经济效果上和平竞赛、经济活动(贸易、投资)上合作、游戏规则上接轨的格局。

③在经济运行上，计划调节与市场调节都是国民经济的调节手段。在计划调节领域综合应用方针、政策、战略与计划的作用，在市场调节领域完善市场体系，建立健全法律法规。在国民经济中明确法制、行政、议会、政党之间的经济职能分工。

建立社会主义市场经济的关键，就是要使公有制与市场经济有机结合。这是一个艰难的、宏伟的制度创新。根据历史经验，不能将苏联经济体制中僵化的特征请回来，更不能滑向私有化的泥坑。那种以所谓"现代市场经济"来取代"社会主义市场经济"的主张，是以偷换概念来放弃社会主义。我们只能通过共产党与人民政府这个市场之外的主体，凝聚工人阶级和全体人民力量，努力建设一个根本区别于资本主义市场经济的社会主义市场经济体制，走向共同富裕。

建立这一经济体制必然面临着诸多矛盾的处理。

1. 理想与现实。公有制本身代表着公平、正义的理想，在社会主义制度下变为现实。但初级阶段的生产力与社会现实，又决定着公有制不仅无法覆盖全部社会经济，其内部也不是纯粹的无差别经济关系，例如处于市场经济中的集体经济也要以雇佣劳动的方式从外部购买劳动力。多种经济当中仍然有剥削的存在，也有由市场风险造成的"发财与破产"的分化。这种不公平无法完全消除，但必须加以限制。社会一方面要直接限制现实中的剥削与分化，一方面要创造条件促进公平。

2. 市场调节与政府调节。两种调节都是社会化大生产中的手段，缺一不可。为保障市场调节的公平，必须消除垄断经营，处于自然垄断和寡头竞争的大企业必须处于社会及其合适的代表监督之下。为保障政府调节的科学，必须建立健全政府干预经济的法律与行政机制。国家不是万能的，但绝不是万万不能的。随着社会经济的日趋复杂化，政府放弃或政府进入的领域不断增增减减，而总体上是进入干预的领域趋向增加。为此，确保政府干预经济的公平、公正、公开十分关键。

来自中国40年来社会主义市场经济探索中的问题。中国进行的市场取向的改革，激发了经济活力，取得了国民财富的巨大增长。在"计划经济"体制下搞工业化，尽管可以与资本主义工业化拉大特征距离，却很难摆脱粗放式增长，苏联就是吃过这个亏的。而在市场经济体制下搞社会主义工业化，与资本主义的特征距离又拉近了。在改革开放过程中，两个有害倾向同时发展：既受到新自由主义的猛烈冲击，又强化了原有体制中职权经济的弊病。农村集体经济成为空壳，各级政府对国有企业的乱指挥损害了国有企业的竞争力，反过来造成以"卖掉、股份分掉"来找出路，公有经济地位大为下降，大型国有企业追求行政性垄断经营，各类企业中的劳资矛盾不断激化，两极分化愈益厉害，市场化不适当地扩展于教育、医疗等领域，拜金主义泛滥并造成社会诚信缺失。现实的经济体制偏离方向的危险十分严重。如果这个偏离方向的问题不解决，即使国家经济实力再提升，也不意味着社会主义制度竞争的胜利。

（二）在发展模式上确立迈向生态文明的方向

在发展模式上想要开创新路，就必须摆脱资本主义工业化道路，这就是迈向生态文明。人类呼唤生态文明使共产主义的思想体系获得新发展的客观机遇。只要社会主义能够进行道路创新，率先在迈向生态文明的历史进程中创造新成绩，就能够在制度发展竞争中取胜。

社会主义国家要在完成社会主义工业化、继承工业文明经济成果的基础上，走可持续发展的道路，进行社会主义生态文明建设、创建人与自然和谐的世界典范。其要点是：①在现实生活中，解决经济发展与建设资源节约型、环境友好型社会目标之间的矛盾。②在国际生态关系上坚持以斗争求合作、高举可持续发展的旗帜，弘扬生态文明道义，以两个解放（社会解放、自然解放）、三大和谐（人与社会的和谐、人自身的和谐、人与自然的和谐）来对抗丛林原则、掠夺，逐步与资本主义工业文明的缺陷划清界限。③在新的发展观、文明观引领下实现社会经济现代化，以生态马克思主义等理论为指导思想塑造新型生活方式，展现共产主义与生态文明的理想前景。

三、社会主义经济转型发展的总体特征

（一）劳动者的解放与资源优化配置相结合

资本主义市场经济在优化资源配置方面有其优势，因此对生产力起到

很大的促进作用,加上当代资产阶级政府懂得实施一系列调节宏观经济、推动产业发展的政策,对生产力的促进作用越来越大。然而,资产阶级与无产阶级的对立,雇佣劳动的剥削,在这个制度下是不可能消除的。社会主义通过发展市场经济,在优化资源配置上重构优势,同时继续原来制度中体现劳动者解放的原则,两相结合,实现体制创新。在解决转型中,要分别在政治上、经济上做到两点:

1. 将消灭"弱势群体"作为经济发展的重大目标

"弱势群体"的产生本身就反映了低收入群体不仅经济地位低下,也连带着政治地位低下,"弱势群体"的继续存在完全违背了"三个代表"的要求,加剧了收入差距的扩大。消灭"弱势群体"的切实措施,在于确立社会主义市场经济中的劳动权益。社会主义市场经济的发展,必须借鉴资本主义的文明成果,保证市场交易走向公平、有序,打击以强凌弱。德国社会市场经济模式中,法律赋予私人大企业的雇佣工人很大的权利,能够参与私人企业主的经营决策。这一点,肯定要成为社会主义市场经济中的内容,而且要做得更好,体现社会主义制度下工人阶级政权对经济关系的调节。这体现了工人主人公的地位,符合科学发展观的理念,有助于抑制两极分化。

2. 正确处理社会经济中的劳资关系

体现社会主义经济制度特色的,应当是在促进生产力发展的前提下抑制资本对劳动的支配,强有力地调节劳资关系。社会主义经济还应当尽量提供社会资金,扩大风险投资,使投资者能够尽量凭借自己的技术和经营才干,而不是财产来创业。在经济发展中,重视提升人力资源在社会生产中的作用和地位、提升人力资源即能力的要素价值,保障劳动者的培训与社会福利,削弱"资本"在决定社会成员经济地位上的作用。要探讨"企业资产创建者""企业经营管理者"与"企业生产者"的社会分工新格局,消除一切造成强势或弱势群体的经济机制。

(二)体现从工业文明迈向生态文明的方向

社会主义新制度一诞生,列宁就提出"苏维埃政权加电气化"的宏伟蓝图[①],这就是要将社会主义与工业文明结合在一起。苏联在20世纪50—

---

① 列宁:《关于人民委员会工作的报告》,见《列宁选集》第4卷(下),中共中央马恩列斯著作编译局编译,人民出版社1995年版,第399页。

80年代成为超级大国,就是凭借发展工业文明的经济科技实力。可持续发展是20世纪后半期崛起的新发展观,由此呼唤的生态文明理想,这是与共产主义本性完全相容的发展模式。共产主义的思想体系正在获得新发展的客观机遇。在可持续发展理念下提出的生态文明理想,既是工业文明的继承与替代,又是与资本主义本性对立的事物。因此,社会主义的继续发展,只能毫不犹豫地从工业文明迈向生态文明。尽管发达国家在生态技术与局部观念上都比发展中的社会主义国家更为先进,但其制度本性为它们建立生态文明构筑了难以逾越的社会障碍。如果社会主义能够在经济科技水平上有所赶超,又能发挥制度优势,就可能率先在迈向生态文明的历史进程中创造新成绩:创建不受资本集团私利左右的生态政治力量、创建比市场商业文化更高级的社会经济与产业体系、创造不受物质利益导向与拜物教蒙蔽的生活方式。这一切,实质上比资本主义进步,但某些方面并非比资本主义强,如人均GDP、人均能源消耗量、人均饮酒量、人均化妆品占有量、服装业的发达等经济指标,可能低于发达资本主义国家。西方阵营必然大肆宣扬社会主义低下,对此,具有新观念的人民应嗤之以鼻。

(三)追求平衡协调的全面发展

不仅在人与自然关系上保持体现生态平衡,而且在经济生态、政治生态、文化生态等领域都要有平衡协调。

社会主义在20世纪经历了从"理想"到"现实"的发展历程。第一个社会主义国家的体制被称为"斯大林模式",一个突出点是未能依据社会现实合适地贯彻理想。大部分社会主义国家走上改革之路,却在两条路上分道扬镳。有的完全放弃了理想,走资本主义市场经济之路;有的坚持理想而照应现实,建立社会主义市场经济。然而现实中有着太多的资本主义丑恶。21世纪的社会主义运动,必将经历一个否定之否定的螺旋式上升过程,侧重体现从"现实"到"理想"的发展历程。这个"理想",既发展能够与市场经济相结合的公有制经济,又发展能够与资本主义反生态的物质文明相对立的社会主义生态文明。

历史证明:极端之点不是科学范式。任何事物都有不同方向的"极",设新、旧、质、量为四极,如图:

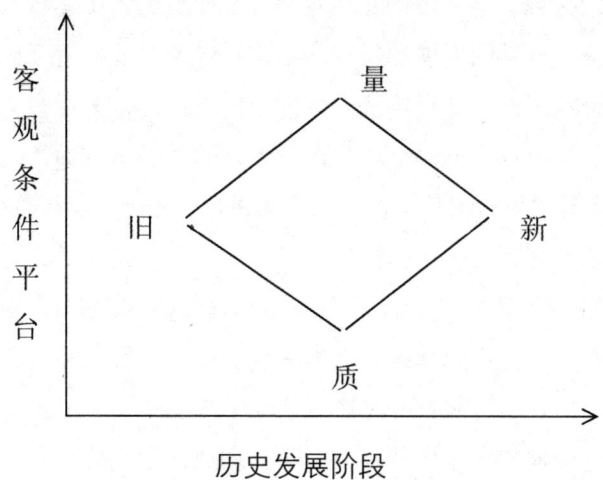

该图表示事物的"新—旧度"与"质—量度"分别由横轴变量（历史发展阶段）与纵轴变量（客观条件平台）决定。坐标上的菱形，是一个动态图形，它将随历史发展阶段的推移而向前移动，根据客观条件平台的变化或扩或缩。在运行中，无论在哪个"极"上失度，都会导致该事物变异，引起负面效果。假定菱形为"社会主义经济"，则"新"代表公有，"旧"代表私有，"量"代表速度与规模，"质"代表效益和结构。"历史发展阶段"如初级、中级、高级阶段，"客观条件平台"由人口、资源、环境与科技水平构成。那么，社会主义经济的合理性、科学性就表明它在所有制与发展程度上，均符合这两类变量的客观要求。

第二节　经济体制转型的方向
——中国特色社会主义经济

一、中国特色社会主义经济的框架

自十一届三中全会以来，经过多年的摸索，中国特色社会主义的基本框架已经明确。这里只论述这一基本框架的经济基础。

经济基础是社会主义市场经济体制，其要点为：①实行以公有制为主体、多种经济成分共同发展的所有制结构，对内对外实行开放，接纳发展经济的多种资本来源。②在经济运行方面，以市场作为社会资源配置的基础，计划调节与市场调节相结合；在发展开放型经济方面，政府干预与市场放开（即贸易投资自由化）相结合。③在收入分配上实行按劳分配为重、多种分配原则并存，对收入分配进行调节，走共同富裕道路。④保护市场竞争与扩大社会保障相结合。可以看出，这一经济基础是理想性与现实性、公平与效率、生产力标准与人本准则、遵循客观规律与合理进行主观努力的辩证统一。任何偏激的理解都是离开真理的。

当前，这一框架在经济基础方面基本形成，中国已经是一个市场经济国家，但其中许多环节尚不完善，有效运作更是有待改进。进一步推进社会主义市场经济体制，不能单纯就经济问题论经济问题，必须有政治体制的改革相配合，也就是要在上层建筑方面迈出重要步伐。总体来看，中国需要体制上的两个转轨，不仅要有从计划经济体制转向市场经济体制这一重要转轨，而且要有从集权程度较高的政治体制转向集权与分权相结合的政治体制转轨，以便适应社会主义市场经济的经济基础。

前进路上并不顺利，人们对中国特色社会主义的理解也不尽相同，客观条件更不如人意。在社会主义初级阶段，所遗留的经济文化落后、思想观念落后、文化水平较低，加上人口数量庞大、就业问题日趋严重、生态环境趋向恶化这些新产生的发展问题。国际环境方面有西方的遏制，被迫弱化一些国家利益追求。所有这些都证明已有的社会构件是远远不够的。可以说，建设中国特色社会主义仍然需要大量的艰苦努力，也需要一部分重要方面的不断探索。

二、建设中国特色社会主义进程中主要的矛盾

建设中国特色社会主义是一项复杂的系统工程，在起步阶段是矛盾多发期。在这样的框架下，既有改革带来的体制上的矛盾，也有发展带来的矛盾，也有开放带来的矛盾。从对大量社会现象的观察中，本书尝试概括出如下主要的矛盾。

（一）发展市场经济与坚持社会主义原则的矛盾

发展市场经济是发展生产力的必然选择，不如此就不能激活整个社会的经济活力、就不能产生在国际经济中发挥竞争力的市场主体、就不能增强科技发展与创新的效率、就不能优化资源配置。但是我们当初忽略的是：市场经济与社会主义原则是有一定矛盾的。市场经济下价值规律作用得到最好的发挥，而它的作用是多重的，不仅通过竞争提高社会经济效率，也在竞争中产生两极分化。市场经济对讲求奉献、出以公心有削减空间的效应，对追求本位最大经济利益产生吻合作用，会自然放大货币拜物教与资本拜物教。我们不能超越社会发展阶段，为避免市场经济的负作用而绕开它，直接进入未来"自由人联合体"的劳动时间经济。但是必须对社会经济进行调节，这方面我们还没有充分的思想储备。现在，一方面市场经济的负作用严重地教训了我们，告诫我们要调节自发倾向；另一方面从市场经济的负作用中得利的既得利益者已经形成气候，反对调节的声音十分强大。比如抑制两极分化，就有阻力。这点必须清醒地认识到。

（二）公平与效率的矛盾

这是由第一个矛盾派生出来的矛盾，市场经济在社会公平效应上具有双重性。一方面，市场运作相对于权力运作来说，能够带来机会公平；另一方面，市场运作的结果，可以将上一次竞争的胜负结果转化为下一次竞争胜负的条件，这种结果与条件的多次转化与积累之后，就给后来的竞争带来极大的条件差异，从而使条件优越的一方可以花费很少的努力就达到竞争的优胜。因此市场经济天然具有促成两极分化的内在机制，任其发展，势必最终损害公平。决定经济生活的竞争条件包括：资金丰裕或紧缺的投资条件、知名度条件、知识资产条件、与教育投资相关的人力资源培育条件、经济生活中的"关系"与社会地位条件，等等。这些条件综合作用的结果，带来的贫富差距将是十分巨大的。而面对贫富差距，简单地断言是他们努力程度或天赋程度的差异造成，是完全不科学、不公平的。

（三）劳动与资本的矛盾

这是由第一个矛盾派生出来的另一个矛盾。多种经济成分的发展，不仅在私人经济内部产生劳动和资本的矛盾，就是在公有制企业内也会产生这一矛盾。马克思主义经济学揭示了资本的本性就是不断追逐价值增值，不断从对劳动的吸取中获得增值。只要资本的所有者未能克服固有的经济本能，未能超越资本人格代理者的角色，就会极力去榨取劳动。一个时期以来，在竞争与资本积累冲动的推动下，缺少制约与正确导向而造成的劳资关系恶化，一度成为普遍现象，甚至造成黑砖窑那样的奴隶劳动事件。非法侵犯劳动者权益的现象，反映了经济发展中劳动与资本的矛盾未得到妥善处理。这种现象主要来自私人经济与外资经济。其后果，既有经济上造成中国大面积的新贫困群体，也有人力再生产上造成健康、文化上不断扩大缺陷的新的不健全群体，更有政治上造成下层反对力量。劳动与资本的矛盾，不仅发生在企业内，也发展到社会、学术界与政府界，相互的代理人、代言人都在产生，这里潜伏着社会分裂的因素。

（四）生态经济的基本矛盾

现代生态经济基本矛盾，就是自然界的资源环境与人类社会经济活动扩张对资源环境损耗的矛盾。它的表现是：一方面，当代人类经济活动不断扩大，对自然资源的需求增加上已超过了自然资源再生能力，造成人类经济活动需求扩大与生态系统负荷过重而供给能力相对缩小之间的矛盾。另一方面，社会生产和社会生活排放废弃物增长已超过了生态系统的净化能力，造成人类经济活动的排污量增长与生态系统净化能力及环境承载力下降的矛盾。我国工业化多年来处在发展以重化工业作为主导产业的阶段，也就是消耗资源与排放污染特别严重的阶段。加上我国人口数量的庞大，造成物质资料的需求规模与经济活动规模都极为庞大，因而现代生态经济基本矛盾也特别尖锐。我们不得不在每一步发展经济当中都顾及生态环境的承受力。但是，急于发展经济、迫于解决就业、甚至追求政绩的经济主体，不愿这样两头兼顾，一味耗竭资源与损害环境。其后果就是客观上的生态经济基本矛盾不断转化为人民生活质量下降、生态需求无法满足的社会矛盾。

（五）发展不平衡的矛盾

包括地区发展不平衡的矛盾与城乡发展不平衡的矛盾。这两类矛盾，既有历史遗留下来的不平等因素，又有发展市场经济造成的差距扩大趋势。这两类矛盾也是影响社会和谐与实现整体小康水平的。

上述矛盾是经济领域的,但几乎所有矛盾,都带有经济与政治两重属性,都不能单纯地从一个方面来看。这就是说,单纯从经济上解决不了矛盾,应有政治的配合。政治的公正、民主、和谐,是解决经济矛盾不可缺少的要素。

三、发展中国特色社会主义经济的基本要求

解决上述矛盾离不开科学的思路。

（一）正确把握体制改革的方向

尽管改革开放以来中国特色社会主义建设取得了举世瞩目的成就,但社会上的争议仍然十分强烈,且有愈来愈强的趋势。原因在于现实生活中,成就与挫折并存、光明面与阴暗面并存、生活像"芝麻开花节节高"与处于困境的状况并存、物质生活的丰富多彩与精神上出现的种种困惑并存、社会地位的平等与差距扩大的趋势并存。为此,要对改革开放进一步宣扬论证、配套进行,让经济与政治两个体制的改革相互促进、相互推动。

论证经济体制改革的必要性,在于正确对比新旧体制。应当说,两个体制都是社会主义经济发展的阶段,在两个体制中都有人民群众的创造性劳动的巨大作用。然而,旧体制尽管在当时的历史阶段,依靠社会主义基本制度的优越性和人民群众的忘我劳动,创造了可观的成就,但是该体制内在的僵化、封闭、与粗放型增长的牢固联系等弊病是不可忽视的。不进行经济体制改革,社会主义经济的活力就必定被死死束缚,根本不能适应集约型增长与知识经济发展的要求。因此,否定旧体制的基本模式,同时合理地继承旧体制当中的某些要件(如政府对经济的计划调节),是必须坚持的。

经济体制改革必须保证社会主义方向,不能走到私有化的邪路上去,不能事事任凭市场来调节,不能无视两极分化的趋势发展。从长远来看,社会主义市场经济的社会政策应当比资本主义的改良措施更高。当前许多方面,我国在经济发展的社会措施方面还比不上德国的"社会市场经济"与瑞典的"民主社会主义",发展市场经济过程中带来许多类似资本主义

原始积累时期的东西，这应当视为不可容忍长期存在的现象，要尽量创造条件消除掉，给人民群众一个共享改革与发展收益的经济体制。

（二）经济领域中政治权力的正确应用

政治权力的正确应用是老问题。政治权力的公共性与用权者的私利从来就是一对矛盾。当前严峻的问题，是经济领域权力的运用能否代表最大多数人民群众的最大利益、符合社会主义的本性。对此有两方面的问题：

一是争取实现合理的"退出"。在资源分配中政治上的行政权力退出，一切掌权者没有自己的特殊利益；在收入分配中经济上的垄断权力退出，政府对经济垄断权不是去授予，而是去消除。实行有倾斜的产业政策不能与经济垄断权等同。

二是正确处理权力运用的倾向性。当前的社会背景是：出现贫富差距。贫者成为"弱势群体"，富者成为"主要的纳税人""地方经济的支柱"。嫌贫爱富不仅有古老历史的传统，也有现实利益的支撑。掌权者偏袒富者的现象出现，完全失去共产党人的本色。在这一方面，我们尤其要强调"三个代表"中的"第三个代表"。为了在"贫富群体"之间贯彻公平、和谐的原则，可以借鉴历史经验。解放初期实行新民主主义的经济政策，我党提出"公私兼顾、劳资两利"的方针，总体上贯彻得力，成绩斐然，其基本原因就是党的干部基本是廉洁的，是站在社会利益上的。资产阶级的糖衣炮弹在道德上处于被排斥的地位。许多掌握权力的干部，在执行党的政策时蔑视金钱的诱惑。在"兼顾"中以公为重、在"两利"中向"劳"倾斜。因此，当时的工人群众，尽管比现在更贫困、更缺少文化，却没有成为社会上的"弱势群体"，这就鲜明地反映了政权的性质。借鉴历史经验，并不是照搬。现在与那时不同的是，当时可以靠革命队伍朴素的阶级感情，现在必须靠监督、评估的制度。必须从制度上改变劳动者企业内外的弱势地位，内让劳动者建立自治性的工会农会组织，外让一线劳动者出现在社会生活与政治生活的各个场合，增强其参与决策的权利，这样才会有政治权力正确应用的保障。

（三）以人为本的基本宗旨

按照科学发展观，发展的真正目的并不是统计中经济指标的增大、不是有形物质成果堆砌造成的表面繁华，而是让人民过上文明、民主、富裕的社会主义生活，并能让社会主义市场经济体制带来良好的示范效应。在经济发展的基本宗旨方面，必须鲜明地体现在执政行为上：不能只顾取得经济业绩，不顾社会关系的和谐；不能只顾物质的增长，不顾精神的滑坡与社会风气的恶化；不能只顾招商引资、投资办厂，不顾社会福利的增长与社会公平的维护；不能只顾产值税收增加，不顾劳动者的权益；不能只顾城市的靓丽，不顾群众谋生的空间与生产生活的便利。诸如此类的执政行为，都与端正发展目的有内在联系。为了使以人为本的基本宗旨切实得到贯彻，落实人民代表的权力、扩大各社会团体参政议政的机会、提供各类劳动群众组织与政府对话的场所，就非常必要了。

第三节 经济全球化与中国经济发展道路面临的挑战

一、经济全球化与中国经济发展道路的概念解说

（一）经济全球化解说

经济全球化是区别于经济生活国际化的概念。经济生活国际化主要是指生产方式与交换方式国际化，始于资本主义早期，经历了商品国际化、资本国际化、生产国际化三个阶段。经济生活国际化是资本主义的先期发展国家以其政治、经济力量征服、统治、奴役亚非拉国家的伴生现象，是在这种征服、统治、奴役的前提下，推动资本主义生产方式在全球普及以及世界市场的形成，同时客观上推动了生产社会化上升到国际水平。东方各国即使通过政治斗争摆脱了发达资本主义国家的统治和奴役，为适应国际性的生产社会化，也要在不同程度上处于商品、资本、生产的国际化状态中，但可以发挥主权的作用来选择不同的开放程度。

经济全球化则是始于20世纪晚期的发展趋势，以世界市场自由化、国际经济规则全球化、消费文化全球化与金融全球化为特征。经济全球化概念具有双重性质，它既是国际性的生产社会化发展到新高度的客观趋势，

也是发达国家有意识推行的一种获取国际经济支配权的战略，不像经济生活国际化那样完全是一个反映二重客观现象的概念。对于任何一个国家来说，适应经济全球化趋势就是适应生产社会化的潮流，避免脱离国际分工而落后；但同时在发达国家的国际经济支配权战略之下面临着开放发展的巨大风险。

（二）中国经济发展道路解说

中国经济发展道路不是先验式决定的，而是从中国经济发展的实践中凝炼经验、反思教训、观察动态而概括出来的。这条道路经历了三个历史时期，也就是包含了三个层次的内涵：①一个东方的发展中国家走社会主义工业化道路，这在我国第一个五年计划时期就奠定了基础；②进一步，走社会主义市场经济道路，这在改革开放当中努力实践；③最后，中国经济发展到了一个拐点，我们进入新时代。这个拐点，就是从工业文明迈向生态文明。从这三个层次结合的意义上，也就是在三个时期的发展承前继后、不断更新的意义上，我们才有"中国经济发展道路"的完整概念。

出现中国经济发展道路的历史前提，一是中国的发展，是在遭受帝国主义几乎毁灭性地摧残了社会生产力之后，作为一个原来起点很低的后发国家，为自立于世界民族之林而追赶世界经济社会发展潮流的进程。因此，从广义上看，中国的总体发展战略就是赶超战略。二是中国是靠社会主义制度的优势来推动发展的。公有制经济是强有力的主体发展因素，广大人民群众的积极性、创造性是发展的主要保证。三是通过中国共产党的领导，在马克思主义及其中国化的思想指导下，不断认识国情、认识客观规律，坚持真理、修正错误、学习外国的长处、自主创新，在较短的历史时期摆脱落后状态。

二、经济全球化背景下中国新的发展道路

迄今为止，我们致力于开创的是一条不同于资本主义国家的工业化道路。除了社会主义制度本身给工业化带来的特点之外，就发展模式来看，中国的社会主义工业化道路还有发挥发展中国家后发优势的特征。从90年代中期到本世纪初，中国先后提出了经济体制与经济增长方式的"两个转

变"、科教兴国与可持续发展两个战略,以及走新型工业化道路,这些都是应对经济全球化趋势的战略举措。一方面,科技发展已迎来知识经济新时代的曙光,发达国家正在从"后工业社会"的发展中积累信息技术成果,为此我们要用信息化带动工业化;另一方面,尽管我们可以发挥技术上的后发优势,却不能摆脱资源上的后发劣势。我们遇上了资本主义国家以前没有碰到过的资源与环境的制约。为此,在走新型工业化道路当中提出了建立资源节约型、环境友好型社会的目标。但这两方面的应对都没有超出发达资本主义国家当前的发展方向,对此,我们的认识还不到位。

后进的社会主义国家在工业化道路上赶超发达资本主义国家,由于制度优势与后发优势上的区别,在竞争中缩小差距不难,但与资本主义工业化众多的共同点,不仅复制着其弊病,在竞争中还会呈现跟在人家后面追赶的总态势,没有先发优势,真正超越就不容易了。

可持续发展是20世纪后半期崛起的新发展观,在可持续发展理念下提出的生态文明理想,既是工业文明的继承与替代,又是与资本主义本性对立的事物。因此,社会主义的继续发展,只能毫不犹豫地从工业文明迈向生态文明。从世界发展趋势看,资源环境的制约与生态危机的深化,表明原有的工业文明已走到尽头;从后发国家赶超先发国家的态势来看,走历史发展的"捷径"才能摆脱"跟在后面追赶"的窘境。为此,中国转变经济发展方式也好,中国经济发展道路进入第三个发展时期也好,都应从迈向生态文明的高度上来审视。

作为发展中的社会主义大国,中国发展的拐点从长远来看是利大于弊的。

可持续发展是与共产主义本性完全相容的发展模式。我国当前处于社会主义初级阶段,构建与完善社会主义市场经济体制,既有与资本主义相当多的共同点,又有走向共产主义的前驱因素。随着对生态文明世界性的呼唤,社会主义必将与资本主义在创造新的文明领域上展开较量。中国的发展是以共产主义为理想、以马克思主义为思想指导的,同时又在社会主义工业化进程中,因无法摆脱资本主义的色调造成生态问题极为严重,解决这种深刻的发展矛盾,就是确立从工业文明迈向生态文明的方向,由此探索具体的发展途径。

三、经济全球化对中国的新发展具有强烈的双重作用

为顺应经济全球化趋势,中国在发达国家苛刻的要求下自信地加入了世贸组织,入世之后中国得到的收益是大于代价。现在重要的是要认识到越往前发展,经济全球化的影响就越深重。

经济全球化对中国的新发展具有强烈的双重作用,我们面临的趋利避害的努力也就更为关键。

经济全球化对中国新发展的积极影响,就是能够从开放中得到国际分工的利益。在经济全球化趋势下,中国扩大国际贸易与国际投资的双向规模,在更大程度与水平上利用国际资源与国际市场,实现资源转换,促进我国经济资源的效率提高与层次升级。在国际经贸中,中国可以赢得更多的国际产业转移机会,从而利用自己的后发优势实施跨越式发展的机遇。在国际经济交往中,中国可以更多地学习世界各国的长处,获得更多的发展信息,避免一些依靠自己摸索而付出的代价。在国际竞争中,中国的市场主体可以得到持续的压力与动力,防止懈怠和垄断。在国际经济合作中,中国能够从取长补短、优势互补中得到发展利益。这一切,对于中国大规模开展经济进步与生态努力都是有利的。当然,其充分条件是我们应对经济全球化的战略、政策与经营策略是正确的、灵活的。

经济全球化对中国的新发展的消极影响,源于发达国家有意识推行其国际经济支配权战略。发达资本主义国家历来实行一套"丛林原则",以"优胜劣汰"掩盖"弱肉强食",经济全球化削弱了国家主权的防范,强者能够以更小的阻力在全球推行这类经济竞争。对于中国来说,主要的消极影响发生在以下几方面:

(一)资本主义国际规则对公有制经济的遏制

资本主义的国际法律体系、融资体系都是以私人经济为服务对象,不承认国有经济为市场主体。在它们的国际规则中,国有企业只是服务于市场而不能参与市场竞争的"官方投资者",给予保护或协调的"竞技者"只

能是私人企业。中国虽然实行市场经济，国有企业已改革成为市场主体，但仍然被西方视为非市场经济国家，在国际贸易中受到歧视性法规对待。

（二）发达国家在国际规则基础上的知识产权战略对后发经济体的遏制

知识产权保护是当代重要的国际规则。这类规则一开始就是科技先进国家用以维护其科技强势造成的产业优势地位和市场优势地位。在相关规则基础上，发达国家不断更改专利战略和标准战略，将技术这个要素转化为资本，通过专利获得知识产权，构筑竞争市场上有效的技术垄断门坎。当代的专利战略已经从利用专利来增强企业的市场竞争力，发展到利用专利来堵断竞争对手的发展之路。国外一些拥有很多专利的公司，就是着手利用专利在新技术领域进行圈地运动，划地为界，据为己有，阻挡别人。而在国际竞争中，技术标准一方面被发达国家用作国际贸易的技术壁垒和产业壁垒，一方面将专利战略与标准战略结合起来，对后来的技术赶超者起到一种"技术过滤"作用。凡是不符合技术标准的专利技术，就很少有用武之地。这套"创新技术专利化、专利标准化、标准许可化"的战略模式，对后发经济体的技术进步和提高产品国际竞争力构成了至少三个环节的复杂门坎："产品的市场销售取决于是否符合标准，某项标准有相应的技术，这些技术大多已被别人申请了专利。"可想而知，发达国家在高科技领域已构筑起难以逾越的障碍。中国企业要想自主开发新技术、新产品，发达国家的标准—专利战略就是一道巨大的"铁幕"。

以上两个遏制，正是分别针对中国的制度优势与后发特点。可以预期，发达国家的政治、经济势力今后将愈益精明，遏制的力度会不断增强，中国的应对也将更艰难。

四、资本主义主导的国际经济对中国迈向生态文明的阻力

在经济全球化趋势中，当前资本主义主导的国际经济会对中国迈向生态文明造成重大的阻力。

（一）国际竞争对生态文明的挑战

以资本主义为主导的国际经济，通行的就是绝对竞争原则。这个原则

造成的局面，如同一群竞技者在麦田里赛跑，人人关注的只是速度、力量与优胜结果，至于赛跑中践踏了多少庄稼，是谁都不会关注的。谁要是小心翼翼地在赛跑中爱惜庄稼，肯定得不到优胜。当前国际经济竞争，各国的市场主体关注的都是占领市场、获取利润，而资源环境的约束，只有转化为成本才被接受。正如信息技术领域，多数产品都是精良再精良，更新又更新，一切节约原则都被破坏，追求的就是"以质取胜"，扩大消费。连传统工业化中刚刚兴起的修旧利废、节约更新原则都放弃了。综观世界，一种分裂的格局正在形成与深化。一方面，可持续发展意识的增强，使绿色产品、环保产品进入国际经济竞争行列，这样有利于我国的生态导向的发展；另一方面，资本主义的竞争原则正在新兴产业领域给全球经济发展带来新的生态灾难，而资本主义的意识形态还在拼命鼓吹他们的看家法宝。当前，后一种趋势要强于前一种趋势。这种局面，对于中国迈向生态文明时代的新发展必然造成艰难的选择：我们是要遵循绝对竞争原则力争"优胜"呢，还是按照生态文明的要求另立发展标准呢？少数明智的非主流西方国家，对国际上争夺"最发达"地位不感兴趣，而是处处顾眷生态需求。榜样虽好，却在当今世界并不吃香。人家可以独善其身，而我们这个亟须在与资本主义体系处于和平对抗中崛起的社会主义大国，就很难这么潇洒了。

（二）国际经济对发展中国家在资源与环境上的制约

从历史角度来看，工业化是对环境的损耗与对自然资源的消耗。发达国家曾经走过的工业化道路，已经对环境造成了过多的损害、对资源造成了过多的消耗。其中最突出的就是温室气体排放，它聚合了大气层环境保护与化石能源节约两大问题。人类早就该减缓并逐步停止这种反生态的发展了。至今，发达国家已经进入了"后工业社会"，各种过多损害环境与过多消耗资源的产业纷纷转移到发展中国家，发展中国家正在走发达国家已经走过的反生态发展之路。面对这种状态，有三个价值判断要成为当今世界的共识：①整个世界的环境损耗与资源消耗必须马上减缓并逐步停止，否则生态危机将急剧恶化。②发达国家对环境损耗与对资源消耗负有重大历史责任，而现实中仅在经济发展中相对减缓这种反生态效果，但在绝对量上尚未退下来。因此，发达国家理应在保护环境与节约资源方面承担更大的义务。③发展中国家不能不搞工业化，在进行工业化的发展中，应当尽量采用新技术、新方式，但是完全消除传统工业化的反生态特征需要一个艰难的过程，需要得到发达国家在技术上、资金上的援助。

问题是发达国家的资本主义本性导致其不会真心接受上述三个价值判断。尤其是美国，更是竭力在国际可持续发展的努力中谋求私利，罔顾人类共同利益。有关气候的国际公约《京都议定书》，在一定程度上体现了上述三个价值判断，对发达国家与发展中国家在温室气体减量排放上规定了"共同但有区别的责任"，然而美国布什政府否决《京都议定书》，其主要理由是：美国实施该条约付出的经济代价太大，未对中国、印度等发展中大国设置控制标准不公平。美国还有的国内舆论认为，布什总统是对在竞选中给予支持的石油、能源等大公司以回报。而美国之所以敢冒天下之大不韪，单方面退出《京都议定书》，还在于其霸权背后的经济、政治和军事大国实力，因为它知道国际社会奈何它不得。在后京都时代，美国致力于将限制碳排放转向新兴经济体。

中国的工业化是"以煤为主"的一次能源结构，在短期内很难改变。中国正进入工业化中期，重化工业比重仍在持续增加，能源密集度在不断提高，能源消费呈现迅速增长态势，由此决定了中国温室气体排放总量大、增速快，单位 GDP 的二氧化碳排放强度高。由于能源结构的刚性，以及能源效率的提高受到技术和资金的制约，因此中国控制二氧化碳排放的进程是很艰难的。我们当然要坚持生态导向的发展，但在中国的发展方式转型中，将面临发达国家扰乱中国自己的科学合理安排。同时，不公平的国际减排标准还会继续扩大发达国家与发展中国家的经济差距。

（三）生活方式的异化消费诱惑形成的制度侵蚀

资本主义市场经济提供了与为利润生产相适应的消费方式。在资本主义生产观和消费观作用下，人的价值取向被扭曲。资本主义社会塑造了反生态的"经济理性人"，从根本上误导着人类的社会行为，社会将人均占有和消费物质财富的多少与用外部自然力代替人的生理功能的程度作为衡量生活水平的标准，使社会再生产特别是人的再生产朝着病态方向发展。

资本主义市场经济的调节机制，科技与经济的发展机制，人的欲望、追求、荣耀、生活价值取向均违背可持续发展的要求。大资本的人格代表者作为资本主义世界的主导力量，其本性偏偏与生态文明格格不入。

一个在阶级剥削、社会不平等方面理屈词穷的资本主义制度，凭什么能对社会主义制度频频发起挑战，除了其他方面的对策之外，一个重要对策就是利用工业文明所崇尚的物质财富观对社会成员起到腐蚀作用。资本主义政治势力利用人性弱点，以其自私、享乐、不劳而获等一套观念来引诱后发展的社会主义国家的大众，炫耀发达资本主义的"物质文明"。当年东欧苏联正是在人民群众基本实现小康生活的情况下，由于许多人羡慕"西方生活"，错误地抛弃了本来可以改革和前进的社会主义。

可以预见，当我们在生活方式上实行生态文明时，西方思想体系会用其腐朽享乐的一套，重操对苏东那一套来腐蚀我们，编造"全盘西化进天堂"的神话。因此，我们在这个开放的世界与频繁的国际交流中，如何用自己的两手来对付他们的两手，既要学习发达国家在本国试行低碳生活的长处，又要抵制来自西方政界学界故意推销的自私、贪婪、奢侈、物欲享乐、浪费等色彩的价值观，打破其制度腐蚀，就是社会主义中国迈向生态文明要探讨的重要议题。我们要在观念上破旧立新，创造出自己简朴、健康、幸福、人与自然和谐的社会主义生活方式，使生态文明观成为社会主义价值观的有机组成部分。

第三章　转型发展的理论基础——社会形态理论

第一节　马克思的三大社会形态学说

一、两大经济关系与三大社会形态

（一）两大经济关系

政治经济学研究的首要对象是经济关系，经济关系是经济体制的载体，是经济运行的实体。

马克思主义经济理论论述了人类社会并存着的两种基本经济关系，一是劳动占有关系，二是劳动交往关系。这两种关系，是人类社会经济关系的主线。两类经济关系的发展，是整个社会历史发展的主要脉络。

在漫长的私有制社会中，劳动占有关系一直是人类社会不平等的主要根源；劳动交往关系在商品经济中成为商品经济交易关系。在阶级社会，两类经济关系集中表现为阶级关系与阶级内部关系。在社会主义经济中，两类经济关系的观点一则可以说明公有制关系，一则可以说明商品货币关系。

劳动占有关系是从社会生产的直接劳动过程中产生的。在社会条件下开始的直接生产劳动，首先要有生产条件的提供者与生产条件使用者的区别，他们的关系是由财产关系确定的。其次是直接的分工协作关系，分工协作是劳动者的个体生产力合并为集体生产力的环节。再就是生产劳动中的管理与被管理的关系，它承担着协调劳动者分工协作关系的职能。最后是劳动成果的分配关系。财产关系一确定，在劳动占有关系内部就不再有平等的交换关系了,各个经济角色都得按已定的规则与自上而下的等级服从原则办事。

劳动交往关系是从社会分工中产生的。社会分工以生产条件的差异为前提,以物质利益交换为内容。这种关系反映社会的经济当事人是否交换他们之间的劳动,如何交换劳动。在商品生产和商品交换出现后,劳动交往关系就表现为商品经济交易关系。

以劳动占有关系为主线,社会的发展阶段分为原始公有制、奴隶制、封建领主制和封建地主制、资本主义私有制、共产主义公有制(第一阶段为社会主义公有制)五种经济形态。

以劳动交往关系为主线,社会发展就分为三个阶段,用我们今天的术语来说,分别对应于自然经济、商品经济、以劳动时间为计量单位的产品经济。这三个阶段的经济关系,用马克思的原话来说,分别具有这三大形态:"人的依赖关系(起初完全是自然发生的)是最初的社会形态,在这种形态下,人的生产能力只是在狭窄的范围内和孤立的地点上发展着。以物的依赖性为基础的人的独立性,是第二大形态,在这种形态下,才形成普遍的社会物质变换、全面的关系、多方面的需求以及全面的能力体系。建立在个人全面发展和他们共同的社会生产能力成为他们的社会财富这一基础上的自由个性,是第三个阶段。第二阶段为第三个阶段创造条件。"[①]

实践表明,社会主义社会并未如马克思所预言的那样,进入第三阶段,而仍然属于第二阶段,并承担着这一阶段的使命,即促进普遍的社会物质变换、全面的关系、多方面的需求以及全面的能力体系的形成。社会主义市场经济就是为了完成这样的使命,从而为高度社会化大生产和高度自由个性条件下的共产主义创造前提。这一观点的发挥,正是社会主义政治经济学体制转型理论的重要基础。

(二)商品经济的发展为自由联合体创造社会条件

马克思主义理论中的生产关系包含劳动占有关系与劳动交往关系两方面。自然经济、商品经济等范畴反映的就是劳动交往关系,马克思提到的

[①] 马克思:《政治经济学批判(1857—1858)》,见《马克思恩格斯全集》第46卷(上册),人民出版社1979年版,第104页。

三个阶段，分别对应于自然经济、商品经济和劳动时间经济。商品经济在为劳动时间经济创造社会条件。这个社会条件就是指人的个体独立性和普遍的物质变换。

根据马克思的理论：商品生产这个社会生产形式，使个人从血缘的、宗法的、以统治服从、人身依附关系为基础的依赖关系下解放出来。但是，他们之间存在着以物（指货币，因为货币是一切商品的代表。——引者注）为媒介的生产和消费需要上的全面依赖性。这种依赖性需要通过物的交换，把社会成员在整个社会生产范围内连接起来，作为一个总和的生产者与自然进行物质变换。由此产生了一种扩大的生产能力，打破了自然经济条件下与自然进行物质变换的狭窄性和孤立性。在普遍交换各种不同产品的同时，社会把人作为具有尽可能丰富的属性和联系的人，具有可能需要广泛需要的人生产出来，使人的个体无论在生产能力、社会关系以及需要方面都得到极大的发展。

马克思告诉我们："全面发展的个人——他们的社会关系作为他们的共同的关系也是服从于他们的共同控制的——不是自然的产物，而是历史的产物。"[①] 马克思所规划的社会主义和共产主义，是"以每个人的全面而自由的发展为基本原则的社会形式"[②]。社会物质生活的生产表现为联合起来的社会成员在他们的共同控制下，合理地调节他们与自然之间的物质变换。显然，这种劳动交往关系必须以第二阶段的发展为历史前提。这个阶段的实现是以人的独立性的充分发展所带来的积极成果为基础的。

（三）社会主义的两个前提

从马克思上述思想中，我们可以总结出这一结论：实现社会主义是从两个方面来寻求它的前提的。在劳动占有关系上，以社会化大生产为基础，建立相适应的生产资料公有制；在劳动交往关系上，以个人能力和关系的普遍发展为基础，建立自由人联合体的联合劳动和劳动时间经济。这一思想的领会，将加深我们对马克思的社会主义科学假说的理解，加深我们对现阶段社会主义在社会化大生产发展程度不高、个人发展还有严重的

---

① 《马克思恩格斯全集》第46卷（上），人民出版社1979年版，第108页。
② 马克思：《资本论》第1卷，人民出版社1975年版，第649页。

依赖性的条件下，实行多种所有制形式并存与发展社会主义商品经济的理论自觉性。同时，我们还能认识到，无论实行多种所有制形式还是发展社会主义商品经济，都是历史发展到一定阶段的产物，不能由此产生对私有经济与商品市场永恒存在的观念。随着社会生产力与社会文明程度的提高，未来出现比商品市场经济更高的社会形态是可以展望的。

第二节　劳动时间经济的历史假说

一、商品经济消亡之后的社会经济是劳动时间经济

马克思认为社会主义社会的建立是与商品经济的消亡相联系的，在商品经济消亡之后，取代它的社会经济是一个什么样的社会经济呢？

有一种认识是：根据马克思、恩格斯关于社会主义的社会产品进行直接的分配、排除商品交换、没有货币的设想，就以为这是一种实物经济，由一个社会中心来对社会生产上需要的生产资料实物量与劳动者需要的消费资料实物量进行分配。这种认识，并不符合马克思、恩格斯的原意。

（一）未来社会调节生产与分配的核算单位

马克思、恩格斯所设想的社会经济，既是商品经济的对立物，又是在商品经济的基础上产生的，是一种时间经济。他们认为："在资本主义生产方式消灭之后，但社会生产依然存在的情况下，价值决定仍会在下述意义上起支配作用：劳动时间的调节和社会劳动在各类不同生产之间的分配。最后，与此有关的簿记，将比以前任何时候都更重要。"[①] 这表明，商品生产的消亡并不意味着计算劳动耗费不重要了，作为价值决定的社会劳动时间仍起支配作用。马克思又说："时间的节约，以及劳动时间在不同的生产部门之间有计划地分配，在共同生产的基础上仍然是首要的经济规律……然而，这同用劳动时间在计量交换价值（劳动或劳动产品）有本质区别。"[②]

---

① 马克思：《资本论》第1卷，人民出版社1975年版，第963页。
② 《马克思恩格斯全集》第46卷，人民出版社1979年版，第120页。

从这些地方都可以看出,劳动时间经济是由商品经济(即价值规律经济)发展而来,但又起了根本变化的经济。

劳动时间不仅是生产的核算与社会劳动分配的尺度,也是劳动成果分配的尺度。"劳动时间就会起双重作用。劳动时间的社会的有计划的分配,调节着各种劳动职能同各种需要的适当的比例。另一方面,劳动时间又是计量生产者个人在共同劳动中所占份额的尺度,因而也是计量生产者在共同产品的个人消费部分中所占份额的尺度。"[①] 总之,劳动时间是社会经济的基本核算单位。

(二)社会劳动的尺度是时间还是"价值量",这是一个分水岭

这种劳动时间经济与商品经济有什么异同点?我们知道,商品经济的基本规律是价值规律,价值决定的二重含义的社会必要劳动时间,一方面促使生产者在投入时节省费用——省钱,在产出时增大价值——赚钱;一方面促使社会生产的供求变化在价格与价值的背离或趋近的运动中实现客观要求的比例。劳动时间经济同样需要核算与节约。不过,节约的不是钱,赚的不是钱,而是时间。分配社会劳动不是在价值补偿的盈亏中来调整供求,而是作为计划工作的内容。所以,两种社会经济的区别集中到一点,就是社会劳动的尺度是时间还是"价值量"。

马克思、恩格斯都认为:劳动时间经济所采用的这个尺度,比起"价值量"这个尺度要优越得多。"那时,一件产品中所包含的社会劳动量,可以不必首先采取迂回的途径加以确定;日常的经验就直接显示出一件产品平均索要多少数量的社会劳动。"而价值这个尺度,不过是一种相对的、动摇不定的、不充分的尺度。这是私有制经济不得不选择的尺度。只要我们看看马克思、恩格斯关于价值形式发展的理论,就知道这种尺度的采用是历史造就的。而公有制经济以自己的优越性,消除了私人劳动与社会劳动的矛盾,就可以采用劳动的、自然的、绝对的尺度。

那么,这里指的劳动时间是一种什么样的劳动时间?在马克思、恩格斯的著作里没有看到明说的文字,但可以断定,绝不是指构成商品的价值

[①] 马克思:《资本论》第1卷,人民出版社1975年版,第96页。

量的社会必要劳动时间,因为社会必要劳动时间包含有生产条件差异的作用。而劳动时间经济中,生产资料完全属于社会,社会生产中完全排除了生产条件的不同对于产品分配所发生的影响。社会只是承认劳动者能力的不同,因而承认不同能力劳动者在统一劳动时间内产生的差异。因此,作为劳动时间经济中核算尺度的时间,只能是一种社会平均劳动时间。

二、恩格斯关于社会主义经济中价值的观点

恩格斯于1844年在《德法年鉴》上发表的《政治经济学批判大纲》一文,被马克思后来在《政治经济学批判》一书的序言中誉为"经济学范畴的天才的批判大纲"。

恩格斯在本文有关价值的论述中,一方面对李嘉图的"生产费用决定商品的价值"观点进行了批判,最后总结说:"物品的价值包含两个要素……价值是生产费用对效用的关系。价值首先是用来解决某种物品是否应该生产的问题,即这种物品的效用是否能抵偿生产费用的问题。只有在这个问题解决之后,才谈得上运用价值来进行交换的问题。如果两种物品的生产费用相等,那么效用就是确定它们的比较价值的决定因素。"

恩格斯这段话中,生产费用可作劳动耗费来理解。整段话可理解为:使用价值是价值的物质承担者,价值是商品交换的数量比例的基础。这样就与马克思、恩格斯后来的劳动价值论完全一样了。可是最后一句,却与劳动价值论原理关于商品的使用价值(效用)不可比较不尽相同。

恩格斯接着论述道:在私有制度下,物品本身所固有的实际效用和这种效用的决定之间有矛盾,效用的决定和交换者的自由之间有矛盾。他指出:"……不消灭私有制,就不可能消灭物品本身所固有的实际效用的确定之间的对立,以及效用的确定和交换者的自由之间的对立;而在私有制消灭之后,就无须再谈现在这样的交换了。到了那个时候,价值这个概念实际上就会愈来愈只用于解决生产问题,而这也就是它真正的活动范围。"这里谈到的价值,应该包含着生产费用的度量与效用的度量两方面的内容。消除私有的商品交换及其竞争的干扰,才能合理地进行这两方面的度量,从而给社会生产带来正确的核算。恩格斯在这里所表达的观点,只是

对价值从实体的角度来认识的。至于劳动产品的效用与劳动耗费之间的实际关系为什么采取价值这一社会历史形式，当时恩格斯还未意识到。

　　34年后，恩格斯成为一个成熟的马克思主义思想家，他重提这一观点。在《反杜林论》中说道："社会一旦占有生产资料并且以直接社会化的形式把它们应用于生产……社会也必须知道，每一种消费品的生产需要多少劳动，它必须按照生产资料，其中特别是劳动力，来安排生产计划。各种消费品效用（它们被相互衡量并和制造它们所必需的劳动量相比较）最后决定这一计划。人们可以非常简单地处理这一切，而不需要著名的'价值'插手其间。"① 紧接着恩格斯给"价值"作了一个脚注："在决定生产问题时，上述的对效用和劳动花费的衡量，正是政治经济学的价值概念在共产主义社会中所能余留的全部东西。这一点我在1844年已经说过了。"这里，不需要"价值"与价值概念"所能余留的全部东西"二者之间并不矛盾。抛弃的是价值这种依托于某一使用价值（如黄金）来相对表现另一商品价值，从而曲折地表现商品的社会劳动量这种社会关系与尺度，而留下来的是效用对劳动耗费的实际关系。

　　无疑，恩格斯的观点将丰富马克思、恩格斯关于"劳动时间经济"的规定性。

三、劳动时间经济的历史局限性

　　劳动时间经济重视核算，重视产品生产中时间的节约与社会财富的增长。它同商品经济在这些方面有许多共性，两者的区别在于：生产资料由全社会占有，因而不再有互相对立的经济主体，在劳动者自由联合体之间没有经济利益的差别。因而对产品的核算就可以剥去那虚幻的物的形式——价值，而直接以它内在的尺度——劳动时间来进行。然而，随着生产力的发展，劳动时间经济也将表现出历史的暂时性。

　　（一）劳动本身不再成为财富的基础，劳动时间不再是财富的尺度

　　马克思说：在自动化的机器生产中，"劳动表现为不再像以前那样被包括在生产过程中，相反地，表现为人以生产过程的监督者和调节者的身

---

① 恩格斯：《反杜林论》，见《马克斯恩格斯选集》第3卷，人民出版社1972年版，第348页。

份同生产过程本身发生关系。……工人不再是生产过程的主要当事者，而是站在生产过程的旁边。"这里谈的是生产力的质的变化，由于这一变化，它对社会生产中的社会关系就会产生如下根本变化："在这个转变中，表现为生产和财富的宏大基石的，既不是人本身完成的直接劳动，也不是人从事劳动的时间，而是对人本身的一般生产力的占有……"① "一旦直接形式的劳动不再是财富的巨大源泉，劳动时间就不再是、而且必然不再是财富的尺度，因而交换价值不再是使用价值的尺度；群众的剩余劳动不再是发展一般财富的条件，同样，少数人的非劳动不再是发展人类头脑的一般能力的条件。于是以交换价值为基础的生产便会崩溃。"②

这段话里包含有几重含义：

1. 在高度发达的科技条件下，直接形式的劳动，或以劳动时间可测定的劳动，很难再成为生产和财富的基础。人本身就代表一般的生产力，指人的创造性劳动，就成为生产和财富的最大源泉。而创造性劳动（科学发明、技术革新的劳动）很难用社会必要劳动时间与社会平均劳动时间来做尺度。

2. 在这种前景下，建立在价值生产基础上的资本主义生产将难以为继。由于脑力劳动和体力劳动差别消失，资本主义生产赖以进行的社会分工难以存在；资本家对一般雇佣劳动者的奴役将难以再创造多少社会财富。这是资本主义生产关系对社会生产力发展所能容纳的最大限度，也是商品生产能否存在的界限。

这一变化的具体过程还不是很清楚，这有待于我们在未来社会生产发展和技术革命的实践中来揭示。

劳动时间不再是财富的尺度，这不仅宣告了商品经济根本维持不下去，而且也说明劳动时间也具有历史局限性。我们可以设想：①以劳动时间作为生产的核算工具在不断的技术创新面前已失去意义。②以劳动时间作为劳动者消费品分配的尺度也不再合适，因为劳动者的贡献与他们的劳动时间之间的联系已愈益薄弱。

---

① 《马克思恩格斯全集》第36卷，人民出版社1972年版，第100-101页。
② 恩格斯：《政治经济学批判大纲》，见《马克思恩格斯全集》第46卷（下册），人民出版社1980年版，第218页。

（二）社会生产的目的不是为了增殖财富，而是为了人类能力的发展——自由时间的扩大

与劳动时间不再成为核算与分配的尺度相联系，社会生产不再是为了增殖财富，而是为了人类能力的发展，这就要让自由时间充分扩大。

马克思在《资本论》的一段话里说道：

1. 物质生产领域是与自然进行斗争的领域，其目的是为维持和再生产自己的生命。一切社会形态，一切可能的生产方式，都不例外。

2. 人类的自由王国是在这个领域之外才开始的，即由"必须和外在目的规定要做的劳动终止的地方才开始。"

3. 随着生产力的发展，自由王国会随着人的发展而扩大，条件是物质生产领域里的生产力不断扩大。

4. 在公有制条件下，物质生产领域中可以给人们一定的自由，这就是"社会化的人，联合起来的生产者，将合理地调节他和自然之间的物质变换，把它置于他们的共同控制之下，而不让它作为盲目的力量来统治自己；靠消耗最少的力量，在最无愧于和最适合于他们的人类本性的条件下进行这种物质变换"①。但是，即使这样，这个领域仍是一个必然王国。

5. 社会的目的在真正的自由王国中，它为的是人类能力的发展。

通过人类本身的一般生产力（科学力量）的发展，形成物质生产的巨大源泉，以创造尽量缩短生产劳动时间的前提条件，为人类能力的进一步发展提供更多的自由时间。这是马克思对未来共产主义社会的方向性思考。

第三节 "物"的依赖关系下的社会分工与财富分配

一、社会经济结构与社会分工

现代马克思主义的社会分工理论继承了起源于古典政治经济学中的社会分工学说，并将其推到新的高度。

---

① 马克思：《资本论》第3卷，人民出版社1975年版，第926—927页。

（一）社会分工结构

社会经济结构可以从多种角度来剖析：所有制结构、产业结构、技术结构、城乡结构、区域结构、市场结构、从业人员结构等。从总体上来看，都归结为社会分工结构。从马克思主义经济学的社会分工理论来分析社会经济结构，就可以从社会经济现象深入人与人之间的经济关系本质。

（二）社会劳动分工

从社会分工的视角看，财富类型与劳动类型都是多样性的，国民经济总财富是由各种类型的劳动共同创造的，这些类型有：物质生产劳动、服务劳动、经营劳动、管理劳动、精神产品生产劳动，等等。全体社会成员，除了不劳动者之外，都在各领域为社会的物质、精神财富的创造作贡献。但是，上述劳动的社会分工，并非都是同性质的。在不同的历史发展阶段和不同的经济制度下，各类社会分工都有其不同的社会性质，体现不同的生产关系。

社会分工本来的含义是社会劳动的分工。在社会劳动的多种类型中，物质生产劳动、服务劳动、精神产品生产劳动，都是直接创造社会物质财富与精神财富的劳动，可统称为直接劳动。经营劳动（广义的商业劳动）是由商品货币关系与市场经济引致的劳动，其直接职能是承担价值形态的转换，它不是财富与价值的创造源泉，但它是商品市场经济中社会分工得以实现的活动，是人类社会第二大阶段（即人对物的依赖阶段）经济活动能够运转的必要条件。在资本主义经济中，经营劳动是资本运动的必要条件，是由资本所有者亲自承担或委托承担的职能。管理劳动分为社会管理与企业管理。社会管理主要由政府承担，企业管理由企业管理者承担。它们的历史必要性不言而喻。但是，社会管理劳动与国家政权的性质、企业管理劳动与企业的社会经济属性是相联系的，因而各与其政治性、生产关系相联系。社会管理劳动体现的是统治阶级的管理职能，企业管理劳动体现的是企业所有制所决定的生产关系管理职能。

（三）社会分工的经济理论作用

由于我们现在处于人类社会第二大阶段——人对物的依赖阶段，社会主要关注的是财富，即商品的使用价值。因此，社会分工就不能只看社会劳动的分工。按照劳动价值论的观点，劳动是创造价值的源泉，创造价值的劳动是社会总劳动，包括上述各种类型的劳动。但劳动不是孤立地进行，劳动在创造价值当中需要有生产资料与自然资源作为条件，因此劳动所创造的价值就要经过各种生产要素供给者的分配。社会分工理论将理清价值的直接创造者、间接创造者及合理分配者等社会角色各自的作用地位。近年来，有人鼓吹"社会财富主要是企业家创造的"或"社会财富主要是科学家创造的"观点，完全背离了社会分工的理念，否定劳动者当中主体部分在社会分工中创造财富的作用。违背社会分工理论，就不可能有国民经济学中正确的就业理论、分配理论与人力资源配置理论，这是需要马克思主义的理论来纠正的。

马克思站在共产主义的高度早就指出了"旧式社会分工"的不合理性质。历史形成的社会分工网，由纵横交错的社会分工链组成。进入链条当中各个环节的社会成员，处于事实上的不平等——他们的潜力发挥机会与收入水平、社会地位都是不平等的。如果没有调节，就形成社会的"强势群体"与"弱势群体"的分野。经济学理论就是要研究造成这种状况的原因，探讨解决其矛盾的对策，推进社会分工中的事实平等。

二、从社会分工网看社会分工矛盾

社会分工网可描绘如下：

①	社会管理劳动				非市场型
②	精神生产 1				
	精神生产 2				
③	服务劳动				市场型
④	物质生产劳动				
⑤	直接劳动	管理劳动	经营劳动	要素提供	

从纵向来看，分工体现在社会层面，②③④在①的管理、调控、服务之下分别提供不同的物质与精神财富。从横向看，分工体现在市场主体内

部，按照生产关系所决定的地位承担不同的社会职能。这里发生的是各类劳动的分配关系，剥削概念就产生于其中。

社会分工网中充满矛盾，矛盾的表现各不相同，其性质更不同。

1. 要素提供与劳动参与之间的矛盾，在资本主义生产关系中的主要表现是资本与劳动的矛盾，恩格斯指出"资本和劳动的关系，是我们现代全部社会体系依以为旋转的轴心"①。在《资本论》中对英国农业的这一矛盾分析，则表现为地主阶级、农业资本家与农业工人之间三大阶级的矛盾。社会主义市场经济中，要素提供来源多样化了，但不可否认，其中所体现的阶级矛盾——被恩格斯称为"全部社会体系的轴心"的资本与劳动的矛盾，仍然存在，这一矛盾必须在社会主义制度下予以控制，主要抑制资本提供方的强势。而在社会经济中，一般提供小额资本、土地资源的占有或经营权、知识资产、房地产等要素，尽管这些要素不是价值创造的源泉，其提供者也是现阶段合情合理的新增价值分配者。

2. 社会管理与社会产生的矛盾，来自四方面：①社会管理是依托权力来开展的，在运用权力方面是否公平、是否以权谋私。②关系到劳动者直接利益的政策、方针与行政法规的制订、执行。③官僚主义的管理方法、忽视群众的利益诉求。④社会管理劳动提供公共服务，取得税收与规费，收费是否合理。吉林"通钢事件"，是一个为拒绝将要出现的企业管理与直接劳动矛盾，而发生社会管理与直接劳动矛盾的双重体现的典型事例。

3. 非市场型精神生产提供非直接交易产品，从政府或者社会团体中取得资金。在特定条件下，上述非直接交易产品会出现社会认可度的问题。

4. 企业管理劳动与直接劳动的矛盾来自两方面。在公有制企业中，管理者与员工的矛盾，与社会管理和社会产生的矛盾相似；在私有制企业中，基本就是劳资矛盾的体现。

5. 体现在经营劳动与社会经济产生的矛盾，与市场规则和社会管理内容相关。经营劳动对市场经济运行能否起到良好作用，以及经营劳动所涉及的经济环节是否分配的国民收入过多，要靠市场规则来评判、靠宏观经

---

① 《马克思恩格斯全集》第1卷，人民出版社1972年版，第209页。

济调控来平衡。社会上经常说的"流通环节得到的收入过高",既打击生产者的积极性、又损害消费者的利益,就是这种矛盾的体现。假冒商品充斥市场,也是这种矛盾的体现。

6. 从纵的方面看,市场型的三类劳动产品通过供求交易,其矛盾发生在与产品真伪与价格的合理性。矛盾的发生来自一类劳动对其他社会劳动的作用是否有益,以及从其他社会劳动成果当中取得收益(包括市场型收益与非市场型收益)是否平衡。

只有控制、化解直到最终解决这些矛盾,才能提高社会的和谐程度。

第四章　转型中的三大经济关系

第一节　经济关系新视野：职权关系、产权关系、社会契约关系

一、经济关系总论

（一）研究经济关系的意义

经济关系研究，本来就是马克思主义经济学的主要内容。到现在仍是一个必要的基础研究。在经济学研究中，经济运行、经济结构、经济发展模式、经济发展战略等当前已成为研究的焦点，经济关系研究相对冷了，但并不是说其重要性就降低了。

人们研究经济体制，关注的是经济体制的结构：财产制度、运行机制、政府与企业的关系等。如《比较经济体制学》一书就认为，构成经济体制的四要素是：所有制结构、决策结构、信息结构、动力结构。当我们深入分析经济关系时，发现经济关系是经济体制的基础。因为一切经济活动都是在各种经济主体之间进行的，所有经济主体、各种经济当事人，都是在一定经济关系中开展活动的。经济关系规定了经济体制的框架，决定着经济资源分类型配置的空间，提供了经济运行的实际载体。

我国改革的目标模式是建立社会主义市场经济体制，对于这个历史上从未有过的新生事物如何认识、把握和塑造，离不开对社会主义经济关系的深入认识。只有通过经济关系研究，才能清楚地了解，社会主义的企

业是依托什么立足于市场的,各种资源的所有者、占有者是凭什么在市场上相互发生交易行为的,政府是靠什么来贯彻社会经济的管理和参与市场的。没有对社会主义经济关系认识的重大进展,我们很难充分认识"社会主义市场经济"这个新体制。

(二)什么是经济关系?

在传统的社会主义政治经济学理论中,实际上是把经济关系等同于阶级关系与阶级内部的关系。例如,社会主义经济关系就是同志式的互助关系,共同劳动的协作分工关系。这样的理论描述,对于说明一个制度的基本经济关系是需要的,但对于说明一个经济体制,就远远不够了。必须抛弃这种简单化的做法,把经济关系当作一个含义丰富的概念来把握。

在第三章中论述过,马克思主义经济理论包含了人类社会并存着的两种基本经济关系的论述:劳动占有关系与劳动交往关系。这两种关系,是人类社会经济关系的主线。劳动占有关系是劳动条件与劳动成果占有关系,也就是经济资源占有关系。列宁和斯大林都下过有关的定义,它表现为狭义的生产关系。劳动交往关系也就是广义的交换关系。这一观点运用于社会主义关系中,一则可以说明公有制关系,一则可以说明商品货币关系。为了进一步分析现代市场经济条件下的社会主义经济关系,我们必须在这一基石上扩大视野。

经济关系可以从不同角度分类。以下分类是出于这一角度:社会经济中人们的各种经济行为发生在什么类型的环境中、受什么约束、受什么推动。从这个角度,概括历史上产生的种种经济关系,可分为三大类型:产权关系、职权关系、社会契约关系。

二、构成经济体制基础的三类经济关系

经济关系新的划分是:产权关系、职权关系、社会契约关系。现代社会的经济体制都包含有三种经济关系,它们都是经济体制的依托关系。

三种经济关系的内涵分别如下:

(一)产权关系是对财产的权利关系

产权关系是商品货币关系的重心。在人类社会产生商品货币之后,交

换关系就表现为商品货币关系，其实质就是产权关系。

　　社会经济中围绕着财产（广义）所形成的权利关系都是产权关系。广义的财产包括生产资料、消费品和一切可占有的经济资源（如劳动力、技能、技术、商誉、著作）。权利关系内容，包括所有权、占有权、经营权、使用权等。产权关系有一个历史发展过程，原始社会就有产权关系的萌芽；封闭的自然经济中也有产权关系，那是一种最简单的排他的占有关系，即我占有的自然物与产品，不能再让他人占用。出现商品生产和交换之后，产权关系发展成复杂的、内容庞杂的经济关系。在最简单的商品交换中，交换双方都坚持自己对所拥有的商品的所有权，并承认对方对他所拥有的商品的所有权。这种产权关系正是交换得以进行和完成的前提。今天人们所指的产权关系，是专指以市场经济为平台的产权关系。马克思在《资本论》中提出的"商品所有权规律"、新制度经济学家科斯的"市场"，与本书的"产权关系"概念在内容上相通。整个现代经济制度都是建立在多层次的产权关系基础上的。现实生活中的交易关系与交易契约关系，都是产权关系的具体表现。产权关系中的人们受着来自市场上经济利益的约束和激励，人们为了获取、维护、增加自己（个体或群体）的财产而努力行动、认真行事，由此产生"经济理性"。缺少"经济理性"就可能遭受财产损失的惩罚。

　　经济体制改革之后，研究社会主义经济中的产权关系，就以剖析现代市场经济制度的眼光来进行了。

　　（二）职权关系是以职位上的权力、责任与义务为基础而形成的经济关系

　　职权关系是围绕着"岗位职责"产生的指挥、命令、服从、遵守、负责等相互关系。人是社会组织中的动物，职权关系是社会组织的纽带。当它发生于经济生活中时，就是经济关系。现代社会中两种典型的组织是国家机构与企业。在国家机构和企业内部，人们要按照已定的规则与等级来产生服从关系，执行职权或承担职责，这就是职权关系，它是社会和社会化生产的联合活动中遵循的"权威原则"与经济主体中具有"科层"运行特征的经济关系。恩格斯提到的"权威原则"、科斯的"科层"，与本文

的"职权关系"概念在内容上相通。恩格斯在《论权威》一文中说过：只要在社会化生产的联合活动中，就需要有一方服从另一方的"权威原则"，就是在土地和劳动工具都成了工人的集体财产的情况下，权威也不会消失，而只会改变它的形式。新制度学派的经济学家科斯，对社会经济关系概括为两种，一种是"市场"，表明的是当事人之间进行平等交易的关系；一种是"科层"，表明的是当事人之间进行经济活动中的上下级关系。它们分别对应为产权关系与职权关系。职权关系中的个人受到的约束和激励都与组织的管理规则相关，在特定岗位上履行规定要承担职责的状态如何、业绩如何，关系到行为者的升迁、奖惩、在岗及责任追究。

（三）社会契约关系是非交易性的契约关系

社会契约关系是契约关系的一种。契约关系有两种类型。①交易契约关系，它发生于商品经济关系中，是一种严格的互利行为，具有狭隘的功利性。②社会契约关系，这是人们追求共同的目标、境界、价值观而形成的有约束性的契约而发生的关系。这种关系的产生与人的社会本能有关。社会契约关系可以是功利性的，也可以是非功利性的，看人们追求的是什么目标。自由结成联合体的关系，是社会契约关系。

社会契约关系与交易契约关系有根本性不同。交易契约关系是由产权关系派生的，是一种严格的"双赢互利"行为，其来源是相互尊重对方所拥有的经济资源的所有权，具有狭隘的功利性。保护交易契约关系的力量，一是来自于法律，二是来自于自律，即在一个凭舆论的力量可以迫使人们遵守信用规则的社会环境中，"守信用"的信誉成为当事人今后进行交易的必要条件，因而会自觉地履行契约。而社会契约关系并非由产权关系派生，它是一种"祸福同当"的群体行为，其功利性是长远的。保护社会契约关系的力量，首先是来自于群体内的约束，其次才是部分依靠现代的法律。交易契约关系的发展与商品经济的发育程度有关，而社会契约关系的发展则与社会文明程度有关。在前资本主义社会，只有商人群体的社会契约关系能正常维持，其他群体中，低下的文明程度一般都会把群体内的关系转化为人身依附关系，"契约约束"对首领不起作用。社会契约关系到资本主义社会有较大的发展，而在代表最高文明程度的共产主义社会，它将普及于全社会。

社会契约关系有经济性的，也有非经济性的。这里只论述经济性的。经济性社会契约关系可以是功利性的，也可以是非功利性的，看人们追求的是什么目标。很明显，市场经济的现实，决定了多数社会契约关系还是功利性的，是对共同经济利益的追求而形成的。社会契约关系的产生与人的社会本能有关，结为这一关系的本意是自愿形成的，但社会的复杂性使之产生了非自愿的类型。

明确三类经济关系的含义，是认识经济体制的理论起点。

三、从经济关系角度对世界现存经济体制的一般考察

（一）社会"三形态"中的三类经济关系

马克思关于人类社会关系发展三个历史阶段的论述中，包含的三类经济关系分别是：①人对人的服从关系。这种服从在社区中，就是家族、宗族及表现为直接人身依附关系的阶级关系；在国家这个机构的作用中，是国家对社会的统治关系，在国家内部，为实施这种统治，就形成职权关系。②人对物的依赖关系，直接表现为商品货币关系，实质上是产权关系，即财产权利关系。③自由人联合体，实质上是社会契约关系。

（二）世界各国的总体经济关系

纵观当今世界各国的经济体制，虽各有差异，但基本的共同之处大体如下：

1. 世界处于"人对物的依赖关系"这一社会发展阶段，因而社会经济的基础是产权关系，个人与组织进行经济活动的主要背景是市场。任何一国的多种所有制经济与市场体系都依靠产权关系来形成社会经济系统。

2. 政府既是超越市场的力量，也是影响市场供求的一个因素。政府或多或少具有管理社会经济的职能，在此当中职权关系起作用。

3. 各种社会团体与合作经济组织基本上是以社会契约关系为依托。

企业是经济体制的最主要的微观基础，各种类型的企业都是三类经济关系的具体承载体。首先，企业主要是在产权关系环境下存在，以商品货币交易者的身份进行经济活动。其次，企业建立所依托的经济关系各有不

同。多数企业是以自己的财产进行投资（个人投资或结成股份投资）、以财产增值为目的而建立的，所依托的是产权关系。国有企业是政府以国有财产进行投资、以实现政府某种目的而建立的，所依托的是职权关系。合作社是社员按自治原则平等出资、以实现社员们某种共同的目标建立的，所依托的是社会契约关系。同时，这些经济组织内又可能掺有其他经济关系。

（三）资本主义社会经济关系的总体状况

资本主义原始积累时期曾广泛利用人身依附关系，出现过契约奴，包身工。现在第三世界资本主义国家仍存在着有人身依附关系的雇佣劳动。但总体上来说，资本主义文明消灭与削弱了直接人身依附关系，代之以产权关系为基础。资本主义国家对社会的统治关系仅只是资本对劳动的统治关系在政治上的集中表现，国家内的职权关系是保证产权关系的规范，保证由产权关系派生出来的商业性交易关系、交易性契约关系，而社会性契约关系则是产权关系的补充和陪衬。全部市场经济都是以产权关系为中心的。

产权关系：以私人产权为主体，重心是大垄断资本，中小资本广泛存在，也有个体业主。公有产权，一为政府所有的国家资本，一为社团资本，如宗教团体的产业。后者对外体现为产权关系，对内兼有服从关系与契约关系。社会契约关系在各国社会中均存在，但当代没有哪一个国家具有大发展的气候。

发达资本主义国家的财产制度，反映了资本主义市场经济的成熟。资本主义国有化与私有化两种趋向互相消长在各国有不同的特点。资本主义国有经济中的产权关系与产权形式，私人资本的产权关系与产权形式，都可作比较。日本的法人资本主义尤有特点。在股份公司中，家族所有制走向削弱。小企业和个体企业（包括农民）在资本主义私有经济中占有一定的地位和作用，银行对生产产业的产权加大了控制。

职权关系存在于资本主义企业与国家的内部。在企业管理和国家管理中都要运用职权关系，它体现"科层"的特点：等级、指令、规则。国家资本的经营是职权关系与产权关系的结合，如股份制、承包租赁制。其经济活动以产权关系为依托还是以职权关系为依托，这是一个世界性的没有解决的问题，两种经济关系在"争夺市场"。

第二节　社会主义三大经济关系的依据与历史由来

一、社会主义理论设想中的三大经济关系

社会主义制度以哪种经济体制为表现形式，这个选择实际上就是寻求适宜的经济关系。社会主义制度的发展历程，从某种意义上说，是一个探寻可作为经济体制基础的经济关系的过程。这个过程，经历了"蓝图构想—实际建立—体制改革"的三部曲。

马克思主义经典作家，对社会主义经济关系有过不同角度的设想，其中内含着产权关系、职权关系、社会契约关系的内容。后人在实践中都试图把这些设想变为现实。这里分别简介如下：

（一）马克思、恩格斯的设想——自由人联合体

"蓝图构想"第一部曲由科学社会主义创始人唱响。马克思、恩格斯在《共产党宣言》《资本论》中，设想未来的共产主义（包括社会主义）社会关系是"自由人联合体"。这是在阶级所依存的经济条件已经消除，国家的政治职能已经消失情况下的社会关系，人与人之间自由地结成联合体，既不靠强权，也不靠交易，因而"自由人"之间的关系，既不是人身依附关系，也不是"物的依赖关系"即产权关系，而只能是社会契约关系，是在共同理想、价值观基础上形成的相互约束关系。马克思所设想的"自由人联合体"，只能是依托社会契约关系的产物。

显然，这是一个理想目标，但绝不是空想的。在马克思的总体思想中，实现社会主义是从两个方面来寻求它的前提的。在劳动占有关系上，以社会化大生产为基础，并以其与资本主义私有制的不可调和的矛盾为依据，建立相适应的生产资料公有制；在劳动交往关系上，以商品市场经济高度发达所造就的个人能力与关系的普遍发展为基础，建立自由人联合体的联合劳动和劳动时间经济。社会契约关系的普遍化，是以资本主义市场经济下产权关系的成熟，由此创造出个人关系与个人能力的普遍、全面性

为前提条件的,这也是历史规律性的表现。① 至于这种历史必然性的具体内容如何,在马克思、恩格斯的著作中没有现成答案。没有面临建立社会主义经济这一实践任务的马克思、恩格斯,不愿去构想未来社会的细节。

(二)列宁的设想——整个社会将成为一个管理处,成为一个劳动平等、报酬平等的工厂

列宁在十月革命前也唱过这一部曲。在《国家与革命》(19)这部著作中,列宁对即将要通过革命来建立的新社会这样设想:整个社会将成为一个管理处,成为一个劳动平等、报酬平等的工厂。列宁指出:"在这里,全体公民都成了国家(武装工人)的雇员。全体公民都成了一个全民的、国家的'辛迪加'的职员和工人。"② 推动社会运转的基本因素是监督生产和分配,计算劳动和产品。列宁清楚地看到,实行这种计算和监督的国家,必须是一个"能够迫使人们遵守法权规范的机构",是在全社会推行"工厂纪律"。这是必要的。因为"如果不愿陷入空想主义,那就不能认为,在推翻资本主义之后,人们立即就能学会不需要任何法权规范而为社会劳动"③,按照列宁的思路,全部社会经济关系体现为在"管理处"或"工厂"之内的关系。这种必须遵守法权规范的经济关系,就是职权关系。实际上列宁从马克思的"理想的契约关系"转变为"现实的职权关系"。

这种关系类似于科斯的"科层"和恩格斯的"权威原则"。体现为"科层"和必须遵守法权规范的经济关系,就是职权关系。任何一个企业组织内部都基本上是科层,而履行经济职能的政府更要运用科层这个方式,也就是推行"工厂纪律"。在列宁的设想中,社会主义经济关系采取的正是"科层"或"权威"的形式。

在列宁设想的全社会性的职权关系中,人们互为管理者与被管理者。接受管理,是由于要获得个人消费资料,必须受雇于掌握全部生产资料的国家,由国家来安排、监督、计算劳动内容、劳动量。进行管理,是出于

---

① 《马克思恩格斯全集》第46卷(上册),人民出版社1979年版,第104页。
② 列宁:《国家与革命》,见《列宁选集》第3卷(上),人民出版社1972年版,第258页。
③ 列宁:《国家与革命》,见《列宁选集》第3卷(上),人民出版社1972年版,第252页。

"武装工人"即进入国家机构的无产阶级代表履行自己的阶级使命。这就是列宁设想的共产主义第一阶段中的经济关系。

（三）商品货币关系在社会主义经济关系中的地位

马克思主义经典作家并不把商品货币关系作为社会主义经济关系的一种，这是他们关于公有制社会消灭了商品生产这一结论的自然延伸。商品货币关系被排除在社会主义经济之外。

马克思对商品货币关系，一方面肯定其历史作用，一方面作了富有哲理性的批判。他说："以物的依赖性为基础的人的独立性，是第二大形态，在这种形态下，才形成普遍的社会物质变换，全面的关系，多方面的需求以及全面的能力体系。"相对于血缘关系、宗法关系、统治服从关系、人身依附关系来说，商品货币关系是一种历史进步，它与社会分工相联系，使生产者在整个社会生产范围内联结起来，作为一个总和的生产者与自然进行物质变换。但与此同时，商品货币关系又是与商品世界的拜物教相伴随的。由于商品经济中人们自己的社会关系在人们面前采取了物与物的关系的虚幻形式，就产生了商品拜物教、货币拜物教直至资本拜物教。因此，拜金主义的出现是有其社会根源的。今天我们在社会主义条件下肯定商品货币关系，不能对马克思提到的丑陋的一面采取"鸵鸟政策"。

十月革命后经过短期痛苦的实践，列宁对他在《国家与革命》中构筑的蓝图作了修正，他开始注重将商品市场关系引进社会主义制度的建设中。在列宁形成的新经济政策思想中，肯定了在社会主义"建成"之前必须利用商品货币关系。从苏俄实行新经济政策开始，商品货币关系就与社会主义挂起钩来了。列宁生前只能暂时得出这个结论：在一个原来小农经济占统治地位的国家，建立社会主义制度离不开商品市场关系。

而斯大林基本按照列宁设想建立依托职权关系的经济体制当中，虽然主要依靠指令性计划体系使国民经济得以运行，但却把消费领域与"两种公有制形式"之间的交换留给商品货币关系，斯大林还论证了"社会主义商品生产"存在的必要性，尽管它很受限制。于是商品货币关系就在传统社会主义经济学理论中被有条件地承认着，但是它一直被当成是补充的、辅助的关系。在过去的集权式计划经济体制中，商品货币关系不仅覆盖面受限制，本身也不能成熟地发展。

二、社会主义经济体制实践中的三大经济关系

（一）苏联的"集权式计划经济"——以职权关系为依托的经济体制

"实际建立"第二部曲是在斯大林时期唱响的。苏联从20世纪20年代后期至60年代中期所推行的经济体制，称为"集权式计划经济"或"指令性计划经济"，所依托的经济关系就是职权关系。在某种意义上，斯大林领导下实际建立的"指令性计划经济"体制，是把列宁在十月革命之前的设想，运用于苏联当时的具体实践。它以职权关系为主，承认有限的集体性产权关系。这个体制的建立抛开了列宁在生前最后时间实施"新经济政策"所提出的启示，并且与列宁十月革命前的设想有重大偏差：其一，管理者与被管理者的身份已经"硬化"。管理者所承担的监督管理职能，并不像列宁当年设想的那样，不再是一种特殊的社会分工和工作任务。相反，管理者不仅需要有较高的管理才干和相应的专业知识，而且需要经过长期考验和逐步提拔，从中证明他对工作的忠诚负责与相应的品质。而赋予某人某种管理职务这一环节发展为一个复杂的系统。其二，管理者行使职权，也不是凭着"阶级本能"，管理者在具体的倾向上，有自己的利益、偏好与认识习惯。管理者遵照规则来行使职权当中，总会根据自己的特殊考虑，来选择其倾向。它是20世纪社会主义制度的历史存在。

集权式计划经济体制，对于社会主义经济制度的建成和社会主义工业化基础的奠定，起到了巨大的历史作用。但是，整个社会经济运行基本上靠职权关系来推动，就不可避免是僵化的、低效率的。1965年的改革试图消除其弊病，但没有成功。今天我们基本否定了这一体制，但这个体制中仍然有不少遗产是可以继承的。

中国三个当时的青年学者华生、张学军、罗小朋在《中国改革十年：回顾、反思和前景》的长文中，对以职权关系为基本经济关系的经济体制进行了剖析。其要点为：①这个体制下的全民所有制产权虚置，只能以职权来代替产权的功能。②职权和产权在经济中的区别在于：职权与排他的

占有权（财产支配权）相联系，产权与排他的收益权相联系。职位占有者的个人收益是职位预先给定的，财产收益权只是财产支配者，即职位占有者的责任或义务。产权可交易，职权不可交易。③维持稳定的职权经济运行需要三个基本要素：等级——授权或分配稀缺资源的依据。规则——构成经济的主要约束力量，以代替产权约束。指令——弥补规则的不足，替代市场功能。④职权经济的缺陷：一是约束方式的非自治性，这会导致经济单位不追求剩余最大化，而追求规则约束下的成本最大化和资源占用最大化。二是职权经济的封闭性，即"条块分割"。他们上述观点，是十分深刻的制度分析。

（二）前南斯拉夫的"自治社会主义"与"契约经济"体制

"体制改革"第三部曲最早是由以铁托为首的南斯拉夫共产党唱响的。据老一辈南斯拉夫共产党人（铁托、卡德尔等）声称，在与斯大林闹翻之后，出于对苏联国家所有制经济产生官僚主义的厌恶，他们对当时的"斯大林模式"经济体制进行了反思，认为该模式造成国家垄断了社会的生产资料，支配了社会生产，妨碍了劳动者与生产资料直接结合，因而未能克服资本主义私有制条件下所产生的劳动手段与劳动者的异化。于是打算将以职权关系为主的苏式经济体制改成"自治社会主义"体制，向马克思的"自由人联合体"回归。这一体制的建立，是以劳动者的解放为目标、以"社会所有制"为基础、以劳动者不同层次的联合体作为构架、以自治协议为纽带。自治协议不属于国家行政指令，也不是各劳动者集体之间的商业性交易的产物，这种自治协议可看成是社会契约关系的表现。所以前南斯拉夫的"自治社会主义"，实际上就是以社会契约关系作为基本经济关系的一种社会主义经济体制。可以说，这是老一辈南斯拉夫共产党人为实践马克思的"自由人联合体"设想的大胆尝试。

然而，"自治社会主义"这一实践"自由人联合体"设想的体制构建尝试失败了，根本原因在于：普遍建立以社会契约关系为基础的劳动者自治联合体所需要的社会前提在当代并不具备。根据马克思的学说，建立自由人联合体，是进入人类社会发展"第三个阶段"的产物，需要有"建立在个人全面发展和他们共同的社会生产能力成为他们的社会财富这一基础上的自由个性"。为了进入"第三阶段",就必须有商品经济的充分发展,在商品经济的社会关系形态下,形成普遍的社会物质变换,全面的关系,多方面的需求以及全面的能力体系。南斯拉夫显然达不到这样的成熟条件,在社会经济中过早地把社会契约关系放在第一位是不现实的。另外,直接原因是"自治社会主义"经济体制在构建时,就未能塑造合理的经济机制。现实的契约经济,既削弱了国家的经济职能,又未能充分发挥市场的经济力量。先天不足的社会契约关系,尽管辅之以法律体系,再加上不完全的市场体系,仍未能驾驭国民经济。

虽然南斯拉夫实践马克思设想的努力失败了,但是,他们的尝试是可贵的。这个在历史上存在过几十年的经济体制及其经济关系,必将在社会主义发展史上给人们留下许多宝贵的启发。

(三) 从苏联到中国的经济体制改革

从20世纪50年代起,中国和苏联都进行过试图改变过于集中的国有经济管理方式的改革,但只是政府职权运作方式的改变,并不触动指令性计划经济体制以职权关系为主的根本。用匈牙利经济学家科尔奈的术语,这是由"直接行政协调"转变为"间接行政协调"。

十一届三中全会后我国开始了市场取向的经济体制改革,主要是削减职权关系、引入产权关系。概括改革的三大主流是:由单一的公有制经济向多种所有制经济发展,承认了不同主体的财产所有权;经济资源的配置越来越多地运用市场方式,市场体系得到建立和发展,承认不同主体的资源交换权;公有制经济内部,产权关系的分量逐渐增大,职权关系与产权相结合,实行国有资产的责任制、承包制、租赁制、股份制,力求产权明晰化。三类经济关系互相接壤、互相渗透。

这"三部曲"的内容,反映了社会主义制度的经济体制及其基础的经济关系变迁。我们从理论设想与实践理论设想的历史中可以知道,社会主义经济关系包含着社会契约关系、职权关系、产权关系。我们要从这三种关系的具体内容、相互地位中,去认识社会主义的总体经济关系。

第三节　社会主义市场经济体制建立中的经济关系

一、现实社会主义经济中三大经济关系的动态格局

我国的市场取向改革，尤其是确立社会主义市场经济体制模式后的改革，使历史上一个全新的社会主义经济体制初具雏形。三类经济关系体现在我国经济体制的各组成部分。企业制度—市场体系—宏观调控体系—社会保障，分别都是三类经济关系为主或为次的有机结合。其中，最能体现我国经济体制特色的是企业制度，这一经济体制的微观基础是三类经济关系最重要的承载体，经过改革发生了巨大的变化。整个动态格局可概括如下：

1. 原来的国营经济完全是以职权关系为基础的，企业只是政府机构管辖下的执行生产或流通任务的下级单位，历史留下的商品经济范畴也是作为行使职权关系的工具。改革在其内部引入产权关系，职权关系正在退出部分领域，国营经济转变为国有经济。企业内的经济关系开始是"两权分离"，政府机构掌握所有权、企业拥有经营权。后来演化为企业的法人财产权，政府代表国家拥有出资者的产权即股权。

2. 原来建立的集体经济分为城市和农村两类。城市的"集体经济"从20世纪50年代行政指导下的劳动者集体经营蜕变为城市政府机构管辖下的计划体系外的"部门所有制"，企业完全依托职权关系，被称为"二国营"，社会契约关系基本丧失。农村的"集体经济"经过60年代前后的频繁变动，稳定为"三级所有、生产队为基础"，公社、大队一级基本以职权关系为主、生产队一级则是行政指导下的劳动者集体经营，保留着社会契约关系，但职权关系占据主导地位。

改革开放后，城乡"集体经济"沿着不同的途径分化。大体上，农村的公社解体首先弱化了职权关系；"大包干"责任制和家庭经营条件下发展商品生产，使产权关系开始起决定作用。在保留集体经营与发展合作经济的意义上，社会契约关系有恢复性发展。城市的"集体企业"分化为实行承包经营的社区公有制企业与合作性质的企业（主要是股份合作制），总体上处于萎缩状态。此后的非国有城乡公有制企业按生产资料归属不同分

成三类：社团公有制企业、社区公有制企业和劳动者集体所有制企业。当生产资料属于一个既有的社会团体共同所有时，就是社团公有制，如国家企事业单位自办的"集体企业"就属于这类。当生产资料属于一个具有共同地域的社区共同所有时，就是社区公有制。当生产资料属于一个由劳动者自行组织的集体共同所有时，就是劳动者集体所有制。上述企业外部都处于产权关系环境，以商务交易关系与外界发生交往，而内部的经济关系，社团公有制以职权关系为主；社区公有制是职权关系与社会契约关系并存，村级的社区公有制以社会契约关系为主；劳动者集体所有制基本上是社会契约关系。

3. 出现了完全以产权关系为依托的个体、私人、外资经济。这些企业内部的职权关系是产权关系派生的，是后者的工具，其设计与实施的有效性均受外部市场竞争的约束。中国人习惯的"家族式企业"影响了企业内部的职权关系的有效性。

对上述动态，从三类经济关系的角度来分析各类企业的性质及其生命力，可构成经济体制学科的新内容，从而加深对社会主义市场经济体制的认识。

改革后期，多种经济成分的布局与发育处于胶着状态，是由于三类经济关系的演变处于困境。本书试图客观地描述如下：

1. 改革的目标是政府管理职能的转变。政府机构要基本退出国有企业直接经营管理，同时却要行使国有资产管理与指导产业发展的职能。政府机构固然不是企业的经营者，但在不同场合，它可能是项目业主，是发包人、出租人，是企业股权的执掌人，这就不可避免地将职权行使于市场经济活动中。能否形成适应市场经济体制的有效职权关系，这是需要花大力气来解决的问题。

2. 在国有企业内部，引入产权关系没有统一的模式，但要有正确的认识。哪些企业可以不触动所有权，仅仅引入承包关系、租赁关系；哪些企业要根据资产经营管理责任制，由政府机构根据有效的"委托—代理"原理行使"所有者职能"；哪些企业要改造成股份制，保留国有股份，政府成为出资人；哪些有国有股的企业要由政府控股，等等。这些问题，不是简单分分类就可以解决。搞得不好，哪种产权模式都不理想，而搞不好的原因多样又复杂，既有制度设计不科学的问题，又有十分具体的管理水平问题，还有各种外部因素，如权力制约、人事制度、思想观念、政策环境、企业原来的财务状况等。国有经济领域中建立系统、完善、合理的产权关系还有很长的路要走。

3. 在整个社会，社会契约关系发展滞后似乎是我国的一个"国情"。其结果主要是：企业之间难以结成有效的民间团体，如商会、行业协会，以帮助企业更好地经营；依托社会契约关系的合作经济发展缓慢而不稳定，个体经营缺乏自助机制；没有社会契约关系的自律自治效应，农村社区的集体经营得不到支撑。总的效果是，市场经济与公有制的发展都缺少这类有效的经济关系来加以促进。

从经济关系角度正视上述问题，对我国进一步推进改革事业，能够起到看清道路的作用。

二、经济体制改革中社会主义经济关系变化的概括

从现实来看，我国经济生活中的许多问题和矛盾，都涉及三种关系。

改革引起了三种关系的重大变化。我国社会主义制度建立以后，在集权式计划经济体制下这三种经济关系的位置摆得不对。职权关系占有压倒一切的地位。它不仅在国民经济中占主导地位的国有经济中代替产权关系，成为经济运行的基本依托，而且在集体经济中也占主要地位。与此同时，职权不明的现象却到处都有。产权关系本来无处不在，但被严重限制，受经常冲击，它的内容一点未展开，成了简单化的事物，因而不能用来推进对资源的社会化利用。社会契约关系也被职权关系夺去了它天然生长的领地，在压抑下萎缩地存在着。市场取向的经济体制改革必定改变着三种经济关系的相互地位及其内容。

（一）最重要的变化是产权关系

在集权式计划经济体制下，资产的占有、支配、营运，都由行政机构来进行；改革要把这些工作从职权的约束、运转转移到产权的约束、运转上来。原来，公有制企业都是单一的所有者主体，以适应行政分权和行政

领导管辖权力范围明确的需要；改革使一批企业成为产权多元化的经济实体。改革所造成的多种经营方式：承包制、租赁制、资产经营责任制、股份制，使产权关系得以充分展开，使资金、资产、管理能力及其他生产要素能够在不同情况下按不同方式更好地结合起来。这方面的改革，在艰难地、有反复地向纵深发展。

（二）最关键的变化是职权关系

改革正通过转变政府职能使社会中的职权关系发生变化。当政府职能退出一般国有企业的直接经营之后，就转为进行宏观经济调控。在微观方面，一是通过宏观经济政策间接影响企业的经营规模、经营方式、产品品种、投资方向、市场选择、技术采用；二是通过信息指导、培训、经济服务等方式，帮助企业提高经营管理水平；三是通过立法，来规范企业的行为，让企业在劳动用工、纳税、借贷、交易、排污等方面遵守规范。比较集权式计划经济体制来说，使用职权的范围缩小了，但使用职权的内容却更多了。特别是政府对市场体系的管理，在监管当事人遵守"游戏规则"方面，更是一个需要不断完善的领域。

（三）最广泛的变化是社会契约关系

改革正趋向恢复合作社经济。合作社经济对外是产权关系，对内是社会契约关系。多数合作社是人们由于不适应有效的商品交易，在一个共同的经济、社会目标下，靠乡亲或志同道合者关系作纽带而形成的。新中国成立后成立的各类合作社（信用、供销、生产合作社）是带有农民阶级互助的意义。后来的变化是行政力量逐渐代替了一切，"民办"的合作社纷纷转为"官办"的合作社。政企合一的人民公社使整个农村的经济活动主要由职权关系来起作用。现在我们才懂得，应具有合作性质的经济组织必须交由民办。从农村中产生的社区性的社会契约关系，就是发展社区合作经济组织的社会历史资源。这种合作经济组织，不能依靠行政力量来运转，而必须依托社会契约关系。这方面的改革，目前还发展得很不平衡。

三、改革难题与处理经济关系有关

改革所遇到的重大难题，都与正确处理经济关系有关，其核心问题是建立适应市场经济体制的公有制企业：国有经济中的企业与集体经济中的企业。

（一）国有企业改革的成功，关键是职权关系与产权关系的正确结合

"城镇"的难题是原有国有企业的改革。在原来产权虚置的国营企业中引进产权关系，是我们的基本思路。一开始给企业的是经营权，这是为了使国有企业在市场上具有积极性、竞争性；同时靠原有的职权关系来约束有经营权的企业领导。这是"经营权＋职权"的企业改革模式，经过若干年后这一模式走到了尽头，因为该模式只能适应一部分特定条件的中小企业（如产业发展基本稳定，资产收益容易估量）。后来给了企业以法人财产权，而国家作为出资者掌握控股权，股份来自多种所有者。这是"法人财产权＋控股权"的企业改革模式，按照这一模式本身的框架，企业可以真正摆脱政府机构的行政干预，但国家的机构如何履行控股的大股东职责，对企业施以产权关系的约束，仍是有待解决的重大课题。这里面临的关键，是建立健全行政机构扮演股东角色的职权规范，该模式应扩充为"法人财产权＋控股权＋职权"。看来，实施该模式首先易于成功的将是重化工业、基础产业领域。

不管采取哪种企业改革模式，只要最终保留"国家所有"的所有权关系，就不可能只有产权关系而无职权关系。为了使国有企业的改革能够振兴国有经济（不排除在范围上或数量上适当减少），必须要有这样的保证，就是使社会主义条件下的职权关系很有效、很健全。不管国家机构是出资者，是制约经营者的所有权代理人，还是直接的经营者，都需要有效的职权来驾驭适应市场经济机制的产权。

解决企业产权制度中的政府职权关系问题，是国有企业制度改革中一个不可逾越的问题。改革后不同类型的国有企业，政府将分别担当经营者、股东、业主、资产所有代理人与委托者角色。

"国有企业效率"是一个世界性难题。解决的原则是：①国有企业的改革方案只能是一种"次优选择"。经过改革的国有企业所依托的经济关系，就是经过理顺的产权关系、经过理顺的职权关系，两者正确地结合所

构成的经济关系统一体。②在改革之后不同类型的国有企业中，职权关系与产权关系形成不同的结合模式。③按照职权关系的"本性"，给它创造发挥其正面效应，减少、抑制其负面效应的条件，中心措施是健全适应市场经济条件的职权关系，使政府行使国有资产所有者代理人职能的行政操作，成为整个社会市场机制运行的一个有机组成部分。

（二）"乡村"的难题是必须实行集体经营的单位能成功重塑集体经济

"集体"企业——社区公有制企业的成功关键，是社会契约关系与产权关系的正确结合。

在国有经济进行改革攻坚战的同时，农村发生的经济关系变化是广泛的。多数集体资产（土地山林）由农户来实行家庭承包，掌握经营权。家庭承包土地山林的经营权使农户发展了家庭经济。在此之外的集体产业，乡以上仍由职权关系来约束，乡以下还必须由村民在本社区范围内的自治能力来约束。村民的社区自治，就其实质来说是社会契约关系。20世纪90年代以后，在农民的推动下，原有的集体企业陆续改造成为股份合作制企业，集体内产权虚置的状况转变为产权明晰化的局面。这是符合我国现实的选择。但是，股份合作制并非唯一的形式，社区公有制企业也应成为集体经济的一种具体形式。前者需要有一定的商品经济发育程度作为社会前提，后者则须有社会契约关系发展的成熟程度。从典型事例来看（华西村、邱二庄、原大邱庄），社区公有制经济的兴旺发达，靠好的领导班子来带动，而长远的制约力量必须来自当地的社会契约关系——来自当地村民为了本村社会经济发展这个目标所产生的凝聚力、自治力。从我国农村的长远发展来看，像股份合作制一类的产权关系、交易性契约关系的成熟发展，可以带来商品经济的繁荣；而经济、社会、生态的全面发展，是离不开社区公有制、离不开社会契约关系发展的。

（三）职权关系的有效是市场经济合理运作的关键

当社会主义市场经济在形成发展之时，担负重要经济职能的国家机构内，其职权关系正面临着新的问题。国家机构行使职权的特征为：①对社会整体负责，而不是对哪部分利益主体负责；②按照法律规章办事，而不是按照市场原则办事；③实施"权威"原则，不能有令不行、有禁不止。在金钱的诱惑下，上述规范正面临挑战：不少机构行使职权以本单位的经济利益为准则，职权运作市场化，拿"裁判权"当商品作交易，只服从对自己有直接利害关系者……这些都属于广义的腐败行为，比狭义的、直接的、明显的腐败行为更难治。我们要努力塑造的，就是一种不同于产权关系规则的，超脱于直接经济利益之上的职权关系，以便为市场经济的公平竞争提供保证。

环顾我国改革中遇到的种种现实问题，无不要求我们在研究、探讨、改进、完善社会主义的产权关系、职权关系、社会契约关系上下功夫。

四、借鉴发达国家的经济关系组合

社会主义经济关系如何发展，可以从现有发达国家的经济关系来预测，也可以从经济关系的变化趋势来推论。

我国社会主义制度是在半殖民地半封建的废墟上建立的，没有多少资本主义创造的文明遗产可继承。因此，健全社会主义经济关系需要对资本主义发达国家有所借鉴。借鉴内容涉及：成熟的产权关系，国家机构内部与公司内部的职权关系，交易性契约关系。而社会契约关系，遵循罗奇戴尔原则的合作经济发展是有经验的，但有局限性，反过来可认识社会主义市场经济的这一潜在优势。

西方资本主义的高度发展，为将来替代它的社会主义准备了丰富的文明遗产。因此，健全社会主义经济关系需要对资本主义发达国家有所借鉴。

高度发达的商品市场经济，使西方发达国家形成了成熟的产权关系。它对社会经济的意义在于：各种经济资源都有人珍惜，并按照其稀缺程度和使用价值，尽可能社会化地利用。多种经营方式的出现，多种市场类型的交织，多种经济组织的产生，以及与它们相联结的规则体系，都反映其产权关系的发展水平。在职权关系方面，其国家机构为有效地维护经济秩序，干预经济运行，建立了庞大的职能机构，较完善的法律规章，高水平的行政管理体系。他们一直在寻找克服"市场失灵"和"国家失灵"的努力中积累了大量经验。公司内部的职权关系也发展成熟，庞大的跨国公司通过纵横交叉的管理环节，从"金字塔"顶端的董事长、总裁一直管下来，使地处遥远的分支机构能服从整个企业集团的战略意图。撇开西方国家产权关系和职权关系中的资本主义性质，仅就其推动市场经济运行的有效性来说，我们也要达到这样的水平。

西方国家的契约关系是发达的，但发达的只是其中的交易性契约关系，而社会契约关系得不到很好的发展。西方国家的合作经济存在了几百年，表明了社会契约的力量，对于满足劳动者和小业主某些经济社会目的起了重大作用。然而在强大的资本主义产权关系影响下，合作经济始终处于服务性的地位，难以跟私有经济与国有经济分庭抗礼。我们可以借鉴西方国家发展合作经济的经验和原则（罗奇戴尔原则），同时也要看到资本主义市场经济中发展合作经济的局限性，反过来认识社会主义市场经济的潜在优势。

五、社会主义市场经济体制中的三大经济关系地位

（一）目标模式下的三大经济关系

当中国经济体制改革确立了社会主义市场经济体制模式后，我们可以从目标模式上对三大经济关系做这样的初步描绘：①目标体制以产权关系为基础，在经济生活中不断推行、规范各种资源和资产的买卖、租赁、借贷、抵押、预支、补偿、托管等业务，推行、规范各种委托、代理、承包关系，保护一切通过对社会有所贡献而获得的权益，使稀缺的社会资源得到最大限度的利用，以加快生产力的发展。②目标体制以职权关系为保证，政府依法管理社会，对国民经济运行进行指导、监督、协调、服务，规范社会的产权关系和社会契约关系，并成为全民资产按照产权关系来运作的最终力量。③目标体制以社会契约关系为重要补充，它既是各种集体所有制（社区性的、社团性的、合作性的）企业的经济关系依托，也是各种经济成分自律组织的经济关系依托。

这一框架深刻地反映着将要建立的社会主义市场经济的实质。产权关系为基础体现了处于"以物的依赖性为基础"的社会现实，从而将社会主义经济置于非空想的、现实的基础上。职权关系反映了经济体制得以传导

工人阶级意志的现实渠道；能够履行该职能的前提，是健全社会主义民主、保障社会主义国家的阶级性之所在。社会契约关系为重要补充和发展方向，不仅对公有制的多样化与生命力起重要作用，还是长期培育、积累未来"自由人联合体"的因素，是在实践商品市场经济为公有制社会高级阶段创造条件的努力。

社会主义经济关系的健全，是与社会主义市场经济体制的逐步建立、成型相联系的。到我们的体制改革大功告成之后，三大关系经济将在各个基层单位实行不同方式、不同比重的有机结合。

（二）以产权关系为基础

这是与我们现在的改革事业与所处的时代相一致的。我们开创的社会主义不可能逾越商品经济充分发展的历史阶段，我们现在发展生产力的社会方式，除了以市场作为社会经济资源配置的基础之外，还没有更好的选择。而实行市场经济的中心问题，就是在确认财产所有权的同时，使经济资源按照一定的物质利益原则在社会上充分流动，达到优化配置。只有产权关系健全、完善，才能实现上述目的。我们要在经济生活中不断推行、规范各种资源和资产的买卖、租赁、借贷、抵押、预支、补偿、托管等业务，推行、规范各种委托、代理、承包关系，保护一切通过对社会有所贡献而获得的权益，使稀缺的社会资源得到最大限度的利用，以加快生产力的发展。在此过程中，将要与长期的历史习惯势力和传统经济体制的沿袭作持久的斗争。

（三）以职权关系为保证

这是由现代社会特别是由现代市场经济的本质要求所决定的。人们常说"市场经济是法制经济"，法制就是政府依法管理社会，这就说明市场经济的运行离不开政府的管理。现代政府的管理，不仅管着经济活动赖以进行的外部环境，还管着经济活动的内部规则；管理的内容包括指导、监督、协调、服务。不但社会上的产权关系、契约关系靠法制来维护，而且凭借这些关系来运行的经济活动也要靠政府来规范。况且社会主义国家还是全民资产的代表者，国家机构还要作为这一资产的出资者、发包者、出租者、委托者，在少数范围中是经营者（如邮电、公用事业），这就要塑造能进行产权运作的职权关系。

（四）以社会契约关系为重要补充

这首先是由社会主义公有制的两种形式所决定的。如前所述，前南斯拉夫以社会契约关系为基础的"社会所有制"（实际可视为全民所有制）未成功，但集体所有制离不开社会契约关系。过去传统体制下的集体所有制大量地以职权关系来取代社会契约关系，只能使集体经济走样。当前中国大地上，集体经济正在分化。一部分向股份合作制发展，以明确产权关系；一部分通过健全社会契约关系，加强村民自治力量来发展社区公有制，发展农业社会化服务体系。而后者应该在所有农村都或多或少有一定比重的存在和发展。其次，城市个体经济应有合作经济相伴随。生活将教会人们懂得，靠合作来维护自己在竞争中的地位，比靠不规范行为要明智得多。随着社会主义经济文化水平的提高，经济生活中的社会契约关系必定会广泛发展，并对公有制的多样化与生命力起重要作用。其发展前景，就是马克思所设想的"劳动者自由联合体"。正因为这样，社会契约关系才被认定为社会主义经济关系的发展方向。

成熟市场经济中，将是职权、产权、契约关系的有机结合。职权用于调控宏观经济与国有资产管理，产权用于约束一般的经营活动，而契约关系用于形成部分公有法人产权主体的基础，用于社区公有制和社团公有制，塑造公有制的新形式。

六、社会主义经济关系发展展望

（一）正确引导三类经济关系的发育

探讨经济体制改革，需要认真研究三类经济关系各自的适应性、局限性，认识我国各类企业或各经济实体的制度改革如何置于科学的基础上。

现实经济生活中三类经济关系的变动，出现了不和谐的局面。我国市场取向的体制改革，总体上来说是在体制内部加强引入产权关系、完善产权关系，客观上也出现了产权关系在经济体制与企业组织中不断增大比重的趋势。这是市场取向改革的必然趋势，也是建立社会主义市场经济的主体需要。然而，当另外两类经济关系得不到应有的维护与发育时，社会经济就不能和谐发展，具体表现是：

1. 各个市场主体自身的产权趋于健全时，企业相互之间却没有相应的社会契约关系发展，民间组织极不完善、作用不大，商会行会官办色彩仍然浓厚。

2. 国有企业一方面资产管理体制很不健全，国有资本人格化很不到位；另一方面企业自主经营仍然得不到保障，政府部门的无效干预还不放弃，这说明国有企业的职权关系并未理顺。同时，国有企业内部的集体则越来越成为"雇佣团体"，职工的积极性仅由惩罚和奖金来调动，人最低级的本性（恐惧与直接金钱利益）成为管理的依托，工会形同虚设，社会契约关系被削弱。

3. 村级的社区公有制与劳动者集体所有制是两种以社会契约关系为主的公有制企业，但社会契约关系很不强健，正日益受到产权关系的侵蚀。或是演变为名义上的公有、实际上的私有；或是进行产权变更，走向私有。由此，许多村级集体经济（社区公有制）变成"空壳"，唯一的公有财产就是土地的社区公有，理论界还一再出现要求土地私有化的建议，这对农村走共同富裕道路相当不利。在产权关系比重增大的趋势下，合作经济逐步演变成股份制经济，劳动者之间的资产拥有分化在扩大。

上述现象告诉我们，健全社会主义市场经济体制，并非只是发展和健全产权关系，发展和健全职权关系与社会契约关系同样重要。

今天，我国社会主义制度的经济体制选择到了既要重新调整，又要深入细节探讨的阶段。在体制构造中，既要避免唯产权论导致的企业与土地私有化倾向，又要避免盲目回归职权关系上来。体制选择需要对经济关系的科学分析，使其建立在理性的基础上。

非国有的公有制经济重心在农村，这两种类型都要大力发展：①社区公有制是农村合理利用国土资源、建设社会主义新农村、带领农民走共同富裕道路所不可少的。农村社区不同于城市社区，城市社区可以没有社区公有制，农村社区没有公有制，发展必有障碍。②农民的合作经济也是重要的，这是发展农业产业化、建立现代化农业所不可少的。发展这两种公有制经济，固然需要健全农村基层党组织、发展乡村民主、提高农民教育文化水平等非经济因素，但在理论上，必须明确有发育成熟的社会契约关系，这是村民自治能力和农民协作水平的关系基础，是防止这类公有制经济变质变味、名存实亡的保证。

我国正在大力发展非公有制经济，这类经济的成功发展取决于三类经济关系的发育。一是打破家族式企业的狭隘性，提高产权的社会化程度；二是大力发展社会契约关系，建立健全企业民间组织；三是政府合理有效管理非公有制经济，引导合理的市场结构的形成（如有合理的竞争度），也就是提高这方面的政府职权关系的有效性。此外，社会主义的政治社会环境应当鼓励在非公有制企业内部发展一定程度的社会契约关系，雇主与雇员要逐步形成共同的目标，尤其是在人力资源举足轻重的行业。

总之，正确引导三类经济关系的发育，是社会主义制度下建立现代市场经济体制、保障社会经济和谐关系形成的基本需要，应当是研究改革问题的新的兴奋点。

（二）把政府管理经济的职权关系合理化放在改革的重要地位

处于市场经济中的政府机构，无论是从社会管理者的身份、从企业外部来管理经济，还是以出资人的身份从国有企业内部来履行自身的职能，如果没有职责分明、奖惩公平的规则，尽职尽责、出以公心的队伍以及接受监督、公开透明的公务，什么制度创新也谈不上。正如一支没有纪律严明、训练有素的军队，什么优良的战略战术也实施不了。

国有企业中的经济关系需要确定一个合理的格局。其表现为：建立职权关系统管之下、能够形成合理经营机制的产权关系，并发展企业内部的社会契约关系。理由是：一者，无论国有企业内部的产权关系如何完善，终归还要保留资产管理上的职权关系（而不是像私人企业那样只有生产管理上的职权关系）。政府通过有效的职权关系分别履行其作为出资者、持股者、发包者、出租者或项目业主的职责，完成人民的委托。由于职权关系对市场经济的环境适应性难以达到最优状态，因此国有企业存在和发展领域要有限制，其合理领域在于：①计划调节很有作用——这需要决策较为集中；②宏观经济效益显著——这弥补了微观经济效益难以很强的缺陷；③行使职权关系是可行的——过于劳动密集性的行业显然不适合国有。除此之外，国有企业无须在所有竞争性行业都退出。二者，判断国有企业内部产权关系是否合理的标准，是否能形成合理经营机制、在市场中有竞争力，拒绝"是否让个人最关心财产的增值"这一片面标准。三者，发展企业内部的社会契约关系至关重要，要用一个共同的经济发展目标来凝聚全体员工，发挥员工的主人翁精神，不能以纯粹的产权关系（雇佣关系）加通行的职权关系（企业的上级命令下级）来处理企业内部的人际关系。

（三）注重培育社会契约关系

在经济体制改革中，以个体、私人、外资经济蓬勃发展形成的产权多元化，继而人力资源自我发展形成的就业市场自行丰富，再就是社会成员由一个特定的共同目标而结成经济联合体——这种联合体超出市场交易契约关系的局限，而以社会契约关系作为联合体的联系纽带，组成三部变奏曲。

前面提过，社会契约关系是依托人们的社会本能而形成的，当社会主义的公民们物质文化生活水平达到一定高度之后，就将热心于追求某种社会的、经济的、文化的目标——理想的或实际的目标。于是，现在大量跨部门的学术团体，会越来越去掉官办色彩；更多的专业科技协会从各个领域的劳动者那里产生出来。为了获得本团体发展的财力，从事能发挥优势的经济活动是必不可少的。一些更广泛的团体直接作为基金会的形式出现，如科学研究基金会、养老金基金会、社会保障基金会、义务教育基金会、生态保护基金会……这些组织，内部是社会契约关系，外部是产权关系。由此形成的所有制，是真正的社会团体公有制，其资产收益用于公共目的，既来自市场经济，又是市场经济的升华。

所有这些用社会契约关系联系起来的团体，都不必自己掌握职能资本，以股份资本作为本团体的公有财产就行了。今后我国的一般大中型企业普遍实行股份制，以公有法人（包括社会团体）作为主要持股者，就能确实保证公有制在国民经济中的主体地位。

在目前的历史发展阶段上，社会契约关系所占的比重是较小的。然而，这种关系在社会主义制度下有广阔的发展天地。今天我们的主要精力也许放在产权关系上，同时也要注视着未来的发展方向。我们注重培育社会契约关系，有利于社会主义多种公有制的建设；社会主义市场经济的正确发展，会扩大产权关系派生出来的交易契约关系，从而催动社会契约关系的发展。这就是在积累未来"自由人联合体"的因素，就是在实践商品市场经济为公有制社会高级阶段创造条件的努力。总之，未来的发展趋势，将是契约关系比重不断增大，最终形成"自由人联合体"的基础。

第五章 转型中的国民经济运行

第一节 国民经济运行的两种调节

一、国民经济管理的指导思想

（一）国民经济体系

国民经济是指一个国家社会经济活动的总称，是由互相联系、互相影响的经济环节、经济层次、经济部门和经济地区构成的。国民经济这一概念突出强调经济的整体性和联系性。在内涵上包括：各经济环节即，生产、交换、分配、消费各环节；各经济层次即，宏观经济、中观经济、微观经济各层次；各经济部门即，工业、农业、建筑业、商业、通讯、文化、教育、科研等生产部门和非生产部门；各经济地区即，国内不同经济区域以及国与国之间的经济区域和国际性区域。

根据中国社会主义经济建设的实践，国民经济学内容包括三大部分：①全面阐述国民经济系统，包括：各种所有制经济成分及其实现形式，市场体系，产业经济结构，财政、金融、市场价格与就业等宏观经济变量的运行，城乡经济关系，区域与民族经济，国家的经济管理机构等。②论述国民经济运行与管理的方式，包括：计划调节与市场调节，国民经济社会发展规划，市场体系的管理，经济责任制与收入分配制，国有资产管理、自然资源管理与人力资源管理，社会保障体系，财政管理与金融管理，对外经济管理等。③探讨国民经济管理方法，包括：国民核算体系，国民经济指标统计，国民经济中的市场参数体系，国民收支体系等。

国民经济的管理离不开正确的指导思想。我国的改革开放出现这样那样的问题，除了有具体经验不足的因素外，主要在经济的指导思想上出现偏差，受到西方"新自由主义"的影响，出现一些试图主导我国经济工作的危险的主张，诸如彻底放弃国有企业、完全放任市场调节、以效率目标替代公平目标，等等。根据实践的要求，国民经济管理的指导思想要有两个论证。一是论证建立在社会主义市场经济体制下的国民经济必须受到人为的调节，而不是让市场经济规律自发地起作用。人为的调节要体现社会主义建设者的意志。二是论证经济调节要遵循马克思主义的基本原则。

西方政治家和经济学家向发展中国家推荐的经济运行模式，始终就是：高度的私有化、高度的市场化、高度的开放，尽管他们自己实行起来往往是大打折扣的，但在他们的理论宣传中却将这些观点讲得十分绝对。其背后的目的，就是从意识形态上起到宣扬优胜劣汰"丛林法则"的作用。这是一个误导，为防止发展中国家上当，要在国民经济学中阐明如下基本内容：①从所有制理论中论证，在可预见的生产力发展阶段内，公有与私有经济都是社会生产力发展所需要的经济成分，而一个追求发展、公平、富强的国家，必须以公有制经济为主体。②从计划与市场相互关系理论中论证，计划与市场都是社会化大生产的调节手段，缺一不可。③从开放经济理论中论证，开放与保护，都是一个民族国家立足于当代世界市场经济必要的基本政策取向，两者的最佳结合方为发展之路。

上个世纪八九十年代以来，西方政治势力实施了一个双重标准：在发达资本主义国家结合运用计划与市场两种手段调节、管理经济的同时，他们别有图谋地抬高这一派，故意兜售新自由主义学派的观念，在理论上绝对肯定市场的作用，完全否定计划的作用，宣称市场在资源配置上的万能。这是西方政治家们有意将经济理论意识形态化的动向。由于我国学术上以所谓"国际标准"作为衡量社会科学水平的政策取向，影响了许多经济学者有新自由主义崇拜倾向。他们不去学习西方国家调节经济的成功实践，却误信西方政客愚弄别人，自己却不打算去实行的意识形态教条；他们不去认真借鉴吸收西方经济学各个学派（包括发展经济学、制度学派、计划学派、管理学派、行为学派）的有价值的内容，而是以偏狭封闭的心理去冷落百家、独尊那个新自由主义。由此，学术论著中抨击产业政策、否定计划调节的观点一再出现，并力图影响政府的决策。靠他们的理论指导我国的经济运行，只能对我们国家在经济上的崛起产生误导。

在经济运行的理论方面，邓小平有个精辟的论断：计划和市场都是方法，都是调节经济的手段。资本主义也有计划，社会主义也有市场。有人将邓小平这个论断称为"邓小平定理"。这个定理指出了计划和市场都是经济调节手段，不是制度的本质属性。社会主义与资本主义经济都是社会化大生产，因而都需要交叉运用计划与市场，以调节社会经济。无论是东方经济学还是西方经济学，对认识社会化经济的客观运行规律都有这样的共识。

为了不受西方政治势力别有用心的理论蒙骗，我们必须弄清，国民经济在什么条件下（时间、地点、目标等）须多用计划，在什么国情下该多用市场。

二、两种调节方式：市场与计划

用马克思主义考察国民经济运行，就会知道：事物的运动，都受某种力量的支配。在社会经济中，有两种支配经济运动的力量。一是来自客观规律的力量，在现实经济体制下作为市场机制；客观规律力量包括市场主体自身的力量，一旦这个力量压倒其他市场主体，客观就变异了。二是来自人的组织的力量，而能驾驭整个社会之上的组织当属政府。也就是说，对社会经济的调节，或者是市场调节，或者是政府调节。

市场调节的形式，是通过市场上的经济利益，通过供求、价格、竞争来实现。而政府调节的形式，可分为两种。一是法规的颁布与实施。但这方面的政府调节，通常并不是与市场相对立的，反而是市场调节所必需的，是市场调节的保障。这类政府调节，是与市场调节相辅相成的，并且可以说是服从于有效市场调节的。二是计划的制定与实施。之所以要有计划，是因为有些经济活动不想让市场、或不想等市场来调节。这方面的政府调节，就是与市场相并立的了，它与市场是一种此消彼长的关系、相互替代的关系。

计划分为广义的计划与狭义的计划。广义的计划定义是：计划是人们关于未来活动的设计和规划。根据这个定义，只要是对某种经济活动，比如政府对明年征收赋税，作出预先的规划，设置多少税种、征税的总量是多少，这就有了一个征税计划。这个定义的计划，在社会各种各样的组织中无处不在。即使奉行最自由主义政策的政府，也有许许多多的计划。狭义的计划，是规定国民经济各个方面的资源配置的计划。市场经济中资源如何配置，本来是由市场作出的。但有了一个代替市场在某种范围内、某个层次上由政府来决定资源的配置，这样的计划就是与市场鲜明对立的。

至此，我们所谓的两种调节方式，一边是市场，另一边是政府调节中属于狭义的计划调节。

应该说，在现代市场经济中，完全由市场来决定资源的配置是不多见了。许多市场经济国家，在社会经济资源基本由市场来配置的同时，或多或少地在部分领域、局部范围用计划来配置资源。

三、两种运行状态：自由放任与政府干预

世界上各类国家，在经济体制或经济管理方式上，如何对自由放任与政府干预进行取舍，可以形成以下系列：

自由放任	秩序——政府当"守夜人" "游戏规则"		市场 ↑
政府干预	反垄断非计划性 社会福利：公平的经济 宏观经济平衡调控 计划：指导性 指令性	非计划性的经济调控	↓ 计划

上表表明，经济运行的两种状态：自由放任与政府干预，不是绝然对立或分割的，而是根据市场与计划的作用程度不同而相对划分的。一者，计划（广义）自始至终都存在，只是涉及的领域不同。例如，政府为了增

强维持秩序的力量，打算增加警察、增多开支用于公安司法方面的政府支出，为此要添加预算，这就有广义计划了。二者，市场的作用自始至终都发生，只不过表现形式不同。例如，完全用指令性计划来支配国民经济的社会，也不便于在人们选择消费口味上排斥市场。无论哪个方向，走到极端的地步：根本不要计划或根本不要市场，社会经济就要发生灾难了。

历史上相当一段时期，人们把政府除了当好"守夜人"之外，什么经济活动也不要干预；认为能实现这个格局的政府，是完全理性的政府。尽管实际上这样的政府从来没有过，但这是可以想象的、可以对政府这样要求的。到了当代，市场经济活动愈益复杂，即使不要政府干预任何经济活动，却再也不能要求政府只当"守夜人"了。例如在股市上，政府的职责，绝不仅仅是维持秩序，还要检查进入股市的当事人在交易中是否遵守"游戏规则"。

不管政府是在维护秩序，还是在监管"游戏规则"，人们都认为是处于自由放任状态。然而，自由放任必然产生的三种后果，要求政府必须干预。

1. 市场的自由竞争必然导致垄断，而垄断就会妨碍自由竞争，因此政府就要担负起反垄断的任务。

2. 市场的自由竞争必然导致两极分化，当社会出现富者愈富、贫者愈贫的现象严重时，社会将不安定，市场将缩小，经济活力也受到抑制。于是要求政府关注社会的公平，特别是穷人的福利，运用转移支付手段来降低贫富悬殊状况。

3. 自由放任在理论上可以实现宏观经济平衡，实际上却总是潜伏着供求矛盾，矛盾积累到一定程度，宏观经济严重失衡，必定酿成经济危机，破坏市场的运行，于是就要求政府起来调节宏观经济。

上述三种政府干预，可称为非计划（狭义）经济调控。多数情况下政府实施的是"需求管理"，也有非计划调控的"供给管理"，如减税刺激企业的生产积极性，政府补贴安排农场将部分土地休耕。真正的"供给管理"，必定进入计划范围，是以产业政策为中心的国家经济政策。对于市场经济国家，这是政府为了达到国家的经济发展目标而采取的干预系列措施。这种政府干预即计划，能够对社会经济资源起到配置作用了。计划则有两类：指导性计划与指令性计划。

四、两种约束关系与两种运作方式：市场与科层

与调节方式相对应的是约束关系。人们在社会经济活动中，之所以要对自己的行为负责任，就是因为受着某种约束关系的制约。约束关系有两种，一种是在"市场"这一运作方式中起作用的，为产权关系。另一种是在"科层"这一运作方式中起作用的，为职权关系。这里我们借用新制度经济学家科斯的两个概念："市场"与"科层"。科斯这两个概念是用于说明"交易活动"（最广义的交易活动），但我们可以将它们扩展到各种社会经济活动中。

何为"市场"？它是指交易活动中人们以平等的方式发生关系，进行平等的交易。何为"科层"？它是指交易活动中当事人之间以上下级方式发生关系。

显然，当社会经济处于市场调节中时，交易者之间的运作方式就是"市场"，就是平等交易、自愿互利。当社会经济处于计划调节中时，其运作方式就离不开"科层"，就是下级接受上级的命令。尽管在指导性计划时企业不一定接受政府计划，但是政府本身实施计划要调动下级机构。

人们为什么以"市场方式"来运作，根源在产权关系。交易中的双方各自拥有对用于交换的对象的产权，且都承认对方有对他自己拥有的可交换对象的产权，所以，想要交换，就不能拿、不能抢，只能自愿互利。人们为什么以"科层方式"来运作，根源在职权关系。交易活动中的双方都处于某种组织系统中，各有其职位与权利义务，于是相互形成职权关系。上级指挥下级、下级服从上级，活动才得以进行。政府对社会各组织大量运用科层方式，政府内部、企业内部，都是科层运作方式。

五、经济调节中的"市场失灵"与"政府失灵"

"市场失灵"与"政府失灵"可以这样论证。

市场失灵的由来：①外部性，即对经济当事人外部产生无法由市场调节的效果。如此，经济当事人有利于外部的行为得不到来自市场的收益、

不利于外部的行为得不到来自市场的惩罚。②公共产品,它不可能用市场竞争的办法来生产,没有一个自负盈亏的厂商会对它提供。如果按照消费者的需求来定价格,就会产生无限多的"免费搭车"。③垄断,人为地产生一个可以超越、驾驭、阻碍市场机制作用的力量。④信息不对称(如假冒商品),知情者与不知情者不构成均衡双方。知情者会成为实际上的垄断者。⑤分配不公平。这种不公平不是从市场角度来看,而是从社会角度来看。应该说,第③⑤项正是市场自己造成的,是市场异化。

通过明确所有权,只能解决①②项部分问题。

正如市场调节具有两面性一样,计划调节、哪怕是间接调节也有两面性。政府间接调节一方面起到弥补市场调节不足的作用,另一方面也会有因权力运用不当而为某些利益集团私利服务的可能性,产生"寻租"现象;因理性不到位、信息闭塞、协商不当而产生调节错误。这样,现代经济经常面临一个两难问题,靠市场调节不能解决全部经济问题,靠政府调节会产生许多弊病。万全之策是不存在的,各国只能在权衡利弊得失之后选择一种更为有利的调节方式。

市场与政府在调节上如果方向一致,就是互补的,这时行政力量与市场力量就构成分工关系。如果方向不一致,就是对立的,两种调节力量在那里斗争。

法律用来制约市场主体与政府机构双方的行为。

第二节 西方发达资本主义国家的经济运行

一、西方发达市场经济国家的经济运行效果

应该说,直到20世纪二三十年代,西方市场经济国家的经济运行还处于"非比较时期",它是历史上的经济关系、经济制度的自然延伸,除了发展水平落后、经济关系陈旧的封建制度外,没有可比较的。这种比较始于理论上的一场论战。从20世纪20年代到40年代,赞同社会主义经济的

经济学家与反对者之间，围绕着公有制经济能否以合理的经济机制来实现资源的优化配置展开论战。其中信奉经济自由主义的米塞斯、哈耶克，立足于资本主义私有制＝市场经济的观点，认为资本主义经济制度是无可替代的经济制度。

（一）西方资本主义"创造了巨大的生产力"与经济危机的分析

西方资本主义的产生和发展联系着工业革命，它推动的生产力进步远远超过在它之前的社会。马克思在《共产党宣言》中对此作过明确的评价。而从19世纪20年代中期开始产生的"生产过剩"的经济危机，长期成为否定资本主义的证据。马克思、恩格斯在《资本论》《社会主义从空想到科学的发展》论述了经济危机，将经济危机的原因归结为它的基本矛盾：生产社会化与生产资料私人占有性之间的矛盾。对于这两个方面，本书试图作出新的解说。

1. 资本主义"创造了巨大的生产力"，但这并非只归功于市场经济的运行，还有其他原因。如技术革命带动产业革命，资本主义生产关系解放了从封建社会中发展起来的生产力，包括自由劳动者与追求利润最大化的资产者，雇佣劳动制、资本经营方式与大规模机器生产的结合，资本主义原始积累在世界范围内成功地进行。

2. 原有论述过于强调资本主义生产方式对经济危机负责，其实，经济危机不应完全归罪于资本主义生产关系及其"无政府状态"，它是来自人类社会经济发展方面的问题，即产业结构变动问题。当社会经济的供给沿着原有产业结构的框架不断扩大时，产品早已超过社会的有效需求；而资本主义生产关系所决定的分配格局总是在压抑着社会的有效需求，这就会产生经济危机。资本主义的"无政府状态"其实就是以政府不干预的政策表现出来。等到后来，资本主义国家一方面在有意识地推行"福利国家"政策，扩大社会有效需求；另一方面适度放弃"不干预"政策，根据经济技术发展趋势来制定产业政策，就使经济危机大为减轻。但只要存在着产业结构变动与社会供求不相吻合的问题，经济危机或多或少总会有，只是程度不同而已。

（二）国家的两种选择

自世界经济进入工业化进程以来，国家的经济发展就一直由两种力量支配：市场与政府干预，计划是最高的干预方式。国家的经济发展是要多一点市场运行，少一点政府干预，还是多一点政府干预、少一点市场，这是一个长期交锋的论题。几百年来，围绕这个论题的学派不少，势力消长各有兴衰，实践的结果孰优孰劣互有进退，争论的局势风水轮转。

20世纪30年代的大危机来自市场经济内的矛盾积累。这场大危机首先是推动西方国家从此走上政府强有力地调控宏观经济道路，凯恩斯主义由此地位上升，并多年来成为主要西方国家的政策基础。其次是打破了资本主义经济理论界只肯定市场、不主张国家干预的一统天下。当然，20世纪第一个10年之后西方主流经济理论趋向虚伪化、两面化，就出现行动上的国家适度干预、口头上的绝对自由主义的双重标准。

二、从凯恩斯主义到新自由主义

凯恩斯主义主张以调控社会总需求来调控经济运行。在凯恩斯主义指导下的经济政策（主要是财政政策与货币政策），以"相机抉择"原则来或是扩张有效需求，或是压缩总需求。由于发达资本主义的社会经济主要是需求约束型，有效需求不足是常态，因此凯恩斯主义通常都是朝着扩张有效需求的方向来安排经济政策的。

凯恩斯主义本意是以需求管理来追求社会经济短期的平衡，但是，由于它经常扩张需求，在财政政策上表现为政府扩大开支，在货币政策上表现为给企业放宽信贷，因而在宏观上，就对政府加强基础设施建设、扩大公共产品创造了财力，在微观上为企业扩大技术开发提供了条件。所以，在应用凯恩斯主义的前提下，可以促进国家的供给能力。当然，能起这样作用必须有严格的限制：

1. 政府扩大的开支如用在军费和行政管理上，起不了增进供给能力的作用。

2. 扩大的开支用在增加福利与医疗、教育等方面，可通过人力资源的增进来提高供给水平，但并不是所有这方面的费用都起这一作用，其中包含"纯粹的福利"。

3.扩大的开支用在增加生产，如果没有结构升级，可能导致新的生产过剩与有效需求不足。

为此，后起资本主义国家并非原样接受凯恩斯主义，而是借用其扩大国家干预的宗旨，将经济调控直接用在产业发展上，从需求管理走向供给管理。日本政府率先创立了市场经济条件下的产业政策。日本、韩国等的经济奇迹表明，政府主导型市场经济模式很能促进工业化的推进与完成。

欧美国家的凯恩斯主义与日韩等东亚国家的政府主导型发展模式，是20世纪五六十年代后至七八十年代资本主义经济运行的主体色彩。

自20世纪70年代之后，这一经济运行开始转向了。首先是在欧美国家，凯恩斯主义在政策理论上遭到抛弃。原因是凯恩斯主义所强化的国家垄断资本主义经济政策，造成社会经济日趋严重的滞胀，这一转向从80年代启动。接着，新技术革命，或曰"第三次浪潮"（即信息革命浪潮）展示着政府干预减少的优势，日韩的政府主导型发展模式所创造的经济奇迹终结，并出现负面效果。

世界经济一体化，促使各国经济进行调整。国家与市场在经济中的管辖范围、国家扮演什么角色，成为划分经济模式的标准。①原有经济体制对世界经济快速变化不适应，导致日本经济衰退。日本政府对经济规制太多，企业结构臃肿和终生雇佣制。②美国政府是"大政府"，对垄断经营权的限制，公文烦琐。③德国的福利支出太高，在产业结构调整上缓慢，政府规制死板。

调整的共同之处：放松那些不必要的政府管制：①国家干预的重点在变化，在竞争性的部门取消过多的限制。自然垄断性部门纳入市场经济轨道。②企业组织形式在变化。美国的飞机公司、日本的银行，都出现"强强兼并"。③对原有的企业规制在起变化，取消终生雇佣制，社会保障市场化、福利化。④加大经济开放的强度。德国对金融市场进一步开放，美国取消了电信业之间经营界限的法令。

美日经济运行比较，表明在高新技术引起的产业结构调整面前，自由的经济体制更起作用。可以说，西方国家经济体制与政策调整主要倾向于新自由主义，新自由主义的影响力由此增大。不过，西方国家从来没有完全放弃凯恩斯主义的调节。西方的政治战略家们有意识地抬高新自由主义，把它说成绝对真理，并不符合西方国家真实的经济运行，而是别有图谋。

第三节　社会主义国家的经济运行及其世界意义

一、原社会主义计划经济体制国家

（一）完全计划经济时期的状态

从苏俄的军事动员体制转为完全计划经济体制之后，这个历史上未曾有过的经济体制就在紧张的国际环境中运行了。列宁在苏俄经济尚处于极端困难的情况下，领导俄共和苏维埃政府制定了实现电气化的计划，力图以当时的先进生产力来改造一个已有工业化初步基础，但极为薄弱且水平相当落后的国民经济。斯大林时代苏联计划经济体制确立，大规模的国家工业化建设开始，通过连续制定"五年计划"，以极强的全社会动员力量，包括不惜"狠挖"农民，实际上进行着"社会主义原始积累"，来高速发展工业生产力。同时利用西方世界经济大危机的机会引进了外资。其成就相当可观，直到德国法西斯进攻苏联之前，苏联的工业生产总量达到世界第二位和欧洲第一位，被世界称为"经济奇迹"。

"二战"后的苏联计划经济面临这样的问题，一方面其工业经济实力继续膨胀，不受任何市场需求约束，使该国工业经济实力支撑其成为世界两大超级大国之一。另一方面在与西方资本主义进行客观上的经济竞赛中，指令性计划经济的固有弊病日趋严重。在与西方的比较中，"质"的差距越来越大，出现经济技术上"数量不低质量低"的局面。但是当时苏联并未认识到这一点。其一，20世纪50年代赫鲁晓夫提出赶超美国时，经济指标都是从主要工业品数量上来定的，好像这些工业品数量超过美国，就等于经济成就超过美国。这是个方向性错误，是对生产力认识差的表现。其二，50年代中期苏联在空间技术上高于美国，雄居世界第一，以后也跟美国大体不相上下，苏联的自我感觉良好，也就长期掩盖了对经济技术落后的认识。

（二）指令性计划经济的改良与改革

斯大林逝世后苏联新领导对指令性计划经济作了有限的改进，如将拖拉机站分解出售给集体农庄，扩大地方经济自主权。东欧国家出现了短暂的经济体制改革舆论，但受1956—1957年的国际形势影响而停止。从1962年起，由苏联开始，波及东欧，展开了经济体制改革的大讨论。这场大讨论夭折的同时，苏联着手进行了一系列的"改革"——实际应当算是改良。改革的主要方向是"加强物质刺激"，期望从利润为中心的指标考核上判别企业的经营业绩，给予优良企业可自主支配的财力，使企业自身及其工作者都能得到物质方面的好处。为此相应地增加了企业领导的权限，并按照工业生产的发展需要对组织形式作了调整。此后的苏联经济体制，是一种改良型的指令性计划经济体制。

真正的经济体制改革在东欧的匈牙利和捷克斯洛伐克两国展开。但捷克斯洛伐克的改革被苏联镇压下去，匈牙利则进行了"悄悄的经济改革"。

（三）指令性计划经济的总体认识

指令性计划经济为苏联奠定工业化基础作出了巨大的贡献，这是该体制运行卓有成效的一面。如果不是因为政治体制的失误一再冲击它的运行，其作用还大得多。后来出现的落伍和改革证明了这个体制必须要抛弃。我们从其有效的一面，可以得出的认识并非为该体制辩护的理由，而是说明：社会经济的公共方面可以在集中的正确意志下加以组织与调节。

1. 指令性计划经济体制依托的经济关系是职权关系，只有职权约束和科层，整个社会由就是或大或小的"车间"和"科室"构成的复合"企业"。职权经济的特点被东欧改革经济学家概括为集权模式。集权模式具有"积极性递减"的效应。开始时人的积极性高（集体产生热情），后来由于主动性受限制，积极性越来越低，难以调动。下级单纯就是为了完成计划指标。

2. 指令性计划机制——靠等级、规则、指令来推动经济运行，在政治权利高度集中的体制下，经常产生"长官意志"。一个典型：赫鲁晓夫去参观美国农场，认为苏联的畜牧业落后是牲畜吃草而不是吃饲料，命令全国各农庄大垦荒来种玉米。西方经济学界称之为"命令经济"，虽然难听，也有一定道理。但理论上无法判定，要是决策机制民主化、科学化，就一定是"长官意志"吗？

3.后起与发展中国家在工业化初期，经济计划化或计划经济是必要的。从苏联、中国在奠定工业化基础时的成效就可说明。中国"一五"计划时期，发展运行的基本框架是正确的，如果有这些改进：中小企业不实行生产资料的公有制改造，允许轻工业等部门实行私营经济方式，国家只集中在重工业、基础设施建设上抓好计划项目，则工业化必将更有成效。中国五六十年代的经济建设问题是失之于政治，而非失之于经济运行和经济发展的模式。

另一方面，苏联自70年代后的历史证明，计划经济无力实行集约式增长方式。

4.指令性计划经济在国际经济中比较孤立。斯大林曾经预言会出现"两个平行的市场"，但东方阵营的市场太小，难以支撑社会主义国家经济发展，还得进入西方市场主导的世界经济市场。这样会有规则冲突，胳膊拧不过大腿。比如，在此体制下无法开展合资，只有搞补偿贸易。加入关贸总协定要对进口作出"计划性承诺"。

（四）中国计划经济的发展历程

中国原来是社会主义阵营中的亚洲发展中大国，后来与苏联闹翻，不再是这个阵营中的一员。但不影响中国原有的经济体制自我发展。中国计划经济发展历程是：

1.回头看历史，陈云式的计划经济模式十分适合工业化基础奠定时期与初期。这种体制在这一历史时期利大于弊。"大集体、小自由""计划经济为主，自由生产为辅"，既为国家工业化所需的集中动员全社会经济资源提供体制条件，又为社会经济必需的市场性资源配置留下一片余地。

2.中国实行计划经济的许多必备条件不充分，管理水平低下，经济运行一再被"长官意志"（第二个五年计划规划被否定）、"'左倾'政治"与"政绩之争"所冲击。

3.中国想在经济体制上创出不同于苏联的特色，却在"文革"中形成严重的行政式分权。作为一个指导思想，没有理论阐述，仅仅在毛主席与斯诺的一次谈话中,提出要学习美国把财富和权力分散到五十个州的做法。中国实际上是在形成政治高度集权下的经济行政性分权的体制,但这根本不是好药方。

4. 对待指令性计划经济,作为一项体制遗产,正确的态度是"扬弃"。就是既要坚定改革,又不要"彻底抛弃"。坚决对"计划经济"体制进行转轨,转为市场经济体制;同时,对原来体制中的许多"构件"有选择地予以保留,运用于新体制当中。

二、东西方经济运行比较

(一)"二战"前的比较

这是一个计划经济国家与全部市场经济国家的比较。当西方国家自1929年爆发经济大危机之时,苏联的工业化却取得神速的进展。到"二战"前,就工业总量看,苏联达到欧洲第一、世界第二。这样的工业实力,是保证苏联在卫国战争中战胜德国法西斯的物质基础。从1928年第一个五年计划开始到1941年短短的13年,就在一个帝俄时代、在西方中相当落后的资本主义基础上取得这样的发展水平。这固然有工人阶级地位上升、政府效能较高,及解放生产力的重大作用,但也说明计划经济所具有的经济运行特点,在奠定或扩展国家工业化基础的时期,在粗放式增长或者说生产力的数量型增长阶段,是起了巨大作用的。当苏联发生"经济奇迹"的同时,西方世界却正在经历着严重的大危机、大衰退,这样形成鲜明对比,使"计划经济"和政府领导国民经济的运行方式产生了极大的影响力。

(二)五六十年代两个阵营的比较

一系列社会主义国家诞生,经历了多种磨难,还有南斯拉夫背离了苏联模式,开始另走一条"自治社会主义"的道路,到20世纪50年代中期后才稳定下来。1957年一场科技竞赛,苏联领先,美国落后。再联系中国在国家经济发展水平十分落后的条件下也搞出原子弹、氢弹、火箭、人造卫星,说明除了粗放式增长外,在高科技领域孤军突进也是卓有成效的。苏联就能在航天领域一直与美国双雄对峙。1957年赫鲁晓夫提出在主要工业产品上赶超美国的"宏伟计划",十多年后轻易实现。这进一步说明计划经济运行机制对粗放式增长的效力。但是，当这一目标实现时，苏联的经济不是更先进了，而是更落后了。

对于原来经济社会十分落后的社会主义国家，通过扫除前资本主义制度残余的革命性变革，实行广大劳动人民获得基本人权的政治变革，在此基础上建立计划经济体制和进行工业化，取得的建设成就是很可观的。无论在东欧还是东亚，在使国家具有初步的现代化生产力基础、保证人民温饱生活方面，是原来起点相当的非社会主义国家望尘莫及的。当然，在中国十一届三中全会前，政治上的失误使这一经济体制的长处未得到充分发挥，许多局部地方长期存在慢性经济萎缩，但问题应归结为"政"而不是"制"。

应当承认的是两点：一是除了少数国家和地区外，绝大多数同等水平的第三世界国家的经济社会发展都赶不上实行指令性计划经济的社会主义国家。二是继续实行这一体制，很难再赶超发达资本主义国家，而且其差距还可能越拉越大。这说明，经济体制改革肯定必要，但该体制的长处不可轻视。

（三）"计划经济"体制模式的综合分析

由于很难从"实验室"里复制一个"计划经济"体制模式来分析，所以只能从上述客观历史情况来加以分析。下表可以作为一种有用的分析工具、以资参考。

	决定体制成绩的内生变量	影响体制成绩的外生变量
该体制的长处	能集中动员社会力量 超越短期利益、直接瞄准重大需要	贫富差距相当小的社会状态 解放了的劳苦大众的革命热情 建设队伍的艰苦奋斗精神
该体制的短处	没有创新机制，只适应粗放式发展 难以产生持久的调动积极性的刺激 没有优胜劣汰的竞争机制	集权体制下容易滋长的"长官意志" "左"倾政治的频繁冲击 轻视人才与知识的落后意识

三、东西方经验对发展中国家（南方）的适用性

（一）非社会主义的发展中国家难以模仿社会主义国家原来走过的路

苏联长期对那些民族资产阶级掌权的第三世界国家兜售"非（西方）

资本主义道路",包括扩大国有经济、加强计划调节、加强经济自立等内容。但接受苏联建议的发展中国家经济发展成就都不如人意。走"非资本主义道路"走到极端的缅甸因此落到世界最低收入国家的行列。相反,在实行市场经济的国家和地区中,除了"微型经济"的国家和地区外,韩国与中国台湾成了经济发展的典范。

20世纪80年代初期中国领导人曾对某发展中国家领导这样劝说:不要照搬中国的经验,你们应当注重发展私人经济,注意发挥市场机制的作用,注重对外经济开放。意思就是不要照搬中国在计划经济时期只依靠国有经济和"人民公社"集体经营体制、只有计划调节、不大开放的做法,尽管中国在同一时期取得的成就已经令他们羡慕。当时中国已经开始致力于改革开放,但回过头来看:为什么落后国家不能像社会主义计划经济国家那样取得粗放式增长的效果?

分析其原因主要有以下几点:①生产力水平更低,社会发展程度也低,尤其是人力资源更缺。②由于生产力水平更低,加上国家不大(包括人口因素),国内市场更小,也不像东欧各国那样联系紧密。③没有无产阶级政党领导的那种强有力的政府。④原来对外部世界依赖更强,内部对宗主国的依赖也更强。

由于这些原因,发展中国家难以按照苏联建议的那样搞经济运行。而必须控制国有经济范围,注重扶持本国的私人经济;在更有限的范围内实行计划调节,注重发挥市场的作用;谨慎地扩大民族经济自立权,维持与外部市场的关系。用一句术语来说,这些国家应当实行的是"新民主主义经济"。

(二)发展中国家不能照搬西方国家的经济运行模式

西方政治家和经济学家向发展中国家推荐的经济运行模式,始终就是:高度的私有化、高度的市场化、高度的开放,尽管它们自己实行起来往往都是打折扣的。这是一个误导,发展中国家不能上当。

作为发展中国家,总要有适当比重的国有经济来掌握国家经济命脉,因为国家的经济在世界经济中太弱了,靠自由竞争只会被外国垄断资本收取。总要以国有经济来集中本国的社会经济资源来发展选定的战略产业

（如能源、交通、电信等基础设施），因为国家太穷，靠私人资本的积累要很长时间才能进入战略产业领域。

发展国有经济出于国民经济整体发展的需要，因此，产业发展战略、产业发展规划、产业政策都是必要的，这就是计划调节。不要产业政策的市场经济体制绝不适合后起国家。此外，发展中国家的福利政策（最重要的是医疗与教育对大众低代价提供的政策），尽管不能过多，也不能不要。否则，影响社会稳定、影响全民族的人力素质，就是损害国家的长远利益。

作为发展中国家，在开放中一定要有适度保护。保护用在两方面，一是对选定要发展的幼稚产业，通过保护使之有一个发展壮大的过程，避免夭折；二是某些当前对国家就业、税收、产品供给有重要贡献的产业，要延长其衰落过程，避免国民经济中出现产业空心化，未长成的新产业接替不了迅速被挤垮的老产业。

第四节　计划与市场的辩证关系

一、国民经济运行的中心问题

（一）市场与计划的相互关系问题，是国民经济运行的中心

这个认识偏差了，国民经济管理无论怎样精心构建都是不合理的。

邓小平理论是国民经济学的重要理论支点。当前国民经济学研究很需要用邓小平理论来批判只要市场、放开、自由放任，反对任何计划、保护、政府干预的片面性观点。

从社会主义经济体制开始改革之日起，我们就以市场为取向实施调节机制的转变。但这种转变，只是针对传统指令性计划体制的弊病，或者说针对将某一种计划调节方式——指令性计划调节不适当地普遍推开的局限，并没有否定计划调节本身。当年马克思主义经济理论创始阶段，经典作家就一再指出，计划反映了劳动的目的性："生产者将按照共同的合理的计划自觉地从事社会劳动"①，计划反映了人类对社会领域里的客观规

---

① 马克思：《论土地国有化》，见《马克思恩格斯选集》第2卷，人民出版社1972年版，第454页。

律即经济规律的掌握，计划反映了对生产力社会性的完全自觉地运用，计划反映了对社会资源为满足整体需要的优化配置。最后，经典作家深刻指出："人们自己的社会行动的规律，这些直到现在都如同异己的、统治着人们的自然规律一样而与人们相对立的规律，那时就将被人们熟练地运用起来，因而将服从他们的统治。"① 进入人们自觉地自己创造自己的历史。实现从必然王国到自由王国的飞跃。上述思想，必将像明灯一样照亮社会发展的前程。

当然，当代的计划没有达到经典作家们论述的那种高度，但计划作为对社会大生产进行调节的手段，在现实生活中是不可缺少的。

（二）对市场经济与计划经济两个调节系统的辩证分析

东欧经济学派的奥塔·锡克曾经指出：对资本主义经济的批判，应当把造成贫富与剥削的雇佣劳动制度与灵活调节社会供应的市场经济制度分开。这个思维方式，也适用于我们对市场经济与计划经济的评价。

对市场经济与计划经济两个调节系统，都要运用现代马克思主义智慧，一分为二地进行分析。

对市场经济应肯定其对企业的市场导向是最有效地使社会生产满足社会需求的资源配置方式，应否定的是企业都是从自身利益出发而不顾社会整体利益的机制。

对计划经济应肯定的是社会中心相对集中社会意见、预测与估计社会整体需要和发展趋势、制定行动计划并尽力调动资源来付诸实施，体现人类的有意识调节客观过程的活动方式；应否定的是压抑社会大多数人的经济自由，将一切关系大多数人切身利益的经济事务没有先决条件地托付给行政机关，由它来指挥一切的行为方式。

有了这样的辩证分析，就会正确地对两种经济体制模式的国民经济管理作正确的评估。避免一种倾向掩盖另一种倾向。

改革用市场经济替代了计划经济，恰好这个替代，成为论证社会经济必须要有计划调节的背景。社会主义经济的运行不能中断历史的阶段制

---

① 恩格斯：《社会主义从空想到科学的发展》，见《马克思恩格斯选集》第3卷，人民出版社1972年版，第440页。

约，仍然需要在市场基础上来配置资源，但不等于不要计划调节。调节的必要性在于：①在市场经济基础上运行的价值规律，其客观作用之一是造成两极分化，而社会主义必然要通过调节，来防止贫富差距，推动共同富裕。②市场经济运行往往造成地方、行业的"发展震荡"，调节就必须"消波"，通过事前预防来避免震荡。③最重要的是市场调节只能达到"均衡"，而社会主义讲究的是"和谐"，下面对此将有发挥。总之，上述理由，证明社会经济中需要人为调节人为调节的实施力量是政府，调节方式是计划，调节本质是按照客观的可能性、必要性体现人民与国家领导阶级的意志。因此，马克思主义国民经济学的关键，就是指出要有一个超越市场经济力量的、按照"三个代表"要求的主体去调节社会经济。

二、国民经济调节的标准：和谐还是均衡

无论计划还是市场，都是作为国民经济的调节手段。在调节标准的价值判断上，仍然有两种对立的观念，其背后就是马克思主义的思想意识与新自由主义意识的对立。

新自由主义崇尚市场，市场调节的结果是均衡。在一系列社会经济问题上都可以通过市场供求变动达到均衡。市场供求决定商品价格，商品价格调节着购买者实际获得的商品，而购买者手中持有的货币决定他得到商品的满足程度。市场供求决定利率，利率调节凭借实际获得的货币资金量，凭借支付利息的能力和意愿决定他获得的资金的满足程度。市场供求决定工资，工资调节着劳动者对岗位的接受与否。市场供求决定地租，地租量调节着承租者是否有力量获得租赁物……不仅商品与生产要素的交易取决于市场，就连地区发展也取决于市场机制。发达地区与落后地区吸引资源的能力不同，让市场供求自由发挥作用，开始资源都流向发达地区，于是发达地区的资源边际效用在降低，同时落后地区资源的边际效用在上升，资源开始转而向落后地区流动。总之，市场总是趋向最终的均衡结果。如果出现市场失灵，政府仍然在同样标准下起某种替代市场的作用，追求均衡。

不可否认，上述描述的确反映了一定范围内的经济运行规律。但人们

不可忘记，社会是多层次、多侧面的，不可能一切都按市场交易的原则来对待社会问题的解决。某些商品，有货币支付能力者多得，没有货币支付能力者少得或不得，这算是均衡了，但从社会的角度是否合理？新自由主义是不问的。实际上，用货币来交换商品的某一具体场合对有支付能力者仅仅是"锦上添花"甚至多余，而对缺少支付能力者却是"雪中送炭"。在这个问题上，均衡并不代表合理，只有让"雪中送炭"优先于"锦上添花"，达到和谐，才是有价值的调节。

近年来，在医疗、教育、住房等领域，在新自由主义的影响下，追求达到"均衡"的调节：如果医院满足不了社会的需要，那就对医疗服务提价；学校满足不了就学者的需求，那就将学费抬高；如果住房满足不了居住的需要，那就提高房价。你要得到稀缺的产品和服务，那就得付出更大的代价。这样一来，需求抑制了，供给刺激增长了，供求均衡了。在新自由主义的眼里，这一切都是天经地义的。但这根本不能体现社会主义的原则。作为社会主义国民经济，总体的调节原则是和谐，能够照顾各方利益、发挥各方优势，共同推进社会总体福利。举例来说，在自由竞争的劳动市场上，一个肢体残疾者可能根本得不到就业机会，因为现有的岗位连身体健全的人都不能完全满足。但如果社会创造条件，让残疾人能够发挥自己的能力，根据自身的情况为社会创造财富，那么，社会总的福利将更大。前一种情况叫"均衡"，后一种情况叫"和谐"。是否达到和谐，才是国民经济调节的基本标准。和谐当然不能忽略均衡，一个到处失衡的局面，是难以有和谐的充分手段的。但如果仅仅用均衡作为调节标准，就离开了国民经济调节的根本。

三、国民经济调节的手段运用

国民经济当中的需求与供给有相互促进的关系。人为地抑制需求，会使生产得不到应有的市场，结果也压抑了供给。相反，适当地实行人为地刺激需求，会使生产有市场支持，结果促进了供给。于是，国民经济调节中就会有各种扩大财力的手段，增发货币、发行国债、扩大税收、增加政府支出等。这些手段的运用，总的目的是为了财富的增加。

国民经济学研究探讨财力手段的问题，就是要充分发挥各种经济资源的作用，特别是劳动力资源的充分利用，既能达到经济快速增长的效果，又能避免需求过热、通货膨胀。

运用现代马克思主义，首先可以对世界三种主要的手段模式进行对比分析。这三种手段模式是：①美国——预支财力的典型。②日本经济高速增长时期的"预支—紧跟"型。③中国计划经济时期以财力平衡作为宣传理论。通过这样的对比分析，有助于确立适合我国现在社会主义市场经济的财力手段模式。

对此，要研究马克思"信用危机理论"的适用性。马克思的"信用危机理论"是对资本主义经济危机理论进行深刻探讨的成果。这个理论，不仅揭示了经济危机表现为信用危机的背后原因，而且进一步揭示出信用危机的根源在于资本主义社会的商品作为社会财富与个人财富这个二重性的矛盾。今天，社会主义经济正在力图采取市场经济的体制模式，商品作为社会财富与个人财富的二重性矛盾仍然存在。不过，由于生产社会化程度提高，国家更重视计划调节，国有经济对国家产业政策的有效遵守，这一矛盾的对立性远远弱于马克思研究这个问题时的资本主义背景。这也说明，马克思的"信用危机理论"在一定程度上适用于社会主义市场经济，社会财富与个人财富二重性的矛盾通过各种渠道和方式得以体现，在社会主义经济建设中仍会出现信用风险，出现泡沫经济。这是我们在运用财力手段促进经济增长中值得警戒的。

四、社会主义市场经济需要调节力量

上述有关执政党驾驭社会主义市场经济的行动，从哲学上来说，就是按照马克思主义关于"认识世界、改造世界"的学说，以一种超越市场的力量来调节社会经济。

自由放任学派否认有超越市场的力量来调节社会经济。比如，国家是超越市场的力量，但它只能充当"守夜人"，提供一种外部秩序作为市场力量自发运行的环境。实际上，这种学说在历史上基本没有得到实施。西方资本主义在兴起时，国家绝不是仅仅充当"守夜人"，而是成为重要的

拓荒力量，积极地直接地推进资本主义生产方式的原始积累。就像当年的英国政府，为了打开中国的大门，竟然为鸦片贸易而发动战争，即为了保护英国贸易商能够贩卖毒品而武力进犯别国。堂堂大英帝国出于拓展市场目的，甘当毒品贩子的打手保镖，可见"人为调节"在经济发展中的重要作用。

社会主义计划经济建立，依托一种超经济力量来调节，这是大家公认的。我们转向建立社会主义市场经济，改变了资源配置的机制与动力，将市场而不是行政指令作为资源配置的基础，这一巨大的变化，并不意味着"需要一种超经济力量来调节"这个原则失效。市场经济是社会发展中不可逾越的阶段，但在它的发展与运行过程中充斥着许多双刃剑，任其自发运行，必将损害社会生产力、社会公平、社会和谐以及社会主义的福利目标。这些产生于市场中的矛盾，客观上只有超越市场的力量才能解决。这个超越市场的力量就是能够做到"三个代表"的执政党。人们不是探讨社会主义市场经济与资本主义市场经济的区别吗？从所有制结构、运行机制、分配关系，都难以找到本质的区别。笔者认为，根本的区别就在于调节社会经济的力量不同。由共产党承担市场调节力量的市场经济，就是区别于资本主义市场经济的根本点。

在市场经济发展中，拜金主义、权力异化、迷信西方、嫌贫爱富等观念意识，都会侵蚀共产党。加强党的建设，保持共产党队伍的先进性，抵御上述侵蚀，都是为了塑造一个能够按照"三个代表"的要求来调节社会经济的力量。这样的力量一方面坚持改革的方向，建立完善市场经济；一方面能对市场经济进行趋利避害、扬正抑负的调节。这就是驾驭社会主义市场经济的能力。这一力量的形成，不能仅仅看成精神运动，而主要是制度建设，它离不开社会主义政治民主化的发展。因此，驾驭社会主义市场经济的能力强不强，也是党的建设与政治体制改革成功程度的试金石。

有的观点否认有超越市场的力量，认为社会经济不可调节，只能适应；人为力量无法与客观规律相抗衡。其实，人类历史产生以来，调节就是历史前进的重要因素，社会越向前发展，调节就越自觉，这是大量历史事实所能证实的。社会领域中的客观规律不同于自然规律，它不是人自身之外的规律,而是由不同层次的人的行为组合成的规律。亚当·斯密的"经济人"行为是一个层次,各种集体、社会集团、社会共同体的行为又是另一些层次。我党提出"提高驾驭社会主义市场经济的能力",实际上是由社会客观需要呼唤出来的,是历史前进到关键时刻客观需要跨越的门坎,本身就是社会发展规律的体现。过去,共产党作为执政党,承担了构建社会主义制度的制度基础、奠定其物质基础、更新体制模式的使命,当前驾驭社会主义市场经济,则是历史赋予的新使命。顺应历史发展规律,我们的事业就能取得新的胜利。

第六章 转型中的经济增长

本章的论述，对于当前中国经济发展，已经不是前沿理论。更多的是一种已经完成了的经验，我们可以视为：在马克思主义中国化的指导思想引领下，一个社会主义大国创造出来的发展经济学理论。

第一节 扩大再生产与经济增长

一、扩大再生产类型

（一）衡量产业发展方式的标尺是经济增长基本矛盾

产业发展方式分别从两方面体现。一是扩大再生产类型，二是经济增长方式。扩大再生产是指：一个社会、一个部门、一个企业，只要它们生产的产品除补偿已消耗掉的生产资料和消费资料之外，还能用于扩大生产规模。经济增长是社会的扩大再生产，在经济增长中，多数产业是扩大再生产，也可能有少数产业是简单再生产或萎缩再生产，三种情况均为经济向前发展所需，另外还有全新的产业部门建立。

社会生产中出现有各种扩大再生产类型与经济增长方式。衡量它们的标尺是看对经济增长基本矛盾所起的作用如何。

在国民经济中，经济增长这个运动是不停顿的，它不断产生出维持或推进这个运动的需求，又不断产生出满足这个需求的资源。在经济增长运动中，物质需求和物质资源，作为对立的两极始终存在。生产对物质资料的需求与满足生产需求的物质资源之间的矛盾，构成经济增长的基本矛盾。这个矛盾永远不会消失。经济增长要加快，其物质需求就要加大。如果物质资源不能满足这个需求，经济增长就要受阻。

（二）外延与内含扩大再生产的理论分析

通过生产场所的扩大、生产基地的增加、生产空间的延伸来扩大生产规模，这是外延扩大再生产。在原有的生产场所、生产基地、生产空间内通过生产要素效率的提高来扩大生产规模，这是内含扩大再生产。

外延和内含扩大再生产不是按生产要素是否增加来划分的，而是按生产场所是否增大来划分的。理由是：①并不是凡增加生产要素数量就是外延型，凡提高生产要素质量就是内含型。②生产要素本身有多种，资金、技术、资源条件等都是。即使限定于马克思说的生产劳动过程的三要素：劳动、劳动资料、劳动对象，那么在扩大再生产中这三要素会有不同的变动。会出现一种要素数量增加，另一种要素数量减少的现象，从而构成多种组合，使我们难以按数量是否增加这一标准来判断是属于外延还是内含。再如，当机器设备改进后，固定资产价值量增加，同时需要有更多的原材料；劳动者熟练程度的提高，又可以操作更多的生产工具，这又使我们难以按质量提高这一标准来判断是属于外延还是内含。所以只能以"生产场所是否扩大"作为划分标准。

当两种扩大再生产类型划分按上述标准确定后，我们就可以看到它们分别有如下特点：

1. 外延扩大再生产表明生产规模与生产基地的同时扩大是不可分地联系起来的，它以生产向广度扩展为特征，以复制现有的生产技术为途径。这种类型的生产规模扩大，包含着单纯扩大生产要素数量、甚至降低质量来扩大数量的可能性。即使把现有先进的生产基地在空间上扩大，也是一件垫付大、周期长、见效慢的事情，必须量力而行。

内含扩大再生产是与生产基地的原有空间相联系、以生产向深度发展为特征。由于生产基地不变，增大生产规模就只有通过提高生产要素的质量和效率。内含扩大再生产是与技术进步、管理改进等不可分的。

2. 外延扩大再生产也有效率的提高。当它按现有的最先进技术来建立新的生产基地时，当原有生产基地的延伸符合规模经济效应时，就有提高生产效率的一面。但是推动生产规模扩大的动力是生产要素的数量增加。而内含扩大再生产也很可能增加生产要素，一条新生产线的建立可能使生产设备在体积上、重量上、价值上都大过原来的设备，但是，推动生产规模扩大的动力是生产要素质量的提高，数量增加服从质量提高的需要。

3. 外延扩大再生产是复制现有技术，其生产能力的扩大并不引起生产资料内部结构的显著变化。当生产能力扩大时，固定资产的非积极部分：基础设施和能源都同样增大甚至更加增大。内含扩大再生产是改进技术，生产能力的扩大必定引起生产资料内部结构的变化。固定资产的积极部分（关键性设备）在价值量和实物量上都会显著增大，而基础设施增加的幅度可以很小，能源与原材料的增加也会有技术改进而并不相应增大。

4. 对自然资源的节约，内含比外延更具有明显的优越性。外延扩大再生产要多占用土地资源，生产能力与占用土地两者的增大成正比例。一些大型企业的新建，为了施工的需要，受破坏的环境面积要大于企业本身面积的几倍。内含扩大再生产基本上不增加土地占用，只有在少数情况下，如为治理污染或加强三废综合利用，建立附属设施，才会多用些新土地。水资源也是如此。生产能力增大一倍，用于机器降温、洗涤除尘的用水量并不需要增大一倍。

对于经济增长本身来说，外延扩大再生产是一个强有力的手段。因此，这两种扩大再生产类型的效益，不仅取决于它们本身的特性，还取决于经济发展的条件。①内含扩大再生产不扩大生产基地，因此，只有当生产基地有一定数量时，才有可能、也有必要采取这种类型。一国的现代化生产基地太少，首先就要进行外延扩大再生产。所以外延扩大再生产必然成为一个国家奠定工业化时期的主要形式。一个地区、一个部门也是这样。②内含扩大再生产是与技术进步相联系的。只有当科学技术的发展提供了技术进步的可能性时，才能搞内含扩大再生产。它要受技术发展的制约。

结论是：当社会需要经济增长本身加快进行，而客观上对于解决经济增长基本矛盾放在次要地位时，搞外延扩大再生产就应放在主要地位；当经济增长矛盾加剧，技术的发展又提供了大力提高生产要素效率的可能性时，搞内含扩大再生产就应该放在主要地位。

在一定时期，社会的经济资源的总量是一定的，用于产业发展的人力物力财力是有限的，一个国家一个时期总得有一个重点。外延与内含扩大再生产的经济效益，只有放在一定的经济增长方式下才能显示出来，两种类型各自的内在优缺点，就会在具体的经济条件下转化为现实作用。

（三）现有经济发展仍然是外延扩大再生产占优势

当前，科技发展使社会生产的许多方面出现了内含扩大再生产，但尚未扭转外延扩大再生产的优势。其原因是：①在人口增长速度高于科技发展速度的地方，人们主要是依靠传统的外延扩大再生产方式，来取得物质资料。②在工业化发展走上快车道之后，劳动力再生产（在结构变化上）满足不了集约型增长方式的需要，用外延扩大再生产的方式来获得经济成就，被认为是现实的、方便的途径。③科技经济发达后，人们更有兴趣将力量用在挺进新开发领域上，由平面扩展变为立体扩展，从陆地到海洋、从地下到太空，也还是外延再生产为主的。而可持续发展经济所要求的，是要尽量提高内含扩大再生产的比重。

二、经济增长方式

（一）粗放式增长与集约式增长

1. 单纯依靠增加三类生产要素（劳动力、资本、土地等自然资源）投入量来扩大生产规模，或生产规模扩大的程度小于三类生产要素增加的幅度，这是粗放式增长。

以技术进步、管理效率和劳动力素质提高来扩大生产规模，使生产规模扩大的程度明显超过三类生产要素投入增加的幅度，这是集约式增长。

2. 两种增长方式呈现不同的经济特征。

粗放型增长方式的特征：忽视资源利用效率的提高与优化配置，主要依靠增加资源投入的数量，难以避免高投入、高消耗、高污染、低质量、低效率的结果。

集约型增长方式的特征：途径——依靠科技进步和提高劳动者素质来

进行经济规模的扩大，选择有利于节约资源的生产技术类型。总效果——形成结构型、质量型的扩大再生产。

（1）从产品来说，是追求数量还是追求质量。同一国民收入水平并不意味着同样的使用价值的全部总效用。衡量两国经济增长水平的科学指标是最终产品的结构差异。例如高技术产品、每百人拥有的电脑。

（2）从经济资源来说，是追求物质开发还是追求智力开发。

（3）从生产状态来说，是着眼于增大投入和生产规模还是着眼于劳动者的素质、科技的应用、管理的改进。

3. 意义：增长方式的转变，代表了现代生产力发展的长远方向，又是解决国民经济一系列问题的关键。能使长短效益相结合，对社会经济发展具有全局性的影响。在国民经济增长中，如果依靠资本和劳动投入数量增加的贡献率远大于依靠科技进步等促使要素效率提高的贡献率，这会成为实现可持续经济发展的重大障碍。

当前效果与连带效应：通过转变经济增长方式，对于产品可降低生产成本，对于企业可减少治污的开支，对于市场可缓解原料、能源的供给紧张，对于社会经济可摆脱资源供给约束，保证在基数很大的情况下经济增长得以实现，在产业结构上可减轻基础产业和基础设施所承担的重荷。对于整个社会、生态环境的改善都大有好处。

通过转变经济增长方式，有利于全面改进一国的产品状况，提高优质品率、合格品率，提高产品的附加价值。这样既改善企业的经济运行，又对消费者带来更大的实惠。更重要的是取得我国作为发展中国家进入国际市场的竞争力。产品的国际竞争力，不仅靠产品成本、价格，而且更靠产品档次、性能、质量、品牌。不改变我国产品竞争力低下的状况，我们将全面被动。

通过转变经济增长方式，提高我国企业的经济效益。对于改变企业经营亏损，资金紧缺，收不抵支，产业经济带病运行的局面，是一个很好的出路。低消耗换来的高增长，是对付通货膨胀的根本措施。国家和地方财政收入由此得到改观，许多社会公益事业就能更好地发展，人民福利得到更大的提高，这是我国智力资源发展的物质基础。

从粗放型增长方式转变为集约型增长方式，是实施可持续经济发展战略的第一步。

4. 为实现经济增长方式的转变，必须重视科教兴国，高素质的劳动力，重视开发人力资源，因为这是实行集约式经济增长的保证和后劲。个别企业固然可以找准几项实用型技术、生产几种拳头产品，取得市场竞争的优势，但全国普遍转向集约型生产，就得在整个国家的科学技术繁荣、全民族文化水平、劳动者素质提高的条件下才有可能。于是这就产生了发展教育、科学的强大需求。

（二）速度型增长与结构型增长

1. 在社会扩大再生产过程中，产量产值增加，表现为经济增长一定速度变化的扩大再生产，是速度型增长。在社会扩大再生产过程中，技术条件、产品结构、产业结构等质态发生变化的扩大再生产，是结构型增长。无论是速度的变化还是结构的变化，都是最终表现出来的宏观经济现象。速度型增长是生产力在量上发展的结果，结构型增长是生产力在质上发展的结果。

2. 追求速度而产生的效应。我国曾经在优先发展重工业方针下的速度型增长，引起如下经济效应：积累率过高，长期压低消费；实行工农业产品不等价交换，掠夺农业的积累力量；片面实行生产资料优先发展的方针，导致重工业自我服务过大，浪费产业能力；忽视自然资源的资产积累和国土建设。

3. 着眼于结构优化必须正确处理好基础产业（包括能源、交通、能源设备和交通设备的制造）与主导产业的关系，基础产业略有超前是必要的，超前过多与滞后则不合理。

（三）扩展式增长与深化式增长

以外延扩大再生产为主的经济增长方式，就是扩展式增长，以内含扩大再生产为主的经济增长方式，就是深化式增长。

两种增长方式的区别：是追求生产基地的数量、规模还是质量、档次。

1. 扩展式增长的主要特点：以外延扩大再生产为主，经济增长主要依靠新生产基地的建立。需要这种增长方式的依据：产业的技术没有大规模更新，而产品市场还有很大的余地。这类增长正常进行的条件：足以供给大规模基本建设的财力物力，有新增劳动力与必需的生活资料，有充分的自然资源。

2. 深化式增长的主要特点：以内含扩大再生产为主，经济增长主要依靠原有生产基地的技术基础更新。需要这种增长方式的依据：产业的技术面临大规模更新，原有产品市场将近饱和，有待开拓新的市场空间。实行这种增长方式的要求：有相当技术创新、技术推广的社会环境；对劳动者的文化技术水平、生产素质更为注重；技术服务和信息服务的发展和完善。这些要求反映了这种增长方式为核心的经济发展战略必定重视生产经营单位的活力、生产和科研、教育体制、生产性服务以及外部经济条件。

3. 从扩展式增长到深化式增长。在市场变化与技术变化的推动下，产业增长方式将有意识地通过投资变化而转换。

（1）投资资金的使用上将内含扩大再生产放置优先地位。公式：

固定资产更新改造资金＋其他用于内含扩大再生产的资金＞基本建设投资总额－总额中用于简单再生产的基本建设投资额

决定上述公式数量关系的因素有两方面的趋势：资金用于外延扩大再生产的趋势，资金用于内含扩大再生产的趋势。

（2）偿还更新欠账。正确使用折旧基金，一是在保证资金量上的简单再生产时，通过技术进步取得实物量上的扩大再生产；二是暂时闲置的折旧基金首先不应借用于扩大再生产，而是用于偿还固定资产更新欠账。更新欠账的含义是：按原有规定的折旧率提取的折旧基金未用于固定资产更新，或原有规定的折旧率未把无形损耗考虑进去。

（3）其他项目，在理论上分为：技术投资——新技术研究开发资金，用于新产品试制、新工艺、新材料替代、物资综合利用、能源使用方式转换、劳动安全保护措施等方面的研究开发的资金。教育投资——劳动力培训资金。增加企业的"知识存量"与"人才存量"。环境投资——环境保护费。这笔资金一方面用于直接防治污染，一方面用于直接改善环境。

（四）产业增长方式的三对关系

1. 外延与内含扩大再生产是扩展式增长与深化式增长的基本构件。两种增长方式中都同时有外延与内含扩大再生产，但是外延与内含扩大再生产在两种增长方式中的地位不同。

在扩展式增长中，外延扩大再生产是增长的基本方式，是国家经济发展计划中运用财力物力的关注领域。内含扩大再生产很少能在经济发展计划中有一席之地，只是在企业和行业中为适应技术进步而自然作出的更新改造措施中体现出来。

在深化式增长中，外延扩大再生产主要是为内含扩大再生产服务。通过外延扩大再生产来加强国民经济薄弱环节，保持宏观比例协调，推进生产力合理分布，促使经济结构适应更先进的生产力发展需要。内含扩大再生产主要通过对现有企业的技术改造来实现，它侧重以下五个方面：①在原有生产基地上，不通过或很少通过扩大生产场所来增大生产能力。②降低原有产品生产中的物质消耗，降低生产成本。③改进产品品种，使产品升级换代。④提高资源综合利用水平，提高产品加工深度。⑤产业转型，从劳动、资本密集型产业转型为技术、知识密集型产业。这五个方面，都需要提高劳动智力化程度，以技术进步的要求来指导生产设备的更新、劳动力的更新、劳动对象的更新。总之，内含扩大再生产是改进产业的微观主体——企业的生产素质。

2. 速度型增长与结构型增长，一般来说与扩展式增长和深化式增长相对应，但不是绝对的。当工业化需要在规模上前进一大步时，如果产业结构无须大调整，那么扩展式增长就能带来速度型增长；如果产业结构需要大调整，扩展式增长难以胜任，只有深化式增长才能在实现结构型增长的同时带来速度的大发展。当工业化需要逐步推进时，追求扩展式增长在导致速度型增长中会导致产业经济结构的非良性变动，可能经过一段时期后速度会不由人的主观意志而低落下来。

结构型增长的战略是促进产业优化升级和战略性新兴产业发展。提升产业的整体技术水平，特别是要大力发展先进制造业和现代服务业。通过科技创新促进产业结构优化升级，提高我国产品质量和市场竞争力。经济结构的升级会提升结构功能，提高结构效率，从而促进经济增长方式的转变。在调整产业结构当中，注重提高各种稀缺生产要素的使用效率。在土地、环境、技术等方面采取有力措施，支持和鼓励发展低消耗、低污染、高效益的产业，抑制乃至依法关闭高消耗、高污染、低效益的企业。

3. 粗放型增长与集约型增长，主要靠生产基金产出率来划分。经验数据表明，单位生产基金所能产出的产值或利润，在某一水平之上就是集约型，该水平之下则是粗放型。当经济增长的目标朝着速度型增长、经济增长的方式采取以外延扩大再生产为主的扩展式增长时，除了打基础的时期以外，很难顾及技术进步与生产效率，生产基金产出率就达不到应有水平，粗放式增长就难以避免。

第二节 经济转型的大趋势：知识经济与信息社会

一、知识经济及其对社会经济的影响

（一）知识经济概念的含义

正在降临到世界的知识经济有两重含义。一重含义，它表示一种领域。从这个意义上，知识经济是以最先进的科学知识为基础，以信息的运动和应用为主要内容的经济。知识经济领域中有一批产业，除了信息产业（计算机产业、软件产业、通信产业）外，还更新了教育业、科技研究开发业、专业服务业（咨询业、经纪业、广告业、会计服务业、律师服务业）等。

另一重含义，它表示一个时代，当知识经济成为国民经济的主导力量时，我们就可以说社会发展进入了知识经济的时代。知识经济时代，是继农业经济时代、工业经济时代之后，人类社会的第三个时代。我们现在虽然还没有进入知识经济时代，但知识经济领域已经在国民经济中成长壮大，起着越来越重要的作用。发达国家正在走向知识经济，中国也在快步向这个时代迈进，知识经济所带来的挑战已经来到，在这个严峻的挑战面前，忽视这个大趋势的企业将遭到淘汰；不适应这个大趋势的地方，就将

变得落后。

美国未来学家托夫勒曾经于20世纪80年代在其著作《第三次浪潮》中，宣扬过人类社会正在走向信息社会，其推动力量就是信息革命，这是与人类历史发生过的农业革命、工业革命相并列的"第三次浪潮"。20世纪90年代，世界谈论的知识经济，与前述的论断既有共同点，又有不同之处。"第三次浪潮"主要从科技发展与经济结构变动的角度；而谈论知识经济，不仅要认识到科学技术的巨大变化，认识到新技术、新产业（特别是信息技术与信息产业）的迅猛发展，国民经济结构发生根本性的变化，而且要认识到知识这一资源对创造财富的巨大力量，对知识的运用与投入比对物质的运用与投入更重要。最后这两点，才是认识社会经济发展的观念转变。

（二）知识的广泛应用

知识，比科学技术要宽。发展高科技产业是运用知识，在国民经济任何一个部门，都大量存在着知识的运用。在原有的农业、工业、服务业中，运用最先进的科学技术（所谓"硬科学"）重要，软科学的运用也极为重要。一项投资要进行可行性研究，一项产品的开发要进行市场调研、功能设计、技术研制，一项营业活动要进行策划分析。而所有这些研究、设计、策划的工作，都需要越来越多的知识及其应用技能作为条件。不善于在这些方面运用知识的企业，在激烈的市场竞争中就难以生存发展。相应地，一切事业、行政单位，也都要有非市场的社会竞争，有不断提高工作效率和质量的压力。

（三）企业受知识经济的挑战

对于企业来说，经营成功的标志就是产品在国内外市场竞争中有竞争力。而经营的成功要靠密集运用知识的诸环节成功，包括市场调研、转产决策、产品设计、筹资方略、技术改造、管理创新、营销策略。成功发展的企业往往有这样的经历：在原来的生产不行的情况下，寻找新的出路，经过情报的收集与市场分析，发现了希望的"亮点"，经过严密的可行性研究与风险研究，作出重大决策，调动一切力量找到资金、更新技术、改进管理，生产出有竞争力的产品，再运用卓有成效的营销策略，有力地占领广大的市场，资金得到迅速周转……这一系列运作的背后，是知识在提供企业获得转机的道路，是知识在引导着企业的正确选择。而运用知识的企业决策者，也就是积累并善于运用知识的人才。

为了成为经营成功的企业，就要有良好的人才机制、信息资源、重视知识的观念氛围。如果企业重视了运用知识的诸环节，但本身力量不够，可以借助外部力量。这就需要知识型服务的服务业。

（四）知识经济影响下企业最重要的战略：占领信息制高点

在工业化时代，企业最重要的战略也许是占领产品品质制高点。这一点现在并未过时。因为要达到占领产品品质制高点，无非是做到：①最能迎合市场的需求变化，满足消费者的偏好；②产品功能强、质量优，在品质上有竞争力；③符合"绿色标准"，在产品的生产、流通和消费上都与环境相协调，与人体健康的自然需求相吻合。要做到上述几点，都要靠知识。但是，我们要注意以下新情况。

现在，跨国公司并不仅靠强大的技术力量、占领产品品质制高点为满足。因为在这种优势下，跨国公司产品的垄断地位是短暂的，很难阻止其他企业再来开发新产品，向新的产品品质制高点冲刺。为保持长久的垄断地位，跨国公司找到了新的武器。这就是凭借垄断的知识资本，占领信息制高点。它体现在两方面：一方面，在产品的消费效用上塑造全球通行的价值与习惯标准，以俘获全世界消费者的心理。另一方面，在产品的生产上树立不可随意更换的标准，为其他竞争对手设置难以逾越的障碍。这件事的背景，就是全球的网络化。

实际上，在消费效用上价值标准的全球趋同早在经济生活国际化的过程中就开始了，例如西装的全球化、交响乐的认同、可口可乐的流行。但是这样的趋同是泛化的、缓慢的、相互作用的。而在全球网络化之后，巨型跨国公司运用信息技术优势，有意识有针对性地推行这种认知趋同化，这种趋同就是片面的、快速的、受一个盈利性意识主体操纵的了。当然，为了使这种认知趋同更顺利，跨国公司要根据已有大多数的消费效用标准来制定与自己产品所吻合的标准。

在生产方面，从以下"世界标准大战"中可见一斑。

进入21世纪,掌握信息技术者,都将充分利用无国界的互联网络,与世界进行直接的交流和沟通,同时又在互联网络上展开激烈的"圈网"竞争,以确立自己在未来网络版图上所拥有的"国土面积"和财富。而企业,是绝不会放过这种努力的。它们通过互联网络,与不同产业结盟,纵横捭阖,随时将全球企业变为本土公司、本土公司变为全球企业。

二、知识经济与国民经济信息化

知识以信息为载体,知识经济时代的到来使国民经济信息化,出现了信息运行的信息流。为了取得知识的高效生产,提高知识生产力水平,必须改变信息运行状态,这就要有信息工程。

(一)知识经济带来国民经济信息化

人类社会从产生之时起,知识就与人们的社会经济活动密切相连,人们在实践中产生知识,又用知识来指导实践。总体上说,农业经济时代是自发产生知识的时代,那时知识主要靠经验得到,多数知识靠言传身教、简单记录;工业经济是自为产生知识的时代,人们根据生产的需要有意识地积累、研究、探索知识,运用知识来生产知识,运用专业手段来传授、传播知识;进入知识经济时代,就应该是自觉产生知识的时代,要有意识地进行高效的知识生产,有效率地驾驭知识。知识经济时代由于知识数量的大量增长,形成了知识爆炸的局面,如果没有有效运用知识的办法,人们将淹没在信息海洋中而无所适从。

国民经济信息化是与知识经济的到来相关联的。知识是以信息作为载体的。知识经济是以知识为基础,以信息的运动和应用为主要内容的经济。随着知识经济的临近,人们将越来越多地与信息打交道。在原有的农业、工业、服务业中,知识成为越来越重要的经济资源,在其产业活动中,有关信息的运动和应用的内容比重不断增大。有科学技术体现的"硬科学",谋划策略类的软科学。因此,在生产出来的货物与劳务中,附加的信息量、价值量占有越来越大的比重。这种趋势称为国民经济信息化。

国民经济信息化改变着社会经济的结构。不仅信息产业(广义)专门以信息的生产、收集、分析、传递、应用为内容,国民经济任何一个部门，都大量存在着信息的运动与应用一类内容。因此，国民经济信息化趋势带来了信息运行的"信息流"。

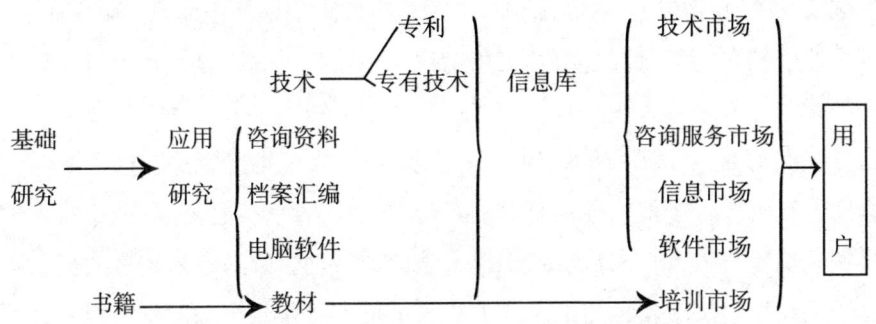

人们根据以上信息流，了解在什么环节会有什么样的服务需求，将产生什么样的新产业。一方面，密切注视市场动向，及时抓住发展机会，开辟新的服务产业。另一方面，对原有的产业，要从知识化、信息化这个方面入手，寻求企业提高经济效益、进行内含扩大再生产的路子，以此作为产业更新、升级的途径。从现在起，进行服务业发展战略研究中必须以上述信息流作为重要依据之一。

（二）为知识高效生产配套的信息工程

人类社会中知识的生产一直以是否有知识产生来判断其成效。随着"知识爆炸"局面的出现，必然有如下问题被提出：在一组信息中，是否有新的知识生产出来？知识生产的劳动成本有多大？人类不能满足于有知识生产出来，还要考虑用多大的成本生产出来。知识生产率与知识生产力水平的问题已提上日程。不要以为"知识"这种产品是创新的，都是个别的、不重复的产品，就没有生产率的问题。

为了取得知识的高效生产，人们努力完善知识生产的技术手段、信息查阅手段（如计算机联网）与信息条件，研究知识生产的方法论。知识生产的技术手段主要有实验技术条件与观测技术条件，在自然科学领域里特别需要。然而，对于一切科学，尤其是运用技术手段比重甚小、规范性、精确性相对差的社会科学，承载知识的信息运行是不可轻视的。为提高知识生产率，对信息运行至少提出了以下要求：①知识产品的生产者向社会提供的信息，都声称含有新知识。社会应很快地有效地予以识别。②新知识都是对某一领域原有知识的推进，在新知识的生产中，要首先尽可能全面把握该领域所有的原有知识。③新知识产生后能有效地加入知识体系的宝库中。

改变信息运行状况是由"信息工程"来承担的，它是知识得以高效生产的配套环节。

我们面对的是不断扩展的"信息海洋"，知识生产者是在这个海洋中渡海，社会应给予他们种种渡海工具与方法。否则，我们就可能用越来越多的知识生产人力，来从事效率越来越低的劳动，制造越来越多的信息废品。在知识经济时代，知识生产力的水平低下将是很可怕的事。因此，不能害怕信息工程投入大而不作这些规划。

（三）知识经济时代信息的存储与传输

知识经济时代最重要的基础结构是信息传输的网络，这个基础设施有三个环节，应重视第一个环节即信息库的建设。社会用于存储与传输信息的设施是重要的基础结构。

农业经济时代最重要的基础结构是水利工程，它保证着农业的灌溉与防范水灾的条件。工业经济时代最重要的基础结构是交通设施与能源传输系统，它保证着经济发展所需要的物流与能流条件。知识经济时代最重要的基础结构是信息传输的网络，它是信息收集、传输、再生产与应用的基本条件。这个基础设施由三个环节组成：

信息库—信息传递与通讯设施—终端接收设备

第二个环节称为"信息高速公路"，这是依靠整套通信设施、包括卫星通讯与电脑联网。对第三个环节也很熟悉，电脑就是日新月异不断更新的终端设备。但对第一环节，却很不重视。然而，正是第一个环节，是这个基础结构——信息流的保证条件的源头。

信息库的建设是全社会共同的事。它的主要作用，就是为咨询单位准备信息资料。咨询单位为社会各行各业要求咨询的客户提供问题分析与解决对策、方案的（包括社会经济的、管理的、技术的、工程的……）。其中解决对策与方案难以都靠咨询单位用自己的智慧来产生，而社会上已有大量现成的对策、方案可资借鉴。多年来人们进行课题研究的成果（包括自选课题与下达课题），汗牛充栋。需要将它们浓缩、概括、格式化，输入信息库当中。其内容包括：体制改革（总体的，分部门、行业的），政策研究和设计（总体的，分部门、行业的），行政与事业管理，企业经营，各类经济社会专业工作研究，等等。咨询单位就好比医师、律师，他们在为人提供服务时需要有医药全书或法律全书，这些书载明的有关知识，是简明扼要的。没有任何一个医疗或法律的服务者是完全靠自己创造的知识来工作的。咨询业的健康发展，就需要有将前人的研究成果系统化的书，它应该放在信息库中，供咨询人员根据实际情况选用、启发。对自己相应水平有一定把握的用户，也可以根据信息库里的内容自己完成所需要的咨询成果：对策、方案等。

有了信息库，进入信息库中的研究成果被加工成适宜的存在形式，又能经过高科技下的检索、传输手段，能够很方便地被利用，这就大大地节约了社会的智力资源，使社会各类工作都能在这个"公共智囊"的帮助下获得良好的效果。

大量的软科学研究成果，沉淀在纸质的各种文献中，由于检索手段的落后而得不到开发利用。有了信息库，进入信息库中的研究成果被加工成适宜的存在形式，又能经过高科技下的检索、传输手段，能够很方便地被利用，这就大大地节约了社会的智力资源，使社会各类工作都能在这个"公共智囊"的帮助下获得良好的效果。

社会需要一个有效的制度，让为信息库提供资料者享有某种利益。把自己的软科学研究成果经过提炼和格式化之后输入信息库，成为对各项工作进行策划、设计、规划、筹划所借鉴的资料，而应用这些资料的人应给予提供资料者一定的报酬。有了这样的制度，如同当年有了专利制度一样，对促进发明创造将起到不可估量的作用。

信息库的建立完善，体现了信息资源与智慧成果共享的原则，是知识经济的一个特征。我们可以选择突破点来进行这些有意义的工作。先从企业经营的对策研究成果格式化入手，建立局部的信息库，取得经验，再加以扩展。建议这项工作在各地政府的智力机构推动下进行，企业作为用户，用少量的信息、咨询费用换取经济效益的大提高。

第三节 转型依托的新型工业化道路

迈向知识经济的过程中,中国继续完成工业化的任务依然繁重。同时,中国工业化的国家目标需要更新,中国工业化是只能在适应性开放中推进,中国工业化可以而且必须协调各种矛盾性力量来发展。

一、新型工业化道路含义中的国家发展目标

国家对工业化的总目标是走新型工业化道路,这是建立在对客观条件与发展趋势的认识上的。理论界对新兴工业化道路的共识大体上是:①信息化带动工业化。②生态化改造工业化,同步实施可持续发展战略。③充分利用我国的人力资源,在新的条件下提高综合经济效益。

新型工业化是以信息化带动的、能够实现跨越式发展的工业化。发达国家是在工业化之后推行信息化的,中国是一个后发展的国家,在工业化远远未完成的时候遇到世界产业信息化迅猛发展的浪潮,有必要也有可能在工业化过程中同时推进信息化,并以此带动工业化,从而发挥后发优势,实现生产力的跨越式发展。新型工业化以科技进步和创新为动力,注重科技进步和劳动者素质的提高,以提高竞争力来拓展市场。

新型工业化是能够增强可持续发展能力的工业化。在发达国家推进工业化时,大多是以消耗能源、牺牲环境为代价,走"先发展、后治理"之路,代价沉重。我国没有发达国家当时人口少、公众消费水平低、资源可从海外掠取、生态环境代价可转移等种种有利条件,在实现工业化的过程中人口、资源、环境问题特别严峻,更需要在经济发展中强调生态建设和环境保护。新型工业化道路依托以信息技术为代表的科技革命,为降低资源消耗、减少环境污染提供强大的技术支撑,方能具备我国的可持续发展能力和经济增长后劲。

新型工业化是能够充分发挥我国人力资源优势的工业化。发达国家实现工业化的过程中注重机械化和自动化,与此同时出现了相当程度的失业问题。中国的国情是人口多,劳动力成本相对比较低,我们就是要在工

化的进程中充分考虑到劳动人口众多这个国情,既提升劳动生产率,又着眼于扩大就业,实现人力资源优势转化,走出一条符合中国国情的劳动力转移的工业化道路。

新型工业化这个概念所包含的三个基本内容,对应着中国经济发展必须解决的三个重要任务:

一是要找到新的快速增长方式。中国经济在持续多年的高增长之后,仅凭经济规模的叠加,已不可能实现快速发展。只有以信息化带动工业化,开展大规模的结构更新,才有可能实现经济增长方式转变,实现集约化增长的工业化道路。使中国过去建立的传统工业在注入新型技术后焕发新的生命力。

二是要解决经济增长和资源、环境的矛盾。资源短缺是我国的基本国情。如果不从根本上改变高能耗、高物耗的经济增长模式,发展需要与资源供应的矛盾将日趋尖锐。新型工业化道路,正是一种资源节约型的、可持续的工业化道路。

三是要解决劳动力就业问题。到2020年,农村劳动力的比重将从目前的50%降低到30%。如何吸收在城镇化进程和结构调整中转移出来的大量剩余劳动力?只有扩张国内外市场、有效地增大经济总规模才能做到。

上述内容与任务,就是中国工业化目标与基本的发展利益。它们只有实现到什么程度的问题,而不可能因为对外开放环境的变化而放弃。问题是,能否以这里所提出的目标来选择对外开放的实际事件?能否根据这些目标来选择与限制外商直接投资及其带来的产业转移?回答是:有的可直接做到。比如资源与环境的限制,通过制定环保标准来要求外商投资即可;有的可通过产业政策做到,如促进产业结构升级;有的则难以通过政府行为做到,只能靠企业与公民个人的努力。

二、新型工业化的开放发展

(一)新型工业化是高度开放型的

所谓高度开放的工业化,意味着中国的新型工业化道路与世界工业化进程高度融合,相互影响度较以前大大加深。一方面,中国工业化作为世界工业化进程中的一个重要组成部分而存在，当今世界工业化发展中出现的一些新情况、新问题、新动向、新趋势、新思想（如世界产业的全球化、环保化、信息化）等将极大地影响到中国的新型工业化进程；另一方面，随着中国经济的快速发展和国力的增强，中国工业化进程中的一举一动，包括新工业化模式选择、工业化制度安排与转型等，也必然在不同程度上影响到世界工业化的现代发展。这两个方面都客观地要求中国的新工业化思想与行动必须有开放的全球化视野。

从全球化视野来看，新时代的世界工业化主流，如网络经济性、信息知识领先原则、跨领域创新思维、既竞争又合作的协调机制、跨国界工业布局与当地化行动、工业与文化的相互渗透和相互支持等，必将赋予中国新型工业化的新内涵和新的规定性，显示出经济全球化下中国新型工业化明显区别于以往工业化的时代内涵与特色。

由此，新型工业化道路的探索与实行必须放在对外开放的大背景下才有应用价值与实际意义，才能实现从适应国内经济发展需要转向适应国际经济发展趋势的转变。

（二）在适应性开放中推进工业化

中国推进工业化进程中，对外经济交往面临三件大事：加入世贸组织，亚太经合组织的合作在深化，中国—东盟自由贸易区建立。这说明中国工业化发展处于三个经济全球化层次中：一是以多边贸易体制为背景，二是以松散的大区域经济合作和贸易自由化为背景，三是以紧密型的区域经济一体化为背景。由此，中国经济更深地融入世界经济的发展中①。这样的背景，使中国对外开放的自主性发生了变化。由此，我们可以将一国在开放条件下的工业化分为两类：一是完全自主开放条件下的工业化发展，这一类型的工业化可按照产业演进的客观规律与符合中国资源最有效利用的原则；二是适应性开放条件下的工业化发展，这一类型的工业化将受国际市场游戏规则与外部竞争态势的强烈影响。

在适应性开放中，中国将遵守一系列世界通行的贸易规则与体制，其

---

① 这里说的是党的十八大之前的对外开放局面。

中涉及贸易管理体制、投资限制政策、国民待遇、补贴措施、司法和行政审议、国际收支平衡措施等，并影响中国的国内公共政策的制定与变更。总的结果是：国际规则更多地在国内市场上起作用，国外商品和劳务进入中国市场更自由，外资企业在更为宽松的软环境中经营，政府对国有经济扶持措施的淡化使部分国有工业企业受到较大的体制性冲击，对外技术依赖强和仿制率高的产业会陷入困境。由于商品市场准入、知识产权保护、外资企业国民待遇等规则所产生的效应，我国部分工业产业将在加剧的国际竞争之下退出市场，而部分工业将因为更多地获得国际市场而规模扩大。为此，中国产业的运行程序、行为规则、发展政策等要进行大调整。

这样的开放条件转变，将对工业化有双重影响：既有利于我国采取国际上已经证明的经济运作模式，又冲击着我国可自主选定的发展目标；既通过政策型开放向制度型开放的转变体现中国的投资环境有根本性的改善，更能吸引外商投资，又形成一个难以受国家产业发展意图来调控的产业发展环境。

在适应性开放状态下，中国工业化可能出现如下若干运行趋势：

1. 在外资更多地进入中国工业领域的条件下，中国境内原有的工业可能转换国籍，在非自主的条件下壮大。外资进入中国，绕开贸易壁垒的动机削弱，但扩展生产基地、安排战略环节的动机会加强。其结果，一方面有利于工业化向较高阶段推进，外资对中国产业升级的作用增大；另一方面对中国企业的竞争力度更强，可能使自主开发新技术的中国企业中断"干中学"过程甚至夭折。

2. 发达国家跨国公司成为中国跨行业、跨地区整合的力量。也就是中国在强大的外国资本支配下被动地接受产业整合，其作用是一方面有利于该产业的规模经济，另一方面其产业的支配权就易手外商。中国企业要自己开展产业整合，改变我国的产业现状呈分散、企业规模小的状态，才能够具备国际竞争力。

3. 适应性开放条件下，中国新兴产业与更新产业的建立方式可能有这样几种典型选择：①在外资进入该产业领域前已经构成企业规模壁垒，可以完全依靠自己的经营能力来独立发展该产业，只在局部环节引进外资和外国技术。②完全依靠跨国公司的当地生产来带入该产业的生产要素,并以此建立该产业;这样的产业必然为外国公司控制核心技术与战略环节,只能今后另外创造条件力争获得产业的核心技术并占领战略环节。③通过与跨国公司合资的形式,或者依靠当地企业吸收进入该产业领域的外国资本的技术外溢,引进技术和管理经验,在竞争与联合中一道发展该产业。第①种类型的发展效果是风险小、见效慢,但在适应性开放中,它只能存在于已经形成这一格局的领域,无法再使其他领域来选择这种类型。第②种类型是迅速见效,但发展风险在后面。第③种类型是风险与见效均难以预见。

三、中国新型工业化的战略目标

决定中国工业化发展战略目标选择的两个方面是:尽力符合中国应有的产业发展规划、适应性开放的约束。前者是主动的,后者是被动的。我们先从中国应有的产业发展规划性来分析。

中国工业化的发展规划必须兼顾两方面目标:一是赶超国际产业发展前沿,二是发挥中国比较优势,任何一方面的偏废都会给中国工业化发展带来负面影响。前者包括对国民经济未来发展起重大带动作用或主导作用的战略产业,对国家安全包括经济安全有举足轻重作用的关键性产业。从发展类别来看,有以信息产业为主的高新技术产业、正在进行技术更新的工业化传统骨干产业(如机械制造、汽车、石油化工、能源工业、冶金工业等)。后者有劳动密集型制造业(如大部分轻纺工业)、资金、技术密集型产业中的劳动密集型生产环节。

对中国这样一个发展中的大国,发挥比较优势没有什么争议,但赶超国际产业发展前沿却遭到普遍的质疑。其实,合理目标下的赶超有着很强的必要性:

1. 大国在参与国际分工中,需要更多的比较利益空间,仅靠有限的现存比较优势产品难以长时期拉动国民经济的发展,因此,大国不仅要发挥现有的比较优势,还要创造新的比较优势,两方面相互促进。为此,有些产业对维护国家产业安全、带动国民经济发展,特别是科技实力壮大、获取广阔市场等方面有极大的作用,没有比较优势也要创造出来。而由于大国的经济规模大，在资源集中、市场支撑等方面都有条件，在创造比较优势方面具有较大的可行性。

2. 后起国家工业化要经历各种发展阶段。开放经济条件下的工业化进程是经济资源分阶段的国际转换过程。工业化发展要利用本国原有经济资源，培育和积累新的经济资源；通过提高转换效率推进产业升级。当中国处于工业化中期阶段，即以重化工业为代表的中间产业的加速发展阶段时，还带有相当工业化初期阶段的特征（即劳动密集型制造业强，在国际市场上可凭着工资成本低廉而取得比较优势），又有向信息化推进阶段的特征（即有相当数量与水平的高新技术产品生产企业，许多技术密集型产品居世界前列）。这就决定了我国在充分利用劳动力资源的同时，必须大力培育知识资源、积累技术资源以提升资本密集型产业的技术基础。这就要形成一定规模的赶超国际产业发展前沿的态势。

3. 在知识经济临近之际，创新已成为新的经济发展观的基础，创新包括产品创新、技术创新、管理创新和理念创新等。创新不仅仅可以发挥利用已有的比较优势，也培育创造新的比较优势。只靠资源禀赋的比较优势、特别是依靠与科学技术关联不强的资源，也许暂时会取得国际贸易的竞争力，但不能长久保持其竞争力。而创新能力增强，就可以更大程度上瞄准世界市场的需求来扩大生产规模，已有的比较优势可利用，失去的比较优势可重新获得，没有的比较优势可培育创造。因此，一国必须积累战略性资产，在工业化的赶超目标中努力追求自主知识产权。

4. 比较利益规律是世界市场上的规律，但是听任该规律自然地起作用并不能实现发展目标。以为单纯通过发挥静态比较优势就能积累资本，这种观点不符合当代国际竞争的现实。只有培育竞争优势、扩大比较利益空间、获取新的比较优势，才能使该规律与发展相联系。大部分经济发展迅速、贸易快速增长的国家都有这样一条发展轨迹：由比较优势起步，实现经济起飞以后，转向通过调整国内经济结构来创造竞争优势。而失败的国家通常要么是仍然坚持原有的比较优势，要么是在比较优势转型过程中由于战略失误或是其他原因未能成功转型。我国单靠发挥比较优势的劳动密集型产品出口，最多只能成为暂时的贸易大国，而将原来没有比较优势的资金、技术密集型产业,加上有选择地发展高新技术产业,通过创新来培育竞争优势,才能完成由贸易大国向贸易强国的转变。

四、实现工业化目标的战略支撑点

推进我国新型工业化,要有配合战略目标的战略支撑点。

(一)战略支撑点之一:采取资源、市场的国际化与发展主导权的民族性相结合的发展模式

资源、市场的国际化好理解,产业发展的民族主导权则体现在:战略产业上采取骨干大型企业由中方控股、关键技术发展有自主性、重要产品有中国自己的品牌。其必要性是:①保证对涉外经济进行产业发展计划的能力,引导国民经济既能顺乎市场的短期变化,更能从长远角度来实施战略发展规划。中国在世界上比一般发展中国家的人均自然资源量更少,更难以用自然资源来换取本国所需要的生产要素,更需要依靠劳动力资源的多层次转化,这就必须以我国自己的长短期配套结合安排来解决中国资源转换的难题。②保证在国际产业转移的条件下民族经济力量不是只降为加工能力,而要有对外经营方式的选择权,让那些有实力、有发展前景的民族骨干企业创造出有自主知识产权的产品占领国际市场,并成为人才成长的依托,成为与民族心理素质相适应的智力发展的载体,造就跟中国人口在世界人口所占比例相称的一类人才(发明家、企业家、杰出的工程师)队伍。③保持开放经济中的生态关系,让民族工业成为外资工业可靠的竞争对手,以维护国民的消费利益。

(二)战略支撑点之二:实行社会经济的国际市场导向与重点领域的政府主导相结合的体制模式

在中国市场经济中的工业化发展中,高新技术产业与在工业化中起骨干作用的资金、技术密集型产业不能完全交给市场来处理。在国家产业发展目标内所规划的重点发展领域,由本国资本掌握的企业起骨干作用对实现发展规划有举足轻重的意义。政府对于有发展前景和自立的能力、但基础不强、暂时难以与跨国公司进行竞争的企业,可考虑给予尽力支持。

政府主导实行计划调节与市场调节相结合的原则,以实现科技资源的

优化重组与合理配置。在计划调节中，我国将通过强化国家战略部署和政府宏观调控能力，国家863计划、科技攻关计划和重点基础研究规划项目等，对科技发展提供部分投入，同时将国家投入方式与营造团队攻关机制有机结合，以确保计划目标的实施。

政府主导的一个重要职责，就是科学地选择和扶持战略性技术和产业。按以下标准选择我国的战略性产业：①能够使本国产业发展成具有战略竞争力，促进本国的产业结构升级；②具有广阔的市场前景并能带动和促进其他产业发展，给经济与社会发展带来巨大利益；③与国家安全紧密相关。这些产业对增强国力十分关键，但仅依靠产业自身力量难以得到最大发展，必须将国家意志注入到这些产业的发展中。战略技术和产业的发展应有明确的方针和有效的方略，包括有效、协调的战略安排、运作框架与组织体系；选择与培育能承担国家重大技术创新项目、具有市场化运作经验、具有良好运行机制的优秀企业，作为项目实施的主体承担，等等。

（三）战略支撑点之三：以科教兴国战略推进工业化

其要点有：①增强国家和企业创新能力，构建有利于技术创新的环境，建立开放式的技术创新服务体系，形成以企业为中心、风险共担的产学研结合机制。②将增强我国在基础科学领域较强的研究能力与增强我国具有支撑高新技术产业可持续发展的后续能力结合起来，不断提升我国具有自主知识产权的核心技术水平。

第七章　经济范畴的更新

第一节　经济学范畴的重新界定

一、经济学范畴的重新界定的社会前提

科学社会主义理论曾经将社会经济制度与两大经济关系的表现完全吻合。如社会主义与共产主义，除了按劳分配与按需分配的差别外，其余都一致，因此在劳动占有关系上完全是公有制，在劳动交往关系上完全是自由人联合体，实行劳动时间经济，商品生产消亡。一切与商品、市场相联系的范畴都具有资本主义的属性。

但是，历史的实际发展却是这样，在社会主义初级阶段，社会主义的两个前提都是不充分的。在劳动占有关系上，社会化大生产未能达到这样的高度，社会不可能建立完全的、纯粹的生产资料公有制。我们只能建立以公有制为主体、多种经济成分（包括多种公有制形式）共同发展的所有制关系。在劳动交往关系上，由于社会成员个人能力和关系尚未普遍发展，我们需要发展商品经济和市场经济，保留多种经济成分，逐步地、长期地为建立自由人联合体和劳动时间经济创造条件。正因为商品—市场关系存在于社会主义经济当中，对原来以资本主义属性来解说商品、市场相关经济学范畴的理论就要有所修正。

论证社会主义市场经济，在理论体系上必定要有创新。为能够产生整体上的创新，就要有经济学范畴的重新界定。

二、商品—市场经济范畴的适应性

工业文明时代的劳动交往关系是商品—市场经济关系，它从原始社会末期开始萌芽，依托人类社会中经济交往的扩大，社会分工得以由此发展，反映了人类用和平的方式获得物质利益，反映了社会成员共同遵守的"游戏规则"。这是社会文明的重大进步，同时，商品—市场经济关系同时也提供了阶级分化、阶级剥削的土壤和载体。但是，不应当将商品—市场经济关系看成阶级关系本身，不应将"土壤和载体"看成直接通道。由某种商品—市场经济关系产生某种阶级关系，必须是在特定的社会经济条件下。商品交换关系、借贷关系、租赁关系、雇佣关系，都是这样。当交易双方不是一方绝对压倒另一方时，双方都能按照相应的规则相互获利。但一方力量极强，可以压倒另一方时，交易就成了形式，实质内容就是经济剥削了。历史上，包卖商对小手工业者的商品交换，高利贷者对穷苦借钱者的借贷，封建社会地主对贫苦农民的土地租赁，资本主义社会资本家对无产者的雇佣，都是以商品—市场经济关系为载体的阶级剥削。但是，我们不能将一般的商品交换、一般的货币借贷都说成经济剥削。也不能无视市场经济中的租赁只是一种商业交易，而没有剥削意义的雇佣关系在社会经济中也逐渐常见起来。那么，为什么一般的商品—市场经济关系在历史上多半成为阶级剥削关系的载体呢？这就归结为制度、归结为阶级力量对比、归结为贫富分化了。进入社会主义市场经济，我们就可期望：尽管有商品—市场经济关系，但可以消除产生剥削的相应社会条件，社会能够抑制贫富分化、能够抑制对立阶级的形成、能够有保障走共同富裕道路的制度，那么，有什么理由一定要将借贷、租赁、雇佣关系与经济剥削画等号呢？

商品—市场经济关系与经济剥削尽管有联系，但绝不是一回事，商品—市场经济的范畴就不是必然反映阶级关系，这些范畴同样对社会主义市场经济适用。拿"地租"这个范畴来说，过去长期认为它是反映封建剥削关系的范畴，由此而不承认社会主义社会中有地租概念。现在，否认这个概念的人大概不多了。可是，把"资本""剩余价值"看成反映资本主义剥削关系的范畴仍然占压倒优势。于是，另一方面在现实经济生活中

"资本"成为企业经营和政府机构常用的名词，另一方面在教科书中又是罪恶的同义词；一方面大多数企业每天都在生产剩余价值，另一方面在教科书上它又是代表被推翻的剥削制度的经济核心。社会主义政治经济学如不解决陈旧理解的束缚，就不能成为科学。

鉴于以上理由，政治经济学要发展的理论，一方面是将《资本论》中所有商品—市场经济的范畴运用于社会主义市场经济，不但用商品、货币、市场、价值、价格、工资、利润、竞争，而且用资本、雇佣劳动、剩余价值、地租、金融资本、垄断、财团等来分析社会经济关系与运行。另一方面，我们绝不像西方经济学那样，把在市场经济原则运行下发生的一切都视为自然的、合理的事物，而必须指明所有范畴中隐含着的矛盾，当交易双方力量失衡时，剥削就会由此产生。因此，代表劳动人民根本利益的国家来调控市场，必须作为制度的内生因素。

三、剩余价值理论

（一）剩余价值产生于劳动力商品化

在商品生产中，一般的劳动过程转化为价值生产过程，有这些特点：①劳动产品作为商品，具有价值；②劳动过程开始之前投入生产要素，逐步商品化，已经具有价值；③在商品价值与投入要素的价值之间，要有一个差额，它成为商品生产者进行劳动的直接目的。有了这个差额，就叫赚钱，否则就是亏本。如果投入的生产要素未包括劳动力，该价值生产是不完全的，这种情况发生在个体或集体生产中，投入的生产要素只是生产资料。商品价值超过所耗费的生产资料价值，这个差额是新增价值，只要有新增价值，就不算亏本。但是，如果投入的生产要素包括劳动力，新增价值就必须在扣除劳动力价值后还有余额，这就是剩余价值。这种情况发生在雇佣劳动中。

在现代社会经济中，雇佣劳动是与个体劳动、集体劳动、联合劳动等相并联的劳动方式。任何一个生产资料所有者与劳动者不是同一对象的生产单位，都是采取雇佣劳动的方式。因此，社会主义市场经济中雇佣劳动并不少见，即使在公有制经济中也广泛采用。社会主义初级阶段存在着多种所有制形式，生产资料仍由不同的经济主体所有。不仅私营经济、股份制经济中是雇佣劳动，在个体经济、集体经济、国有经济中，都采用雇佣劳动作为辅助的经营方式。在当前的生产力水平与经济文化结构条件下，雇佣劳动这种方式在市场经济中有其可取的地方，如降低管理成本，增强劳动用工方面的竞争，灵活调节劳动力的供求，减轻企业对劳动力再生产的责任等。但是，雇佣劳动是异化程度最高的劳动方式，很容易给劳动者造成丧失各种权利的条件，因此，没有相应的调节措施，在市场经济中就会成为与劳动解放相对立的事物。

采用雇佣劳动方式的企业的商品销售收入，扣除生产成本，其余额即为剩余价值。可以说，剩余价值这个范畴是对投资回报、投资增值额的高度概括。由于剩余价值在传统政治经济学中完全成为剥削的同义词，于是千千万万资本经营者"理论上"都可能被戴上剥削者的帽子，这使我们无法理智地面对现实经济。人们或是难以理解，为什么允许"剥削"处处出现？或是直截了当地认为马克思那一套理论根本无用了。为避免陷于这两端的陷阱，出路只有一个，就是重新解释剩余价值理论。

（二）剩余价值具有剥削性质的界限

转型的政治经济学必须论证，剩余价值与剥削不是等同概念。剩余价值是市场经济中投资经营的最一般结果，是税收、积累等各种社会需要的价值基础。而剥削是一种社会不良现象，它是在交易双方失衡条件下产生的。在雇佣劳动中，生产资料所有者如果处于强势、不受制约，将过多的剩余价值纳入自己的腰包，剥削由此产生。如果不是这种情况，剩余价值并不含有剥削。那么，如何知道剩余价值中是否包含剥削在内呢？如何在量上加以区分呢？本文在此只能提出初步的思路。

公式 $M = W - C - V$，即剩余价值等于商品价值减去所费资本价值再减去劳动力价值之后的余额。需要指出的是，这里的劳动力价值，应当是劳动力简单再生产条件下的价值。

在社会主义市场经济充分成熟，生产资料所有者在社会经济中并不占优势的条件下，剩余价值总量将会这样分割：

M＝△C＋△V＋税收（以及公益事业的捐赠）＋经营管理劳动报酬

公式中，△C是剩余价值用于资本积累的部分，是物质资料的扩大再生产，还包括企业财力的风险储备；△V是剩余价值用于劳动力扩大再生产的部分。而劳动力的扩大再生产，对于集约型增长来说，它不是劳动者数量的增加，而是劳动力质量的提高，是用于培训、教育等的发展费用。税收指企业所缴纳的税额总和，是用于社会的剩余价值，即转归社会主义国家支配的剩余价值。经营管理劳动报酬直接与资本相联系，所以不在V当中列出，这项报酬不仅包括对复杂劳动的支付，还有风险收入在内。在这种分割比例上可以断定，剩余价值不含有剥削。理由很明显：①剩余价值用于资本积累，尽管名义上是资本所有者财产的扩大，实际上是执行资本的社会职能，是生产力发展的财力基础。②剩余价值用于劳动力扩大再生产，意味着要为劳动者付出更多的价值，用于劳动力质量提高的目的，这里执行的也是资本重要的社会职能。③用于税收部分，在社会主义国家中，具有公益性质。④真正为资本所有者自己得到的，是相当于经营管理部分的报酬，对于现代市场经济中的企业经营，其合理性是肯定的。

在这个基础上，政治经济学要研究的是关注剩余价值如何正确分割，如何体现公平与效率的最佳结合等重要问题。

在现实生活中，生产资料所有者在社会经济中成为强势群体，剩余价值总量的分割就将变为：

M＝△C＋△V＋税收（以及公益事业的捐赠）＋经营管理劳动报酬＋剥削收入

该公式表明，剩余价值在扣除△C＋△V＋税收之后，生产资料所有者所得到的个人收入远远超过其应得到的经营管理劳动报酬。需要指出的是，即使是劳动力的简单再生产，也包括劳动者的社会保障部分，而这是现实当中私人企业经常不承担的。如果这一部分剩余价值被资本所有者占有，无疑就是剥削。

第二节 价值的实质与表现

一、价值创造论与价值分配论

（一）劳动是创造价值的源泉，土地、资本是创造价值的条件

劳动、土地、资本是创造价值的三要素，其中，劳动是价值创造的源泉，土地和资本是价值创造的条件。没有劳动，价值创造就没有源泉；没有土地和资本，价值创造就没有条件。两方面缺一不可。只要是商品生产，这一原理必定成立。

（二）要素分配论的依据

传统的剩余价值理论暗含这样一个价值判断，既然劳动创造价值，那么，新创造的价值就理应归劳动力这个要素的所属者所有，资本这个要素的所属者只能得到转移价值的补偿，土地本身没有价值，什么也不应得到。如果土地和资本的所属者得到一份新创造的价值，就是不劳而获，就是不合理的分配。那么，为什么会有这个不合理的分配，为什么对价值创造有条件作用的两个要素的所属者不能取得一份新创造的价值？原因在于，这两个要素本来就不应属于不劳动的私人。

但是，如果资本和土地、劳动都是个人所有，统一于劳动者，社会的生产只能是小生产。如果资本和土地、劳动都是社会所有，统一于劳动者整体，那就只能作为完全的社会所有制，是未来的目标，实现其目标要有一个历史发展过程。两者之间，在漫长的历史过程中都做不到。从历史角度，对各种生产要素属于不同人这个现实作出的价值判断是"不合理"，那么，对非劳动力要素的所有者得到一份新创造价值的分配也就会作出"不合理"的价值判断。这是我们所理解的传统剥削概念。

在现时代，资本和土地、劳动都完全归社会所有显然不能成为我们现今追求的目标，这是依据生产关系必须适应生产力发展水平的历史唯物主义原理。于是各种生产要素属于不同人就成为不可避免的现实。我们不能对这个适应历史发展阶段的现实作出"不合理"的价值判断。那么，对非劳动力要素的所有者得到一份新创造价值的分配也就不应作出"不合理"

的价值判断。

从市场经济的角度，在非个体生产中，不能指望资本和土地的所属者会无偿拿出他们所属的生产要素来作为创造价值的条件。如果判定条件的提供者凭借其生产要素取得一份新创造价值就是无偿占有他人劳动成果，是无理所得，那么，他就会把自己的生产要素退出价值创造过程。消费资料将不再转化为资本而被消耗，土地将会被抛荒而得不到自然资源功能的保护。这不仅会中止价值的创造，还会破坏生产力。因此，参与价值创造的各种生产要素的所属者，不管他拿出的生产要素是价值创造的源泉还是条件，都要得到一份新创造价值。市场经济、商品生产的前提就是社会的财富属于不同的所有者，生产资料不是社会统一占有。在生产要素共同创造价值过程中，不管是条件也好，是源泉也好，经济利益都根据一定的物质利益原则各自得到分配。

我们在理论上否定西方经济学的"三要素论"，那个理论把价值创造的源泉说成是资本、土地、劳动，并将新创造价值的分配视为一个和谐的过程。但同时我们也不应作出违背历史发展阶段的价值判断，认为当前资本、土地的所属者不能参与价值的分配。当然，我们要承认在价值分配中存在着天然的矛盾，这个矛盾不能否认和掩盖，而是要正视并加以调节。

（三）社会主义市场经济的价值分配

现在，当我们发展的社会主义市场经济，土地这项生产要素不属于个人所有，在城市范围，个人作为市场主体不会得到可分配新创造价值的单纯的土地，但房产流通中"地皮"仍然起作用。在农村，土地"三权分离"：国家的管理权、乡村社区集体的所有权、农户的经营权，后两权可以在土地流转市场上作为要素交易，可以作为要素参与分配新创造价值。而资本，从储蓄、股份集资到直接投资，只要货币转化为资本，都参与分配新创造价值。除了公有资本占主体地位，分配所体现的经济运行与资本主义市场经济基本一样。然而，劳动力所有者超出其劳动力价格来参与新价值的分配，完全可以作为社会主义市场经济的特点来塑造。

剥削制度的罪恶，不在于凭借生产条件分配新创造价值，而在于在分配中对劳动者完全予以歧视性的安排。如果我们的分析中暂时撇开土地，那么，在资本和劳动两者当中，哪个要素的提供者处于主导地位，决定经济利益的总体格局呢？纯市场理论可以揭示，社会经济的供求关系决定这种主导地位。当劳动要素丰裕、而资本要素稀缺时，资本在新创造价值的分配中就处于主导地位；反之则相反。这个原理没有错，但实际上不那么简单。早期资本主义，资本的所有者是从统治阶级转化来的，力量强大；劳动的所属者——雇佣工人是从失地农民转化来的，处于社会底层。这种历史的现实因素对分配影响极大。此外，资本的所有者还是生产要素的组合者与生产的组织者，同时占有"管理"这个要素，其作用十分关键和难以替代，因而在分配中就容易占有压倒优势。

社会主义市场经济发展的初期，一方面劳动要素丰裕、而资本要素稀缺，一方面资本的所有者还是生产要素的组合者与生产的组织者，资本的强势地位难以靠人为力量扭转。因此在分配上还是以资本为主导。但这决非社会主义市场经济的典型状态。社会经济的发展必将从两方面起作用，一是随着劳动力素质提高，经济富裕水平提高，资本将越来越不再稀缺，劳动力也将不再廉价。于是在分配中理应劳动占主导地位，资本则占从属地位。二是资本的所有者与生产要素的组合者与生产的组织者两类角色相分离。资本的所有者或者作为集资投资者，只能分得红利、股息；或者作为储蓄者获得利息。不持有资本的经营者、创业者才是生产要素的组合者与生产的组织者。于是资本所属者得到的只是一种物质利益上的鼓励，劳动力所属者依此来获得更多价值。这就体现了劳动力要素所属者主导分配的格局。

（四）私人经济中劳动力要素的分配

不管在哪种市场经济中，私人企业的劳动力都不是按劳分配，而是劳动者得到其劳动力价格。劳动力价格是其劳动力价值的市场表现形式，但是劳动力是一种无法在市场上得到完全表现的生产要素。劳动力价值本身是社会对劳动力这一人力资源的社会评价，自资本主义市场经济形成以来，劳动力价值从未得到足够的市场评价。仅从两个现象就可以看出：一是由于劳动者就业的艰难，在劳动力的市场交易中，供求关系几乎都向买方倾斜。这就给劳动力买方以压低劳动力价格的经济实力。二是劳动力在交易中存在"等不及"的特点，不像商品可以放在市场上一段时间来"待价而贾"，劳动者自己往往压低劳动力的评价。鉴于劳动力的市场交易必然产生市场失灵现象，所以，有必要指出，劳动力价格应当是政府干预的经济变量。各国由法律制定最低工资额，完全有理论依据。

二、价值的二重性

价值是财富的尺度。价值的二重性与财富的二重性是密切相关的，但比财富的二重性更复杂。

杨文进教授在《经济可持续发展论》中指出："要使价值理论具有全面性，不仅必须有反映个人利益变化及其与他人利益关系的个别价值论。而且必须有反映全社会利益变化的社会价值论……"[①] 这里提出的"个别价值"与"社会价值"两个概念，就是我们要论述的价值的二重性问题。价值的二重性要从两个方面来论述。

（一）由于财富二重性引起的价值二重性

财富的二重性揭示了一部分生产出来的产品未能转化为财富的问题。问题在于，一些无效产品固然算不上是财富，但其中一部分却能在市场上得以交换，表现为价值，给其所有者带来货币、收入与利润。市场讲究的是自愿互利，商品换成货币就标志着价值得到社会承认，购买者认可的效用就是价值的物质承担者。这些普通的常识背后隐含着价值的二重性，就是总有部分价值实际上是表面性财富，而不是真实财富的尺度。因此，价值分为代表实际财富的价值与代表表面性财富的价值两类，后一类价值仅仅对获得价值者才是实际利益，对付出价值者并没有换到实际财富。市场上所形成的价值，有相当比例属于这类，这是问题的一方面。

因此，由无效劳动所生产出来的、不能作为真正财富的商品或劳务，即使在市场上换来货币，也没有社会价值，至多能作为个人价值计入价值总量当中，而在理性计量的价值总量指标中，这种类型的"个人价值"是应当被扣除的。

---

① 杨文进：《经济可持续发展论》，中国环境科学出版社2002年版，第71页。

（二）由于价值个量加总与总体价值不一致引起的价值二重性

从另一个角度来看，价值概念的内涵、界定、形成、作用，都是从微观主体的角度。不管是生产者创造价值，还是各个行业、部门的市场主体来分割价值、获取价值，都是以个量来计算的。社会的总价值无非是这些个量的加总。然而深入分析来看，价值的个量加总并不能代表真正的社会总价值。

我们从常识中知道，经济价值的总量由国民生产总值来表示，其个量由价格来反映。经济价值的总量是否由经济价值个量的总和构成，这是一个尚未彻底弄清的问题。

个量价值的形成后面是财富的创造。各个市场主体在财富创造当中产生的外部性经济效应不同。有的企业在某类产品生产中会给社会带来很好的外部性效应，有的却给社会带来很差的外部性效应。这都是经济学的常识。外部性效应并不会由市场自行计入产品的价值中：好的外部性效应不会给商品自动加价，差的外部性效应也不会给商品自动扣除附加费，市场并不具备这样的"价值校正"功能，只能通过法律法规或社会团体之类的市场外部力量来实施。

最典型的外部性效应发生在生态环境问题上，企业的产品生产将对外部空间排放出不同的废气废水废渣，或者产品的自身功能或原料采用是有利于生态环境保护的，这一外部性并不反映到他们的价格上。现在，明显的有害影响被政府课以环境税、或罚款、或承担污染治理的成本，这部分的行业平均成本就构成产品价值的一部分。但那些不明显的有害影响与正面的外部性效应，尚未有完善的"价值校正"。于是，企业所得的价值个量就只是个别价值，而不是社会价值。

国内生产总值（GDP）现时是作为个别价值加总得到的总量，但按现时统计出来的GDP作为社会价值的经济指标是很不科学的。一方面，GDP没有能扣除个别价值总量当中的外部性负效应；另一方面，GDP也未能加入个别价值创造中的正效应。比如，GDP无法计量产品生产中对生态的贡献。①有的重大技术进步未能在GDP上反映出来。有一个材料说，日本的新日制铁公司自1973年以来，将单位钢产量的消耗降低了约20%，自

1970年以来，将氧化硫的排放量减少了约80%；自1973年以来，将氧化氮的排放量减少了约40%。这些成果，既无法计入公司的产值，也无法计入GDP。②有的技术进步为保护地球环境作出了贡献，却因为减少了应付污染的工作而减少了GDP。

现在推行的"绿色GDP"核算体系，在某种意义上，也就是从生态环境保护的角度对个别价值总量进行校正，力求接近社会价值的尝试。这个尝试将走过漫长过程，它是走向生态文明的必经之路。

第三节 融入知识经济与生态经济视角的财富与资本范畴更新

本节对作为马克思经济学说核心部分的资本理论，依据进入知识经济所产生的变化，尝试着完全按照马克思《资本论》的理论范式与理论风格，提出需要发展的范畴和原理。文中所拓展的资本理论内容为：资本范畴的内涵大为丰富，所包含的财富、财产、资产等概念均有扩大，类型均有增加。企业资本的形态扩展为物资资本、人力资本和无形资本，在资本的可变性、资本循环和周转等分门别类均出现新的特点。在社会资本的形态中，对原有的产业资本、商业资本、金融资本有新的认识，并出现了新的资本形态：知识资本与生态资本。

马克思主义政治经济学的理论体系框架，是在马克思的巨著《资本论》中奠定的。《资本论》中奠定的理论体系，主要包括：劳动价值学说、商品理论、货币理论、剩余价值学说、资本理论、工资理论、资本积累学说、再生产学说、生产价格和平均利润理论、地租理论、经济危机理论等，其中资本理论是核心部分，这个理论框架及其各个部分的理论，共同构成严谨的科学体系，具有完整严密的逻辑与揭示经济现象层面下的本质、规律的深度。长期以来，它们一直是高等教育中政治经济学原理（第一部分）所有教科书的基本内容。然而，这个科学体系以及其中的资本理论，是以早期的工业革命所发展的生产力为时代基础、以当时的资本主义生产方式为历史背景的。今天，我们所处的环境在这两方面都发生了巨大的变化。一是我们所依据的生产力基础已发生了巨大的变化。我们已经在迎接知识经济的到来，而知识经济将是一个继农业经济、工业经济之后的人类社会的第三个生产力发展阶段。二是原有的理论以否定资本主义私有制、包括认识上连带的商品—市场经济作为生产关系变革目标。我们现在则是以发展公有制为主体的多种经济成分和社会主义市场经济为目标。上述变化，必定给一百多年前马克思构建的理论体系提出有所发展的要求，而特别是资本理论更要有较大的改变。现在仅就生产力方面的变化，依据理论界对知识经济的认识，对马克思政治经济学原理中的资本理论提出以下拓展意见。

一、政治经济学的研究对象的拓展

政治经济学学科的研究对象，原来确定为是物质资料的生产过程。其理由是：政治经济学是研究社会生产关系及其发展的规律性的科学，而物质资料的生产是人类社会存在与发展的基础，社会生产关系及其发展的规律在物质资料生产过程中形成和存在的。现在看来，这个"物质资料"的概念要拓宽。鉴于物质资料生产过程的原因，是因为物质资料生产是社会经济生活的主要内容，而这一点是长期以来社会经济中产业结构的反映，是与生产力发展的一定阶段相联系的。

当代服务业的发展，使非物质资料的生产在社会经济中的重要性越来越突出。物质资料的生产是人类社会存在与发展的基础，这一点仍然成立，但是，不能撇开服务劳动领域来研究物质资料生产，物质资料生产必须加上劳务生产。

除了将服务产业纳入物质资料生产，拓展社会生产关系及其发展的规律是在物质资料生产过程中形成的内涵之外。面对未来的社会经济，政治经济学的研究对象所涉及的生产过程还必须加上生态财富与信息财富。政治经济学的时间范围不限于市场经济时期，但市场经济的经济生活才给政治经济学带来丰富的研究内容（自然经济时期简单的经济关系没有更多的研究内容）。因此政治经济学的主体内容是关于市场经济的经济关系与经济运行。从这一角度，我们可以把上述物质财富、生态财富、信息财富这三大类财富概括为可交换财富，可交换财富的生产过程就作为政治经济学的研究对象。

二、财富、财产与资本

马克思政治经济学理论逻辑的严密性表现之一，就是范畴顺序依次出现，前一个范畴成为后一个范畴的内涵。资本这个范畴，就包含着价值、货币、商品、效用即使用价值等范畴。资本由货币转化而来，是一笔价值——能带来剩余价值的价值，货币又是商品的一般等价物，商品的使用价值则是价值的物质承担者，使用价值正是财富的内容。而商品，实际上指的是用于交换的劳动产品，产品是劳动者生产出来的物质资料。上述原理，正是我们在传统理论中熟知的观点。

现在，上述原理的内容都要扩展，作为资本范畴所包含的其他范畴都起了重大变化。

（一）商品范畴的扩大

商品的形态已不限于物质资料，它至少包括三种主要形态：物质产品、劳务、信息，它们都是人以劳动生产出来的成果。三种形态的商品同样都有价值和使用价值。货币是价值的代表，当货币转化为资本的时候，资本又可以分别以物质产品、劳务、信息为载体，它们的使用价值构成财富。传统观点只看到物质财富与精神财富两类，精神财富的生产不由经济学来研究，那么所研究的就只有物质财富。而当代的财富绝不限于物质资料一种，而是包括物质财富、信息财富与生态财富三大类。

物质财富包括物质产品与劳务两种。为什么说劳务是属于物质产品呢？劳务是无形的商品，但它是物质性的，劳务的生产无论从过程与结果来看，都直接涉及相关物质资料的变化与消耗。劳务也与物质产品一样分为两大类：生产性劳务与消费性劳务。生产性劳务加入到物质资料生产的总体劳动中，消费性劳务直接满足消费者的需要，由此而加入到劳动力再生产的过程中。物质资料加劳务，就构成物质财富。

生态财富是指由生态系统直接提供给社会生产、人类生命与生活的生态使用价值的总和。自然界本身就在供给我们以生态财富，但发生在社会经济生活中的生态财富，只能是人类所发现与维护的自然产品，同时离不开人类劳动来恢复、加工。如同政治经济学所研究的物质财富不是指天然物品一样，这里加入的生态财富也不是指自然界离开人类劳动所供给的生态使用价值，而是指人类在这方面的产品。在当前人类的生态需求越来越得不到满足，生态使用价值日趋稀缺的情况下，知识经济的来临可望将人类带入生态时代，生态财富成为国民财富的一部分将会越来越受到重视。

信息财富是指社会经济中由人生产出来、并具有商品属性的信息。信息财富也与物质商品一样分为两大类：生产信息是重要的生产资料，信息消费品是重要的消费资料。传统观点认为生产资料分为劳动资料与劳动对象，劳动资料包括生产工具与生产设施，这个认识反映了工业化时代早期的生产力。现在，生产信息作为劳动资料的有机组成部分已经十分明显，它在生产中起的作用越来越关键。生产工具靠生产信息来启动和控制，生产过程靠生产信息来引导和协调，劳动者靠生产信息来指挥。生产信息越来越从机器设备与生产者当中独立出来。科学技术是生产信息的主要内容，但生产信息不全部是科技；科学技术既物化于生产工具与生产设施以至劳动对象，又智力化于劳动者的能力当中，还信息化于生产信息中。另一方面，信息消费在社会的消费生活中占有越来越大的比重，这也是一个明显的现实。信息消费品业同样从物质商品与有关的劳务当中独立出来。

从商品的角度，我们可以把上述物质财富、生态财富、信息财富这三大类财富概括为可交换财富，可交换财富是资本范畴的前序范畴。

（二）财产范畴的扩大

财富的范围扩展了，财产的范围也随之扩展。对财富赋予法定的权利，就形成财产，换言之，财产是赋予法定权利的财富。在商品经济中，财产都能转化为货币的价值，但财产的价值不一定能增值。如同货币（贵金属意义上）是一切商品的等价物一样，货币也是一切财产的等价物。当纸币代行贵金属货币的职能在市场上流通时，纸币相当于以国家权力来赋予它作为一切商品的等价物的证书，也同时是一切财产的等价物的证书。因此，财产比财富多一种形态，可分为物质财产、生态财产、信息财产、货币财产。另外，财产还有法律认可的其他权利证书。不管财产是以三大财富的形态存在，还是以货币的形态存在，财产都可以用证书的形式来表示、收藏、转移（空间上）或转让（不同持有人之间）。

物质财产是人们所熟知的，分为动产和不动产。信息财产只出现在工业社会之后，现在已包括专利权、商标权、专有技术权、著作权与版权、软件的知识产权等。生态财产是指可以在一定程度上从自然界相对分割出来，以便为某一经济主体所占有的生态财富。我们熟知的自然资源所有权，就是生态财产的表现之一。从用途来说，财产分为消费性财产与增值性财产。前者将在财产主人的不断消费中逐步减少其价值，后者就可以称为是广义的资本。

（三）资本范畴的扩大

资本是政治经济学的核心概念，马克思主义政治经济学的资本概念，区别于其他任何经济学流派的资本概念，也与日常生活中的资本概念不同。在这里，我们需要严格地把握资本这个范畴的定义：资本是能带来剩余价值的价值。从这个定义出发，我们首先需要分清的是资本与财产的概念不同，资本与财产的共同点在于它们都是能转化为货币的价值，但财产概念比资本更宽，资本都是财产，而财产不一定都是资本。资本必须要带来剩余价值，要得到增值，不如此就意味着经济上的失败；而财产可以在转化为消费基金后减少自身的价值。

在社会经济中，资本实际上分为生产性资本与索取性资本，后者包括生息资本与虚拟资本，前者就是职能资本，它必须通过企业发挥作用。

职能资本投入到企业中，要转化为企业的资产。但职能资本与企业资产是有区别的两个概念。一者，资本是价值，而资产是企业中现实起作用的要素，凡资本都可转为某种资产，但不是一切资产都属于资本，可以有非资本性的资产，如商位、商誉、营销渠道。二者，资本可以是自有资本，或是借入资本。资产虽然有自备的或租赁来的，但它们都作为统一的企业资产而发挥作用。

综上所述，在我们坚持马克思对"资本"所下的科学、凝练的定义"资本是带来剩余价值的价值"时，已经由于知识经济的临近，包含了丰富的内涵。

三、企业资本的形态

政治经济学表明,从价值的生产过程来看,资本分为不变资本与可变资本,它们的物质形态分别是生产资料与劳动力。在工业化早期,投资者购置了物质资料、雇佣了劳动力就能开始生产了。今天,不能这样简单地分析了。一者,不变资本与可变资本都是生产资本,而企业的生产经营仅有生产资本是不够的,还必须有流通资本。生产资本转化为企业的各种资产,流通资本也可以转化为资产,像商标、营销渠道、经营策划方案、商业情报等,都是企业投资于流通资本的结果,它们对企业经营的成败具有举足轻重的作用。二者,知识资产成为越来越重要的资本形态,而劳动力的形成,也不能仅仅依靠企业外部来解决,企业内部也开始了改进、更新劳动力的投资。

因此,在当代企业的资本生产过程中,出现在我们面前的资本就具有三大形态:物质资本、人力资本、无形资本。

物质资本包括地产、设施、物资,物资分为机器设备(包括车船设备)与原材料两类,地产、设施(厂房、矿山、道路、码头、仓库、输电设施、给排水设施……)与机器设备统称为固定资本,原材料属于流动资本,这是人们熟知的。

在生产过程之前,人力资本首先是一笔货币资本,专用于购买劳动力。在生产过程中,劳动力就是人力资本的物质形态,具体指劳动者身上的体力、劳动技能、智力。在现代企业中,企业从外部雇佣员工,已经不能满足生产技术日新月异发展的需要了,企业要有计划地自己出资开展人员培训,以获得企业所需要的更高水平的劳动、工作技能。这笔投资,就是除开工资以外的第二类型的人力资本,员工新增加的知识与提高了的技能,就是这一类型的人力资本的物质形态。此外,企业用于对员工进行"感情投资"与"文化熏陶",以提高员工工作积极性和创造性的费用,也是第二形态的人力资本。如果说,以工资支出为项目的人力资本,可以在每个产品生产周期回收,算为流动资本的话,那么,以培训支出和感情、文化支出为项目的人力资本,就不能在每个产品生产周期回收,必须分摊在一系列生产周期，因而这算为固定资本。应该这样来认识这个新的人力资本类型。

无形资本包括商标、专利、专有技术。专利与专有技术的内容是产品设计技术、生产技术、管理技术、经营技术等，商标本身虽然不是技术，但商标所代表的产品优质性能的背后，是精湛的生产技术、营销技巧与严格有效的管理技能。商标、专利与专有技术都可以通过基于市场评价的规范评估来确定它们的价值，它们对企业的生产、盈利起着极为重要的作用，为此，企业主必定要以大笔投资来取得这些资产。研究开发（research and development）费用是取得技术的主要投资，广告费是增加商标知名度、商标价值的重要投资。当然，为取得无形资本而投资的价值是很难划清和算清的，所以无形资本本身的价值与取得无形资本的投资不是十分一致的，与体现在经过培训教育而增加提高的知识、技能方面的人力资本一样，无形资本也是固定资本。

每种形态的资本的可变性是不同的。我们这里所说的可变性，是指各类资本在价值生产过程中能否本身具有价值增值的功能，也就是说，是否成为价值生产的源泉，而不是指生产过程之外的条件变化引起资本自身价值的变化。在价值生产过程中，物质资本是不变资本，人力资本是可变资本，这是不可改变的结论。同时，不管是物质资本还是人力资本，它们当中的固定资本都会由于技术的进步出现无形耗费，都会贬值。

对于无形资本，我们需要有新的认识，为此，应把握以下要点：①无形资本都是"产品"，即劳动成果转化来的，从性质上来说不能成为价值生产的源泉。②无形资本中的技术，在企业生产中是作为生产信息，即作为生产资料起作用的。技术对提高劳动生产率的作用，与机器设备的作用性质相同。因此，在企业内部的生产过程中，是价值生产的关键条件，而不是源泉。依靠先进技术，生产产品的劳动成为更有生产率的劳动，成为自乘的劳动，劳动创造价值离不开技术，"源泉"依托"条件"得以现实地发挥创造价值的功能。③无形资本中的商标，并不在产品生产过程中起作用，而是在销售中起作用，名牌商标将帮助产品吸引更多的购买者，使商品价值易于实现。名牌商标下的商品可以定出比同类商品更高的价格。

商标实际上是使得生产产品的劳动成为自乘的劳动的外部条件。综合以上三点，可以断定，我们不需要从企业自身生产过程中来寻找无形资本价值增值的场合。

但是，无形资本的价值确实是可以增值的，在不影响企业无形资本使用价值的条件下，企业可以将应用于自身生产经营中的技术、商标转让到其他企业，转让次数越多，无形资本的价值就越大。如果说，在提高劳动生产率方面的作用，信息形态的技术资本与机器设备这样的物质资本作用性质相同，而在转让中的变化就完全不同了。机器设备转让出去，获得货币，资本只发生物质形态的变化，价值不会增值；技术资本转让出去，留在企业内的技术资本价值并未减少，企业却获得一笔转让费，价值得到增值。而商标的价值不仅从获得转让费这点来增值，还能以增大知名度的方式增大其价值。这就是在知识经济条件下资本增值的新表现。

四、资本循环、周转的新特点

在企业三大资本形态中，每种资本形态的循环与周转不同．资本积累的特点不同。

（一）资本循环新特点

货币资本、生产资本、商品资本三大资本形态的循环出现了许多新特点。首先，从货币资本转化为生产资本，已经不完全是"购买阶段"。第二形态人力资本、主要的无形资本，都不是企业购买来的，而是通过支出教育培训费、研究开发费、广告费等积累起来的。其次，无形资本以不同的部分，分别在生产阶段或销售阶段起作用。在生产阶段是技术在起作用，用于技术投资的货币资本转化为以技术、生产信息为形态的生产资本；在销售阶段是商标在起作用，用于广告投资的货币资本转化为以商标为形态的流通资本。

（二）资本周转新特点

物质资本与人力资本都可分为固定资本与流动资本。物质资本的固定资本有两种，即有形损耗和无形损耗，那么，人力资本的固定资本有怎样的损耗呢？

当人力资本仅以被企业购买的劳动力这种形态表现时，人力资本只是流动资本，劳动力任何损耗都不是企业的损失。但人力资本以第二形态出现时，作为企业的固定资本，劳动力的损耗也就是企业资本的损失。损耗也分为有形与无形两种。有形损耗表现为经过培训的职工离开企业，如果企业不希望离开的职工离开了，说明企业没有凝聚力，企业应该加强"感情投资"来减少、消除这种人力资本的有形损耗。无形损耗表现在企业中的员工、特别是关键岗位上的员工，经过培训所提高的知识或技能有所过时、老化，企业需要对他们再进行培训，再支出教育投资。劳动者的终身培训，就是解决人力资本的固定资本产生损耗的办法。

无形资本只有固定资本，它的损耗也分为有形与无形两种损耗。有形损耗表现在专利的失效或被侵权、专有技术泄露、商标被盗用。无形损耗与人力资本相类似。企业无形资本中的技术会老化，由技术的老化而贬值；商标不会老化，但名牌商标也可能会遭到新的名牌崛起而淡化，由淡化而贬值。为了保持无形资本的价值，运用其使用价值，企业需要投入两类资金。一是法律方面的支出，以对付无形资本的有形损耗。例如，云南的玉溪烟厂就为了对付盗用"红塔山"商标，每年花费巨额支出。二是经常投入研究开发费用，促进技术更新；投入广告费，增强商标的吸引力。

综上所述，不管是物质资本、人力资本、无形资本，其固定资本部分都有损耗。物质资本的损耗由提取折旧资金来补偿，为解决无形损耗，折旧还得加速。为补偿人力资本的损耗，企业需要有计划地从产品销售收入中提取教育培训资金；为补偿无形资本的损耗，企业需要有计划地从产品销售收入中提取法律支出费用、科技开发资金、广告资金。现在企业已经这样做了，应当在理论上把企业提取的折旧资金与教育培训资金、法律支出费用、科技开发资金、广告资金相并列，作为企业资本循环周转运动中的环节。

五、社会资本的形态

原有经济学理论分析了产业资本、商业资本、生息资本、银行资本等社会资本形态，知识经济时代的临近，使新的社会资本形态出现。

（一）产业资本分为物质产业资本与服务产业资本两类

凡生产物质资料的产业，包括农业、矿业、制造业、建筑业、运输业都属于物质产业。服务产业是狭义的服务业，专指提供消费服务的部门。传统的生活服务行业增加了美容业、时装业；闲暇产业异军突起，它包括娱乐业、文化业、旅游业、体育业。物质产业与服务产业之间既有共同点，又有区别。重要区别在于：①物质产业以生产资料为投资品，服务产业以消费资料为投资品。②物质产业发生在社会的物质资料再生产环节，服务产业发生在社会的人口—劳动力再生产环节。

（二）商业资本是一种特殊的服务资本

商业资本不是直接为居民提供消费性劳务，而是促成物质产品、劳务与信息的成交。在市场经济提高到十分发达的程度之后，商业资本除了包括原有的批发业、零售业之外，还包括经纪业、广告业。特别是经纪业，依靠高水平的人力资本，运用大量专业技能与专门信息，在知识经济中有广阔的发展余地。

（三）金融资本

从社会经济总体来看，生息资本与银行资本应合并为金融资本。理由是：①承载生息资本运动的单位不仅是银行，还有保险公司、信托投资公司、租赁公司、典当行等其他金融类企业。②作为个人的金融资产，投资于存款、债券、股票、房地产等都带有生息资本的性质，然而，这不应作为一种社会形态的资本来分析，社会形态的资本应与经济部门相联结。当代社会，上述金融资产已不仅仅属于生息资本家所有，而是成了大量一般居民的个人资产。③生息资本是金融资本在资本循环过程中的一个形态，一个中心形态，如同生产资本是物质产业资本循环中的一个中心形态一样。

（四）知识资本

这是新产生的社会资本，是专门生产知识商品的企业资本，知识商品如软件、专利、版权及各种技术。知识资本存在于教育、科研、咨询、出版以及高科技企业中，在这些企业中，物质生产或服务活动已不是企业的主要经济活动，在企业中已成为次要的环节，主要环节与活动是知识商品的生产。已有的知识存量与知识生产技能，成为企业的主要的资本，其他的资产仅仅是一般的价值或物质手段。在知识商品生产企业中，知识资本的高增值程度与高贬值幅度都非常显著，成为该类企业的特色。

（五）生态资本

在狭义上，生态资本是企业拥有的、主要用于旅游业的、可转让、可增值、能带来经济效益的资本。生态资本是用经济方法来获取、维护的自然资产、环境资源与生态系统，它们作为一个整体所具有的使用价值。生态资本单独存在于企业中，并直接转化为经济收益，一般见于旅游型企业。在风光旅游、农业、林业、牧业旅游、体育型旅游等类型中，必须以具备清洁、幽静、美丽、宽敞和丰富的生物资源等特征的环境、生态系统为前提，通过投资建设形成的这种环境、生态系统自然会凝结着价值，对于开展旅游营业，就是生态资本。在知识经济时代，生态资本将成为越来越重要的社会资本形态。

第八章 经济发展方式转型与发展新理念

第一节 共同富裕与科学发展

走共同富裕道路，这是邓小平理论的重心，是改革开放、建设中国特色社会主义的方向。但是，在社会主义市场经济的建立与发展当中，出现了收入差距扩大的问题。市场经济本身就有造成两极分化的内在机制，加上中国现实经济生活中的问题，还会强化这一机制。就市场经济论市场经济，是解决不了这个问题的，必须发挥社会主义的固有特点，对收入分配加以调节，并且不断解决现实经济生活中不利于协调发展的因素。

一、中国收入差距扩大问题

（一）收入差距类别

改革开放以来，我国的基尼系数在总体上一直都呈上升趋势，2009年已经远超过0.4的国际警戒线。

我国收入差距的扩大主要发生在区域之间、城乡之间、行业之间以及群体之间。收入差距不断扩大并不是表现为低收入人群收入状况的绝对恶化，而是表现为高收入人群收入超高速增长。从而表现为低收入人群收入状况的相对恶化。

1. 区域收入差距。我国区域收入差距是明显偏大的，最富地区与最穷地区收入相差2.68倍；在各个省市内部也呈现出区域性的收入差距。一般情况下，除了省会和为数几个较大城市与其他城市之间存在明显的差距之外,城镇居民收入的绝对差距呈快速上升趋势,相对差距总体上也在不断扩大;而不同省份之间,由于各种社会和自然条件的差异和资源分配不同,经济发展在各个方面都存在很大的差距,有的甚至在发展水平上相差十几年;最明显的是我国东、中、西部之间的经济发展差异。

2. 城乡收入差距。近年来,在国家采取多种惠农措施的情况下,农村低收入人群的状况有了改善。但如果把城市居民收入中一些非货币因素,如住房、教育、医疗、社会保障等各种社会福利考虑在内,城乡居民的收入差距可能就会更高。

3. 行业收入差距。我国收入最低行业与收入最高行业的收入差距高达数倍,据人力资源和社会保障部的统计数据,我国电力、电信、金融、保险、烟草、石化等行业职工的平均工资是其他行业职工平均工资的2—3倍,如果再加上工资外收入和职工福利待遇上的差异,实际收入差距可能在5—10倍之间。

4. 群体收入差距。群体收入差距更是进一步拉大,以私人企业主为代表的富裕群体拥有的财产数额与贫困群体的差距高达数万倍,少数企业高管薪酬水平与社会平均工资相差上百倍,个别的相差上千倍。

这些贫富差距产生了多种负面效果,造成整个社会不和谐;造成中国在成为世界奢侈品消费大国的同时,国民经济内需严重不足并难以扩大。

(二)收入差距扩大的成因

我国收入差距扩大的成因来自多方面,但在经济发展中违背科学发展的客观要求是主要原因。

1. 违背社会主义市场经济的规定性。党的十四届三中全会《中共中央关于建立社会主义市场经济体制若干问题的决定》指出:"建立社会主义市场经济体制,就是要使市场在国家宏观调控下对资源配置起基础性作用。为实现这一目标,必须坚持以公有制为主体、多种经济成分共同发展的方针,进一步转换国有企业的经营机制,建立适应社会主义市场经济要求,产权清晰、权责明确、政企分开、管理科学的现代企业制度,建立全国统一开放的市场体系,实现城乡市场的紧密结合,国内市场与国际市场相互衔接,促进资源的优化配置;转变政府管理经济的职能,建立以间接手段为主的完善的宏观调控体系，保证国民经济的健康运行；建立以按劳分配为主体，效率优先，兼顾公平的分配制度，为城乡居民提供同我国国情相适应的社会保障，促进经济发展和社会稳定。这些主要环节是相互联系和相互制约的有机整体，构成社会主义市场经济体制的基本框架。"

由于西方新自由主义在中国学界一度泛滥，能够对各级官员和政府机构施加影响力的经济学家打着追求经济效率的旗号，借口国有经济低效率，全面开展国退私进的"企业改制"，将一批批国有资产转变为私人资产；由于工人阶级的监督作用被削弱，一些官员违反党关于禁止以权谋私、权钱交易的规定，在行使政府经济职能当中从自私立场出发，使经济调控极度向私人经济倾斜；一些执政者的思想观念背离中央倡导的尊重劳动、尊重创造的价值观，改变为尊重资本、尊重掠夺的价值观，在这样的观念指导下的经济管理，势必使其行政工作热衷于为资本创造优越社会条件，而极度忽视劳动人民的各项利益。于是，公有资产被肆意瓜分的产权状态，制造资源被劣化配置的格局，官商勾结、以国民经济乱像运行来浑水摸鱼、私分社会主义经济利益的调控状况，按资分配、不要公平、也不顾效率的分配状况，就在经济发展中冒出来。

违背社会主义市场经济的规定性来谋求经济发展，产生的后果就是造成社会成员对生产资料占有关系上很大的不平等。

人们在使用"两极分化"这一概念时，一般指这样一种社会现象：一极是财富的积累，另一极是贫困的积累。从马克思对资本主义积累一般规律的分析中可以看出，财富与贫困的两极对立是资本与劳动对立的表现形式。两极分化正是资本与劳动对立所产生的社会现象。资本与劳动的对立，根源于生产资料占有的不平等。

2. 违背经济发展的正确目的。按照科学发展观的思想，发展的真正目的并不是图统计中经济指标的增大、不是图有形物质成果堆砌造成的表面繁华，而是让人民过上文明、民主、富裕的社会主义生活，并能让社会主义市场经济体制带来良好的示范效应。在经济发展的基本宗旨方面，必须鲜明地体现在执政行为上：不能只顾取得经济业绩，不顾社会关系的和谐；不能只顾物质的增长，不顾精神的滑坡与社会风气的恶化；不能只顾招商引资、投资办厂，不顾社会福利的增长与社会公平的维护；不能只顾产值税收增加，不顾劳动者的权益；不能只顾城市的靓丽，不顾群众谋生的空间与生产生活的便利。

总之，经济发展的正确目的从来都是为多数人的幸福，不是为少数人的贪欲。改革以来中国的经济表现为有利于高收入人群，财富增长迅速。

收入差距出现两极分化，两极分化是资本与劳动对立所产生的社会现象，也是现阶段生产关系遭到扭曲的结果。于是少数人在经济发展中发财，多数人在经济发展中挣扎于贫困线上。

二、依靠"科学发展"解决两极分化的基本思路

科学发展观的内涵："科学发展观，第一要义是发展，核心是以人为本，基本要求是全面协调可持续，根本方法是统筹兼顾。"① 其中，有关建设资源节约型、环境友好型社会的目标，统筹城乡发展、区域发展、经济社会发展、人与自然和谐发展、国内发展和对外开放这五个统筹，是针对我国社会经济发展中重大问题的战略转型思维，为我国解决两极分化指明了道路。

（一）学习领会科学发展观"以人为本"核心思想是一场思想解放运动

科学发展观关于"以人为本"的原则，要求始终坚持人民在社会主义事业中的主体地位，尊重人民首创精神，发挥人民的积极性、主动性、创造性；始终坚持从人民的根本利益出发，谋发展、促发展，不断满足人民日益增长的物质文化需要，不断实现好、维护好、发展好最广大人民的根本利益。所谓"最广大人民的根本利益"，不是别的，就是走共同富裕道路。落实这一指导思想，带有思想解放运动的性质。这是发展观念上的一次拨乱反正：①把人们从 GDP 崇拜的迷悟中解脱出来，认识人是经济发展的主体，经济发展的最终目标是为了人的幸福。坚持以人为本谋发展，首先要解决发展的目的问题，明确为什么发展、为谁发展和怎样发展。这一

---

① 胡锦涛：《在中国共产党第十七次全国代表大会上的报告》，第三部分"深入贯彻落实科学发展观"，载《人民日报》，2007年10月25日。

看似简单的问题，长期以来却没有真正搞清楚，甚至本末倒置。偏离发展的目的，不仅违背经济发展的规律，也不能使人们从发展中获得实惠，从而失去发展的动力支持。②认识人民群众是发展的主体，也是发展成果的分享者，坚持以人为本谋发展，就是要使经济发展成果更多体现到改善民生上，坚持发展为了人民、发展依靠人民、发展成果由人民共享。为此，走共同富裕道路才是正道，离开共同富裕来谈什么效率与公平的关系，只能是玩弄概念游戏。③这个经济发展的方向端正了，就要同时在经济发展中切实保障人民依法享有各项权益，维护社会公平正义，满足人们的发展愿望和多样性需求，关心人的价值、权益和自由，关注人们的生活质量、发展潜能和幸福指数，体现社会主义的人道主义和人文关怀，促进人的全面发展。④人与人之间的物质利益关系和谐，是社会稳定的基础，也是人类社会幸福的基础。物质利益关系和谐必须以铁的手腕消除欠薪、食品造假、骗取贷款等违法追逐高额利润的行为，借口地方经济发展纵容这些行为，就是职务犯罪。

（二）以缩小两极分化，迈向共同富裕为标准来推进经济体制改革

发展离不开改革，改革要在科学发展的轨道上推进。缩小两极分化，迈向共同富裕应当成为改革是否合理的标准。以下体制要点，符合上述标准，但近几年被主流经济学有意撇开了。这些体制要点是：①在所有制结构上，以公有制为主体，多种所有制经济共同发展。国有经济在市场平等竞争中发挥主导作用。②在宏观调控上，能够把人民的当前利益与长远利益、局部利益和整体利益结合起来，更好地发挥计划和市场两种手段的长处。③在分配制度上，坚持按劳分配为主体，多种分配方式并存的制度。把按劳分配和按生产要素分配结合起来，坚持效率与公平的统一。运用各种调节手段，保证收入差距控制在合理的幅度。

（三）深化收入制度的改革

深化收入分配制度改革，增加城乡居民收入。就是要坚持和完善按劳分配为主体、多种分配方式并存的分配制度，健全劳动、资本、技术、管理等生产要素按贡献参与分配的制度，初次分配和再分配都要处理好效率

和公平的关系，再分配更加注重公平。逐步提高居民收入在国民收入分配中的比重，提高劳动报酬在初次分配中的比重。着力提高低收入者收入，逐步提高扶贫标准和最低工资标准。创造条件让更多的群众拥有财产性收入，保护合法收入，调节过高收入，取缔非法收入。逐步扭转收入分配差距扩大趋势。以上针对收入分配的政策，不仅表明了我们的党和政府对收入分配制度的改革的决心和具体指导思想，更反映出党中央对贫富两极分化现象的高度重视。我们的政策体现向低收入人群倾斜的取向。初次分配和再分配都要处理好效率和公平关系的指导原则，是解决收入差距逐步扩大问题的支撑点，在防治两极分化的具体工作中具有很强的针对性。

（四）提高劳动者素质，使其能够与科技进步保持协调

经济社会的发展是以人为主体的发展。劳动的社会生产力的发展是与人本身的发展、社会的文明进步相一致的。在经济增长的过程中必须要树立人才资源是第一资源的观念，加快实施人才强国的战略，发展面向大众的教育事业，增加对教育与培训的投入，全面提高人口文化、科技素质，将丰富的劳动力资源优势变为人力资本优势，从而为科技创新提供稳定而持久的人力资本支持，将经济增长建立在技术进步和人力资源优势上。

（五）在经济发展中以实施"四个统筹"协调人的物质利益关系

科学发展观提出的"五个统筹"中，除了统筹人与自然的关系之外，其他四个统筹是：统筹城乡发展、统筹区域发展、统筹经济社会发展、统筹国内发展和对外开放，这四个统筹将起到促使人们的物质利益关系走向基本和谐的作用。

统筹城乡发展，是为了处理好城市和农村居民的物质利益关系，以便缩小城乡差距，使农村居民也能与城市居民一样获得经济增长带来的利益。

统筹区域发展，是为了处理好不同地区人民的物质利益关系，以便缩小地区差距，增强区域发展的协调性，使落后地区得到发展，也像发达地区人民一样从经济增长中获得相应利益。为此，国家的有效作为包括推进西部大开发，加大对民族地区、边疆地区的扶持力度；加快振兴东北地区等老工业基地，支持重点行业、重点企业的兼并重组、技术改造和自主创新；落实好促进中部地区崛起规划，协调制定支持中部地区发展的具体政

策措施；积极支持东部地区率先发展，鼓励东部地区体制机制创新和产业优化升级，全方位参与国际竞争与合作。

统筹经济社会发展，是为了使经济与社会平衡发展，弥补市场机制下经济增长的利益分配不均等，为广大人民提供公平的机会，享受比较均衡的社会公共服务。

统筹国内发展和对外开放，统筹国内国际两个大局是为了处理好国内外的利益关系，使对外开放服务于国内经济发展，让广大人民从对外开放中获得更大利益，实现国际间的利益均衡。

实施上述统筹发展，有利于处理好各方面的利益关系，实现整体利益最大化，并使各方利益可持续提高。最终有利于缩小收入差距。

第二节 科学发展观与发展方式

一、科学发展观的针对性

党的十七大前后的思想理论创新，最主要的是阐述科学发展观，这是针对我国转变经济发展方式的实践来起指导作用的，同时也对马克思主义经济学理论发展起到巨大的推动作用。其中，有关建设资源节约型、环境友好型社会的目标，统筹城乡发展、区域发展、经济社会发展、人与自然和谐发展、国内发展和对外开放这五个统筹，是针对我国社会经济发展中重大问题的战略思维。

科学发展观针对的中心问题，可归结为这样一个命题：社会经济发展的目的不是为了GDP的增大，而是为了人的全面自由发展。

这是我国在经济发展观念和理论上的一个重大进步。科学发展观对当代中国的现代化发展进程以方向指引，其理论针对性有三个层次。

（一）第一个层次的针对性

这是针对我国经济发展中各种矛盾积累的局面，以及世界经济危机的冲击进行反思和经验总结，指出新的发展方式与应对措施。

科学发展观强调发展的科学性，要求在发展方式上用科学发展取代不科学发展。不科学发展体现在以下这些缺陷上：

1. 不能科学地认识发展的效果。原来误以为是发展的重大成就，实际上却损害长远发展。如，以 GDP 为衡量经济发展成就的基本指标，在发展实践越来越显示出其误导作用。因为这个衡量指标所起到的导向作用带有三大忽略：一是对经济发展质量与内容的忽略。以 GDP 为衡量经济发展成就的衡量指标，必然只重视经济增长的量与规模，而忽视经济增长的质和内容。经济增长的内容主要体现在结构上。停留在失衡的、低级的结构上，经济增长的内容将与生产力发展的实际水平严重偏离。二是对经济发展的社会效果的忽视，为了追求 GDP 的增大，不顾带来的负面社会效果。三是对经济发展的生态成本忽略，对自然资源进行掠夺性开发，牺牲环境、物种、土地资源来取得短期经济效果，不惜以高物耗、高能耗、高污染来增大产业规模。

2. 不能科学地认识发展机制。把市场经济的缺点误认为优点。市场经济的机制中没有考虑社会发展长远利益的内在动因，这需要由计划调节机制来解决。相反，市场经济偏好的是高消费，是产品的价值实现，是本位成本的节约而不是社会成本的节约。消费领域的浪费，是对市场经济当事人的支持，浪费越大，企业的市场状态越好。为企业经济成本的节约，凡不纳入该成本的资源消耗越多越好。这些机制，对于社会经济的可持续发展起到不利作用，而许多理论观点长期赞扬这种"消费一端不提倡节约，生产一端提倡节约"的特点，将其作为市场经济机制的优点。为此，从商品领域表现出来的资源耗费，以及环境损耗成本、劳动力健康与发展成本的转嫁，就愈益严重。

（二）第二个层次的针对性

这是针对新中国成立以来我国所走的发展道路进行反思和经验总结。对发展方式的反思，在党的十一届三中全会前后一段时间，结合真理标准大讨论与第一次思想大解放，我们有过一次。那一次讨论的是在各领域如何全面纠正"左"倾思想，涉及发展方式的问题主要包括：端正生产目的，生产发展要给人民带来实惠；注重客观经济规律，尤其是尊重价值规律；注重经济效益，反对盲目追求速度而不顾效益与结构；正确看待物质利益原则，反对否定按劳分配，等等。党的十七大之后有另一轮思想解放大讨论，主题是实践科学发展观。这一次反思与总结主要体现在对如下理论的解说或解释：以人为本的理论、两型社会的理论、循环经济与低碳经济的理论、和谐社会的理论。同时，将生态、民生、文明与马克思主义、社会主义联系起来。

以实践科学发展观带来的思想解放，在许多方面重新强调与进一步发展了十一届三中全会前后思想解放的理论成果。如，对社会生产目的，从当年的生产带来实惠到现在的发展要关注民生；当年提出注重经济效益，现在进一步提出加强注重生态、社会效益，提倡低耗（能耗与物耗）、高效的生产发展；当年倡导按劳分配，主要着眼于正确看待物质利益原则，现在则从尊重劳动、尊重创造的角度，反对只看资本增值。当年的思想大解放没有提到生态经济问题，从80年代起中国学界、政界就关注经济与人口、资源与环境的协调发展，生态经济学应运而生，继而上升到建设生态文明的高度。两次思想解放的理论成果这种一致性，说明我国以往经济发展方式的科学性处于持续改进、但改进不足的状态中，加强这方面的努力任重道远。

（三）第三个层次的针对性

这是对世界整个工业革命所开创的历史发展道路进行反思和经验总结，为马克思主义的发展经济学理论提供全新的论证。

工业化这个生产力的发展进程，长期为资本主义经济元素渗透。即使我们舍掉像资本主义生产关系的直接特点，工业化发展也仍然抹不干净资本主义的色调：以资本为本，为节约成本而损害生态环境，利润成为增加生产的基本动力，为扩张市场而盲目增加商品消费和销售。社会主义工业化在目标与主体方面与资本主义工业化相对立，而在生产方式与发展特征上重蹈资本主义工业化道路的覆辙。

对于"要走出一条与资本主义工业化不同的新路"这个选择，理论界实际上并没有共识。不少观点盲目崇拜西方发达国家在发展进程中出现的各种表征，除了口头上不认可"先污染、后治理"这一点之外，对其发展方式、动力机制、消费类型、产业结构、城市化、产品更新模式、技术发展状态等一概无条件推崇仿效。不克服这个认识局限，我们就不可能对世界整个工业革命所开创的历史发展道路进行反思。以科学发展观为理论武器，有助于克服上述认识局限。

二、科学发展方式的构成

在科学发展观的视域中，科学发展方式应当有如下构成：

（一）综合发展效益

理论界早就提出以综合发展效益取代单一经济效益的倡议，要求在经济建设中综合考虑经济效益、生态效益与社会效益。遗憾的是：除了经济效益有其理论上严格的规定性之外，生态效益与社会效益都还处于定义不统一、认识不规范的状态。三个概念各自的探索都不充分，因此，建设两型社会，必须要以综合效益理论作为具体的指导。

（二）集约型增长方式

经济增长是经济发展的主要表现，但不是唯一表现。在经济发展中能够用数量计算物质财富，就是经济增长。转变经济发展方式一般要以转变经济增长方式为突破口。经济增长直接涉及三种再生产：物质资料再生产的方式、人口——劳动力再生产、自然资源——生态环境再生产。集约型增长方式是三种再生产的统筹配合：一是摆正内含与外延的扩大再生产，以结构型增长替代速度型增长，以质量型增长替代数量型增长；二是培养高素质劳动力；三是维护经济与资源环境协调发展。经济增长方式转变的前景是走向循环经济与低碳经济形态。

（三）经济结构

经济结构包括城乡结构、产业结构、就业结构、技术结构等。长期以来，理论界将西方发达国家发展过程中呈现的经济结构变化及其现状视为普遍标准，以接近这些标准视为我们经济发展所达到的高度。这种脱离我们自己国情的盲目仿效，必定会给我们的经济发展造成曲折。

就拿城乡发展来说，发达国家现在工业化、城市化的比例（前者以三次产业生产总值占国民生产总值的比例、后者以城乡人口比例为指标），是在特定的条件下形成的，社会生产力的发展只是一个因素。西方国家进行工业化时的国际经济条件和生态条件，决定他们可以在相当程度上依靠掠夺世界其他地方的自然资源、依靠掠夺自然资源来推进工业化。工业化进程可以不考虑广大劳动者的处境，只任凭资本积累的需要与利润的推动。于是在城市过度繁荣的同时造成农村衰败，经济总量极大增长的同时生态环境急剧恶化。经济现代化过程经历了一个城乡极度对立，继而城乡差别逐渐缩小的之字形。在这个过程中，广大城乡劳动者承受了来自资本主义发展造成的巨大苦难，其中很大程度上是由城乡畸形发展直接带来的。而广大发展中国家在模仿西方发达国家的这条道路时，由于工业部门扩大受挫，进城的农民长期处于社会最底层，窝在贫民窟中。

中国是一个发展中国家，中国进行工业化没有当年西方国家那样的国际经济条件和生态条件，不可能仿效他们的模式。如果我们也有较长时期的城市繁荣、农村衰败、工业繁荣、生态恶化，将来再来扭转，对人民与社会经济都会造成巨大的伤害。可以说，现在已经尝到了苦果。科学发展观提出的几个统筹，不能理解为只是解决具体工作中的偏差问题，而要从东西方不同发展道路的高度来思考我们在工业化中的城乡结构。十多年的实践，至少在这几点上可以总结出许多经验：

1. 社会主义原则要求广大农民应当成为现代化的自主力量，积极参与工业化进程，而不能被动地成为城市经济的吸纳者。进城农民的数量增长速度应当控制，方式应当改进，让其在更有利的情况下转为市民。盲目追求城市化，牺牲进城农民的生活质量是错误的发展方式造成的。

2. 农民办起乡镇企业，应当视为工业化第二战线，成为国家工业化的辅助力量，两者之间建立协作关系，乡镇企业要在现代产业扩散中成长壮大，在城镇集中条件下提高经济、社会、生态效益。让城乡企业只要有竞争、吞并关系，就会有繁荣与衰退并存。

3. 社会主义新农村建设的意义完全不低于工业化本身。只要不是必须放在城市发展的产业，都应当在农村发展。现代农业生产不仅为社会提供食品，也提供原料、能源和生态财富，也要成为发展低碳经济的重要部门。盲目追求农民数量减少，却未能使其质量（文化科技水平）提高，这是有害的发展状态。

（四）经济发展目的

在传统经济学理论中这是简单化的命题，一句"满足人民群众物质与文化生活的需要"就足够了。可是简单化的理论对社会经济发展起不了大作用。

根据马克思主义经济学原理，人的全面自由发展是社会的终极目标。我们现在还没有条件做到人的全面自由发展，但要不断地朝着这个目标前进。从现实来看，在经济发展中贯彻以人为本的方针，使人民群众生活更体面，劳动有尊严，是可以尽快实现的。现实经济生活中，以GDP为导向就出现了作为发展目的的中介起来对抗发展目的本身的现象：随着生产力发展，社会经济从短缺经济转变为过剩经济，当越来越多的商品没有市场出路的同时，许多付出很大劳动耗费的劳动者却仍然生活拮据；当越来越多的企业生产能力无法充分利用、满街闲人无法工作的同时，许多劳动岗位上的劳动者却劳动负担沉重，甚至过劳死；当越来越多的银行个人存款额不断上升的同时，许多家庭的个人消费却更加谨慎。

造成这些现象的原因，有的是市场经济的缺陷，有的是两极分化的恶果，有的是供求结构的失衡。作为发展经济手段的竞争越来越成为损害生活更体面、劳动有尊严的成因。总体上看，这些现象并未阻止GDP不断增大的趋势，但如果不加以调节，就会越发展，越远离发展目的。GDP增大总是带来发展的喜悦，没想到这不是我们要的那个发展。就算不是南辕北辙，至少也是严重的偏离方向。用哲学术语来说，这就是社会生产的异化。经济理论要揭示产生该现象的原因，分析相关机制，提出解决对策。

走向人的全面自由发展，不是靠钱袋更饱满来实现的。人有物质需要之外，还有社会需要、生态需要。围绕上述问题，经济理论应有新发展。

（五）经济发展目标

党和国家的发展规划中有关于经济发展目标的设想。实践已经有足够的积累给我们以科学发展观来充实发展目标的条件。那么，从理论上应当构建什么样的经济发展目标？

1.我们的发展目标应当涵盖经济、社会、生态三维系统，全面体现富强、和谐、资源节约与环境友好等特征。理论发展要对后二维系统的阐述有更多作为。

2. 从中国应对世界挑战的角度，我们的发展目标应当驱利避害。盲目追求 GDP 增大的发展方式，使我国陷入"比较优势陷阱"与过多付出生态代价。我们一方面为世界经济发展作出的贡献不断增大，另一方面与世界各国的经济摩擦不断加剧。后者，正在成为以美国为首的西方资本主义发达国家针对崛起的中国联合进行打压的驱动。大量输出劳动密集型商品（以及资本技术密集型产业中的劳动密集型环节产品）来增大外汇储备与拉动 GDP，与许多发展中国家的出口撞车，增加了经济风险尤其是国际金融风险，增大了资源耗费与环境损害，妨碍了我国的产业结构升级与高端资源的培育。我国对温室气体排放的总量排位成为各国抨击的话题。这一切，要求我们在科学发展观引领下斧正中国在世界经济中所应追求的目标，讲求实效而不是虚名，讲求外需对内需的拉动而不是压抑，讲求持续发展的后劲而不是短期的风光。

3. 从社会主义与资本主义的世界较量角度，我们的发展目标主要有两步。第一步，向世界显示，符合本国国情的社会主义道路（包括经济发展模式），超过所有选择资本主义道路的发展中国家所取得的成就。中国实际上已经在总体上体现了这一目标，只是不能因污染排放、两极分化，使其失色。第二步，向世界显示，走社会主义道路的中国，能够在不远的将来赶上最发达的资本主义国家。对这个目标，我们要抛弃旧认识，树立新认识。追赶的内容，不在于 GDP、甚至人均 GDP，不在于工业化率、城市化率这些数字，不在于耐用消费品的拥有量，而在于马克思主义科学世界观所体现的社会幸福指数，在于人与社会、人与自然两大和谐的高度。赶超发达资本主义国家，不能跟在人家后面跑，而是在"技术创新、制度创新"[①]之上再进行"方向与道路的创新"，另走直线。就当前认识来看，只能依靠社会主义经济制度的长处来调节，不断减少工业化发展中的"资本主义色调"。以科学发展观引领"社会主义工业化道路"的理论，会远远

---

① 这里说的制度，不是基本生产关系的制度，而是经济社会交易规则。

超过过去的认识高度。

(六) 经济发展道路

经济社会发展要走的两条道路，一是共同富裕的道路，二是可持续发展道路。前者体现社会主义的本质，后者是社会经济发展必然的选择。

20世纪90年代前半期发展起来的社会主义政治经济学，已经勾画了共同富裕道路的制度框架：所有制方面以公有制为主体；经济运行机制体现经济资源配置以市场为基础，计划为主导，国家对国民经济进行宏观调控；国民收入初次分配实行按劳分配为主，多种分配方式并存；建立社会保障体系。如果上述框架得以落实，走共同富裕道路就有制度保证。然而，由于新自由主义对经济学领域，特别对实际工作指导原则的侵袭，上述制度框架被架空、淡化、搁置，两极分化日趋严重，共同富裕成了泡影。这一不可接受的趋向，除了靠政治领域来扭转之外，在经济学理论上，怎样坚持、完善已有的体制框架，要结合实际教训深入探讨这些问题。

中国政界、学界参与了国际社会关于人类社会走可持续发展道路的倡议。在中央政府主持下制定的《中国21世纪议程》中说到：必须努力寻求"一条人口、经济、社会、环境和资源相互协调的，既能满足当代人的需求，又不对满足后代人需求的能力构成危害的可持续发展的道路。"这就是对这条道路的诠释。为此，20世纪90年代下半期理论界发展起了可持续发展经济学，成为一个有别于资源经济学、环境经济学、生态经济学等的理论新学科。

综上所述，迄今以来对上述两条道路的理论解说，如同两股道上跑的车，只并行不结合。由此我们可以指出，社会主义政治经济学与可持续发展经济学都有各自功能的局限。走共同富裕道路离不开发展，但没有经济与社会、生态的协调发展，就无法实现真正的发展、无法实现共同富裕目标的发展。可持续发展经济学固然包含消除贫困的领域，但它的注意点放在消除绝对贫困上，对于消除贫富差距的经济分析尚未涉及。

科学发展方式应当使这"两股道上跑的车"结合起来。根据在于：①共同富裕与可持续发展有着内在的不可分割的联系。世界上的资源总量是有限的，没有社会总体调节框架，纯粹依靠市场分配，只能是微观合理、宏观失衡。②强调资源的产权、强调法人与自然人的外部责任，固然可以促进资源节约与环境保护，但强调整体与局部利益的一致性，才有可持续发展的内在动力。③两极分化造成的市场，必定是消费品呈现畸形结构的市场，是社会购买力无法与商品总供给相吻合的市场，是严重过剩与不足并存、浪费与短缺共生的市场。公有制为主体既是计划调节占据主导地位，又是限制两极分化、实现共同富裕的基本保证，也是消除畸形结构市场的基本保证。④从市场经济狭隘的角度来看待经济发展动力，是一种放任物欲的反生态观念。生态文明建设在观念上的努力，就是消除膨胀的物质欲望与泛滥的商品、货币、资本拜物教，只有共同富裕的经济体制框架才能提供这一观念的现实支撑。

第三节 经济发展新理念

在关于国民经济和社会发展"十三·五"规划的建议说明中，习近平总书记提出了创新、协调、绿色、开放、共享这五大发展理念。对于发展经济学、政治经济学、生态经济学，这五大发展理念都开拓了马克思主义经济理论的新境界。这五大发展理念作为引领中国经济社会发展的执政纲领，体现了先进的生产力和先进的文化，符合最大多数人的利益，是科学发展观的升级版，是党的治国理政思想的新成果。现分别论述如下：

一、创新发展理念

（一）创新是引领发展的第一动力

创新理念反映了中国经济发展从投资驱动型的经济增长转向创新驱动型的经济增长的需要。美国经济学家波特提出四个发展阶段：要素驱动、投资驱动、创新驱动、财富驱动，这些阶段中引领经济发展的依托顺序为：自然资源与劳动力资源、投资财力、科技、社会财富。经济发展总有不同阶段，我国现在已经处于"工业大国"状态，追求生产规模与数量的必要性、可能性越来越降低，提高生产的效益与质量越来越重要，由此对创新的依托必须上升。

中国进入创新驱动发展阶段，理应抓住新一轮科技革命带来的机遇，把创新摆在国家发展全局的核心位置。实施创新驱动发展战略的目标在于构建信息化、生态化的产业新体系，力求在关键核心技术上取得突破。这就要培育发展新动力、拓展发展新空间、将优势资源集聚到重点领域。

（二）创新理念的政治经济学内涵

从经济理论上看，创新反映了经济发展方式对生产力发展新需要的适应。生产力水平达到这样的高度，在某种生产结构下，物质产品数量很快就能满足社会需求，只有改变生产结构才能继续发展。只有科技创新与产业创新才能改变生产结构。决定生产发展的本质力量在于劳动的进步，劳动可分为重复性劳动和创造性劳动。重复性劳动在扩大再生产上表现为外延扩大再生产，在经济积累上表现为资本积累；而创造性劳动则表现为内涵扩大再生产和智力积累。劳动的这种差别，对社会生产或供给的量与质产生深刻影响。

创新发展，主要包括生产技术、经济组织、商业模式以及产业发展道路等的新变革。从生产技术来谈创新，创新显著体现在这句口号上：发展高科技、实现产业化。当前产业结构上要有高新技术产业化与产业高新技术化产业两者共进的局面。高新技术产业化是指发展战略性新兴产业，将能够产业化的高新技术有规模地、面向市场地应用起来；产业高新技术化是指传统产业吸收高新技术，进行根本转型。产业需要高新技术作支撑，高新技术只有融入产业才能发挥其优化资源配置方式的积极作用，高新技术只有在产业化演进过程中才能实现自身的价值。高新技术产业作为最具渗透性的产业，容易渗透到其他产业之中，能够带动传统制造业的改造和新兴服务业的兴起，提高产业的竞争力并能有效促进社会就业水平的提高。

（三）创新发展是生态经济的实现手段

发展高科技对于生态经济的意义是降耗、减排、节约土地。自进入工业经济时代以来，工业化中不断的技术进步，直接效果是降低消耗与占用，包括劳动消耗、物质消耗、空间占用。几百年来工业化，另一方面取得减少劳动消耗的极大成绩，另一方面却在物质消耗上有进有退，空间占用上基本是越来越多，反映在经济指标上则是劳动生产率不断提高而投资的技术构成也不断提高，这是机器大生产对于生态经济的局限。发展高科技，虽然其起步是引入信息时代的高新技术，本身不含有降耗减排的意义，但广义的高科技还包括新能源、新材料、生物技术、空间技术、海洋技术，由此形成的高新技术产业，必须对工业经济时代传统的技术进步来个重大变革，将降低物质消耗与空间占用置于降低劳动消耗之上。当代工业生产确立的一个新原则是物质减量化(dematerialization)，就是要求降低产业生产过程中的物料消耗和能源强度，在同样多的、甚至更少的物质基础上获得更多的产品与服务。依靠这一创新来实现以最少量资源消耗取得最大经济效益的知识型资源再生产，缓解经济增长与资源稀缺的矛盾。

本世纪对人类生存影响至为重要的资源危机是化石能源危机，用可再生能源替代不可再生资源是能源发展的未来方向。人类必须通过一系列的新能源开发技术创新，力争一步步推进能源替代，以水电、风力发电、地热能发电、潮汐能发电，以及太阳能、生物质能、氢能、核聚变能等，替代石油、煤炭等化石能源。这不仅解决能源的持续运用，也有力地消除导致地球气候变暖、气象灾害频发、臭氧层被破坏的主要根源。

新材料产业的作用，是用高质量或技术更强的物质材料取代低质量的物质材料，同时实现有利于生态经济的材料替换。工业制造业对新型功能材料、先进结构材料、高性能复合材料和共性基础材料的供求都在发展。工业原料来自两类资源：矿产资源与生物资源，减少矿产原料、增加生物资源材料，是可持续经济发展的重要方向。要用创新的新材料生产技术，开发新的广义农业项目，使农业产业除了食品农业、园林农业（以改善生态环境的林、花、草为产品）之外，再拓宽原料农业与能源农业两大新用途。而当农业向海洋进军之后，产自海洋的"农产品"将提供更新的食品、原料与生物质能源。

二、协调发展理念

（一）协调是持续健康发展的内在要求

经济系统越庞大、内部关系越复杂，越需要讲究比例合理、利益平衡。中国这样大国的经济发展，极为需要正确处理发展中的重大关系，不断增强发展的结构平衡、整体协调。经济发展中有各种需要合乎比例的关系，如国民经济各个部门、产业的关系，城乡关系，各个区域的关系，这些重大关系都要求有统筹安排，增强发展整体性，这是持续健康发展的内在要求。着力形成平衡发展结构，不断增强发展整体性。使社会化大生产趋向协调状态，提高经济运行的空间效益与动态效益。

（二）协调理念的政治经济学内涵

在市场经济中引入政府调控，其主要目标之一就是力争经济发展不断保持协调。对于中国这样一个区域经济很不平衡、人口与经济发展一直失调、长期未能解决"二元经济结构"的大国，保持协调发展十分关键。中国经过较长时期的工业化高速增长，在不协调方面积累了大量矛盾。要实现经济转型，没有协调的配合，解决矛盾，消除内耗，是无法实现的。

主要的协调是推动区域协调发展、推动城乡协调发展、推动物质文明和精神文明协调发展、推动经济建设和国防建设融合发展。促进内陆地区特别是中西部地区对外开放。

城乡关系是协调发展的重点。中国现实的协调发展要做两篇文章：一篇是在城镇化当中解决新市民的福利，另一篇是在城乡均衡发展中使"三农"问题解决出现新局面。它们都是经济关系矛盾的集中领域。

按照常住人口计算，我国城镇化率已经接近55%，城镇常住人口达到7.5亿，包括2.5亿的以农民工为主体的外来常住人口。[①]要使转移到城镇的农业人口在城镇平等享受教育、就业服务、社会保障、医疗、保障性住房等方面的公共服务，要有创新的制度措施，更要大力发展城市的第三产业，尤其是体现公共服务的住房、水电热供应、教育、医疗、养老等的供给。

"三农"领域的目标，就是全面推进农业现代化、建设社会主义新农村、培育新型农民。我国部分地区正在推进机械化、电气化、专业化、集约化的现代化农业，而其他地区农业停留在自给水平；部分地区农村进入了小康、富裕状态，而其他地区成为"空壳村"，经济萧条；部分地区出

---

① 习近平：《关于〈中共中央关于制定国民经济和社会发展第十三个五年规划的建议〉的说明》，http://www.xinhuanet.com/politics/2015-11/03/c_1117029621_3.htm（访问时间：2015年11月3日）。

现具有科学知识、企业家头脑、信息化手段的农民，而其他地区广大农民还是"简单劳动力"。这种正常发展与边缘化并存的局面必须结束。在乡村要发展起多种类型的现代化农业，发展现代农业的社会化服务体系，发展直接为农民现代化生活需要的非农产业。

（三）协调发展是生态经济的基本特征

生态经济具有很强的系统性，要讲究协调。经济内部的协调涉及到支撑经济的自然因素。社会经济活动与自然生态的协调包括经济与资源（包括能源）的协调、经济与环境的协调。出现了不协调的状态，经济成本将反常地增大、经济运行将受到阻碍。

城乡协调发展与生态经济关系极大。城镇经济与乡村经济的自然成本不同，如果只靠前者来推动经济增长，就会引起一系列生态后果。如果两者协调发展，就有利于生态经济。

当前强调城乡协调发展，首先要针对近十多年来片面追求城市化、放弃乡村发展的倾向。这个倾向表现为：过热的城市化打断了城乡一体化的进程。由于农村优质劳动力大量外流到城市，农业生产严重缺乏劳动力，土地撂荒，山林无人护理，村内的家庭经营萎缩不振，农村的政治、社会、教育、文化各项事业均受影响。地方脱贫的产业实力重新丧失。农村经济空壳化是近十多年来新农村建设的主要障碍。由此产生了严重的经济、社会、生态后果。仅就生态后果来看，虽然城镇化转移了农村人口，减少了过于密集的农业垦殖，减轻了农村的生态承载力，有利于解决乡村人口增加与农业土地资源减少之间的矛盾；然而，城镇盲目扩张，狂热上项目，超前占用耕地、破坏植被，生态效果只有变差。缺少农业生态化的良性发展，城镇化对农产品的市场拉动，只能造成粗放式、反生态式的农产品供给，对绿色食品、有机农产品不会有促进作用。农业现代化不提高，农业的多种方向发展（如能源农业、原料农业、园林农业）就谈不上。城镇化能够产生有利的生态作用，必须建立在一个基础上，就是农村人口向城镇转移没有损害农村现有的经济与社会、尤其是农业生产。

2012年，中央经济工作会议提出："把生态文明理念和原则全面融入城镇化过程,走集约、智能、绿色、低碳的新型城镇化道路。"[①] 所谓新型城镇化,是以城乡统筹、城乡一体、产城互动、节约集约、生态宜居、和谐发展为基本特征的城镇化,是大中小城市、小城镇、新型农村社区协调发展、互促共进的城镇化。新型城镇化不以牺牲农业和粮食、生态和环境为代价,着眼农民,涵盖农村,实现城乡基础设施一体化和公共服务均等化,促进经济社会发展,实现共同富裕。

正确处理城镇化与新农村建设的关系,城镇化要对农村产生经济能量辐射,对新农村建设有所带动;新农村建设应更多地依托城镇化。两方相互促进才能实现全面的现代化。如果盲目地追求城镇化的表面成绩,就容易导致浪费大量的经济资源。总的来说,城镇发展带有"限量求质"、乡村发展带有"保量求质"的要求。"量"是指空间面积,"质"是指发展水平。

在城乡统筹发展中,一方面,城镇化本身要有生态约束,保护耕地和森林应成为城镇扩张的区位约束。另一方面,以新农村建设为契机,大力推进农村环境综合整治,加快农村污水、垃圾收集处理设施建设,推进土地整治、改水、改厕、改栏舍和沼气普及化,建设清洁家园、清洁水源、清洁田园。强化农村环境监管,防止工业污染向农村转移。实施污染土壤治理和生态修复工程。加强农村污染治理,解决农村脏乱的弱点,发扬其空气新鲜、自然风光的优点。充分发挥生态旅游资源优势,坚持旅游开发与自然、历史文化遗产保护同步规划、同步实施,积极发展观光农业。

从世界产业发展趋势看,产业发展由信息化开始向生物化转变,城镇与农村具有这一个纽带,完全可以从不同的生产条件来推动现代化农业和与生物相关的战略性新兴产业。以生态经济的视角来利用农村的各种自然资源,大有前景。从产业发展来看,科学对待城镇化要从控制房地产盲目扩张入手,以节约土地资源;建设新农村要从培育农村的产业发展入手,以扩大农村的人力资源。

实现区域协调发展,区域分工是一个重要的原则。过去的区域分工都是根据经济效益出发,现在必须加上生态效益。根据生态经济的要求开

[①] 《2012年中央经济工作会议公报》,载《人民日报》,2012年12月17日。

展区域分工，划分主体功能区是一项基本政策。属于"限制开发"的主体功能区，对于工业扩展与城镇扩展有很强的生态限制，保护耕地、防治水土流失、开展绿化、保护物种等任务很重。与过去经济建设有所区别的努力，就是在国家主体功能区划分中属于重点生态功能区，承担恢复生态环境的功能。在省级区域范围内会有几类主体功能区，应当在转变经济发展方式的轨道上，走集约化、生态化之路，通过完善生态补偿制度和政策来现实区域经济公平发展。

三、绿色发展理念

（一）"绿色"是永续发展的必要条件和人民对美好生活追求的重要体现

"绿色"的本质含义，就是人与自然和谐，这是永续发展的必要条件和人民对美好生活追求的重要体现。在合理争取社会财富增长的同时，保证广大人民所居住的山川大地生态平衡、美丽洁净。

绿色发展联系着人与自然的关系，是当代世界追求人类可持续发展的必然要求。当前经济转型有两个主要变化：一是应对更紧张的经济增长资源环境条件，今后的经济活动更要讲究降耗、节能、减排、节省土地占用，以便达到节约资源、保护环境的要求；二是使增长的质量不断改进，让老百姓呼吸上新鲜空气、喝上干净的水、吃上放心的食物、生活在宜居的环境中、切实感受到经济发展带来的实实在在的环境效益，让中华大地天更蓝、山更绿、水更清、环境更优美，走向生态文明新时代。这两个主要变化就体现出绿色理念。

我国虽然将节约资源和保护环境确立为基本国策，但社会经济进入可持续发展轨道尚未完全实现。在树立人与自然和谐共生的观念之下，着力实施这些战略举措：加快建设主体功能区、进一步开展国土生态建设、筑牢生态安全屏障、加大环境治理力度、推动低碳循环发展、全面节约和高效利用资源。

（二）绿色理念的政治经济学内涵

生态平衡对于经济发展，具有基础作用与目标性质。可持续发展道路需要构筑兼顾改进经济与改善生态的发展方式，形成两类新的产业状态，一是低碳经济，以节能、换能、节材的生产方式与生产技术为代表；二是循环经济，以物质能量的循环利用、降污减排的生产方式与生产技术为代表。以此来减轻物质资料生产对资源与环境造成的负荷。

绿色发展需要兼顾经济效益与生态效益，同时意味着兼用计划调节与市场调节，并综合成为生态经济调节机制。社会一方面培育绿色消费、绿色需求、绿色市场，另一方面运用财政投资与行政强控制。如通过实行能源和水资源消耗、建设用地等总量和强度双控制，进一步将发展锁在生态经济指标的笼子里，接受资源供应趋紧、环境污染严重、生态系统退化的约束。倒逼经济发展方式转变，提高我国经济发展绿色水平。

绿色发展包含着公有的核心。包括自然资源在内的自然环境，在社会经济发展中已经突出了其公共性质，成为最大的公共资源，最需要全体人民珍惜的公共财产、代际财产。任何微观、中观、宏观的经济、社会活动，都要遵循共同的生态维护规则，出以公心。在这个领域，私利不再成为推动经济的动力。

（三）绿色发展是生态经济的基本内容

绿色发展，要求全面注重经济、社会与生态的综合效益，正确处理三者的关系。其中，经济效益是中心，社会效益是主导，生态效益是基础与约束条件。对于生态环境已经受到严重损害的地方，针对生态环境"不可逆"的场合，要把生态效益放在首位。现阶段讲究绿色发展，要贯彻节约资源和保护环境的基本国策，通过开发利用绿色清洁能源，推广绿色生产技术，生产绿色产品，达到这样的效果：创建一个大气含碳低度、水体清洁、土地生机充沛、城乡充满绿色的社会环境。

低碳经济与循环经济，是绿色发展争取实现的两种经济形态，同时又是通向"两型社会"（资源节约型、环境友好型）的两个途径。对于生态经济而言，循环经济是从物质能量可循环的领域来看，低碳经济主要是从能源与大气的角度来看。循环经济更直接地实践着"资源节约"的要求，低碳经济则更直接地实践着"环境友好"的要求。从某种意义上说，低碳经济是横向比较下的战略措施，循环经济是纵向比较下的战略措施。最近一个历史时期，低碳经济与循环经济将成为引领中国经济结构调整乃至全球结构调整的重要驱动力，实施低碳经济与循环经济是当前紧迫的战略措施。低碳经济与循环经济蕴藏着巨大的商业机遇，又是增长模式转型的重要契机。

四、开放发展理念

（一）开放是国家繁荣发展的必由之路

开放发展的基本宗旨，就是利用好国内国外两个市场、国内国际两种资源，在更大范围内优化资源配置。生产社会化早已突破国界，利用更广阔地域的资源和市场成为现代国家的必然选择，经济全球化这个大趋势在逐步加强。中国对外开放实行到今天，仍要进一步完善对外开放战略布局、形成对外开放新体制，奉行互利共赢的开放战略，从中提升中国的国际分工地位。当前的重大开放战略举措是推进"一带一路"（新丝绸之路经济带、21世纪海上丝绸之路）建设，在新的更大区域空间实现合作共赢。

（二）开放理念的政治经济学内涵

由于中国开展国际贸易凭借的比较优势发生了变化，对外开放的实力大为提升，开放理念本身需要更新。

一是中国是在西方资本主义主导的世界经济秩序下参与经济全球化的，随着中国在世界市场经济中的影响力有所提升，中国要积极参与全球经济治理，促进国际经济秩序朝着平等公正、合作共赢的方向发展。

二是开放发展联系着国际分工。中国的产业要提升它在全球分工的地位，尤其是提升本国的制造业在全球生产价值链上的分工地位。中国的产业在资本密集、技术密集和知识密集型等体现科技发展前沿的产品品种上实现有选择的进口替代，增强出口的国际竞争力，就能在进出口贸易上实现主动，优化产业配置。

三是贸易的成功改变着投资的状态，为引进来和走出去的主动相结合奠定条件。服务业的引进与输出、农业的输出与引进，都要与资本、技术、品牌、销售渠道的双向流动相联系。中国的企业将在全球化背景下实现开门创新，例如，华为的研发不限于国内，在国外针对不同国家特定的研发资源。在斯德哥尔摩利用移动通信设备方面研发的优势,在硅谷利用硅谷引领全球信息产业的研发优势,在印度用印度的软件人才优势,利用整个全球的研发资源来创新。

(三)开放发展是生态经济的互动关联

发展生态经济与发展开放型经济具有内在的互动关联性。一方面,生态经济的要求是对外开放的约束,另一方面,对外开放能够产生更大的生态经济效果。

1.对外开放的两种基本方式:国际贸易与国际投资,都有生态约束的问题。生态约束分为环境约束与资源约束两类,以下仅论述环境约束。

在传统的视角中,各国从事国际贸易与国际投资,都是分别从经济效益来追求贸易利益与投资利益,未将生态效益纳入视野。这样就可能得到经济利益而失去生态利益。例如这两种情况:①在国际贸易中,或者是根据静态比较利益安排进出口商品品种,获得财富增值效果,或者通过进出口有利于培育新的动态比较优势,但是,进出口品种背后是本国付出更多的生态资源代价,从生态经济的综合角度来看得不偿失。对这种失衡状况可用"贸易环境顺差与逆差"来度量。如果一国长期处于"贸易环境逆差"中,所获得的贸易利益将无法弥补生态利益的损失。②在国际投资中,从引进外资的角度,存在着外资企业是高污染产业转移的可能。将那些母国受到严格控制的、生产过程中三废排放严重的产品放到引资国来生产,引资国即使从经济角度看获得了发展利益,却不能抵消由此带来的环境损害。为避免这种损害,对国外转移过来的产业,必须设立适当的生态门坎。

综上所述,将生态效益与经济效益统一起来统筹考虑贸易利益与投资利益,应当是我们对外开放的新视角。为此,国际经贸理论需要将生态约束分析推向精确化,具体指导对外开放的战略与政策。

2.将视野拓展到生态经济,就要考虑独立于经济资源的生态资源配置。以前,说到通过开放来优化资源配置,仅限于资本、技术、劳务或劳动力等经济资源,即使是自然资源,也是从经济成本的角度,当成经济资源来看待。现在,通过开放来优化资源配置必须加上生态资源。如此,原有国际贸易理论中俄林的"要素禀赋论",当然就要将自然资源与环境资源包括进"要素"当中。通过国际贸易与出口产品生产，对生态资源（包括矿产资源、生物资源、商品生产中耗费大的其他自然资源、占用的土地资源）起到调剂余缺的作用。通过对外投资，就近获取本国稀缺的自然资源，异地利用本国稀缺的环境容量，达到既能节省成本，又能优化自然资源配置的目的。

五、共享发展理念

（一）共享是中国特色社会主义的本质要求

明确地说，就是要求发展为了人民、发展依靠人民、发展成果由人民共享。国家为此实施民生优先的发展战略，在发展规划当中，要把更多公共资源用于增加公共服务供给、完善社会保障体系，突出人民群众普遍关心的就业、教育、社保、住房、医疗等民生指标。增进人民福祉、保障人民健康、促进人口均衡发展、改善环境质量要成为更具约束性的硬指标。为促进社会平等，要有精准扶贫、精准脱贫的政策举措，实施脱贫攻坚工程。

（二）共享理念的政治经济学含义

中国要全面建成小康社会，不能建立在两极分化社会的平均数上。经济发展要密切关注基尼系数一类的指标，寻求降低基尼系数的途径，从生产、流通、分配、消费各个环节努力争取共同富裕的效果。生产领域将深化国有企业的改革，增强公有制经济的主体地位，重建国有经济内部的社会主义生产关系。流通领域将贯彻市场经济的公平原则，铲除垄断，消除寄生环节，降低交易成本，给广大消费者更多实惠。分配领域将在一次分配与二次分配两大环节均贯彻公平原则，通过企业内部的劳动者维权、社会保障分担、最低工资规定，通过税收与转移支付，缩小贫富差距，抑制两极分化。

当前体现共享理念的政策取向，有两个重点：一是在国民经济发展规划中关注民生，把更多公共资源用于改善二次分配促进社会公平，建立更加公平更可持续的社会保障制度，提高教育质量、促进就业创业、缩小收入差距、推进健康中国建设，这将有利于低收入社会群体。二是开展脱贫攻坚工程。农村贫困人口脱贫是全面建成小康社会最艰巨的任务。脱贫攻坚工程的产业内容包括：支持返乡创业，农工商一体化，发展有科技含量的生态农业，发展能够永续利用好本地自然资源、吸引外地市场需求的服务业。

（三）共享发展是生态经济的社会前提

生态经济本身是与共同富裕不可分割的。这要从两方面来分析。

1. 贫富差距过大的社会经济不可能有全面的良好生态环境。一个区域内部的两极分化，体现在人居环境上：富裕者环境优美，生活排污设施齐全，空气清新，地面洁净；贫穷者恶劣，生活排污设施欠缺，空气污浊，脏水横流、蚊蝇丛生。如此，不仅总体环境不完美，而且自然环境的天然整体性决定了不同区域是相互影响的，不能共享好的生态资源，最终就会共处于差的自然环境。

一个国家不同区域之间出现了较大的贫富差距，就会破坏一国合理的地域分工。不同地方的区位不同，历史以来的开发程度不同，客观上形成地域分工的使命不同。中国的发达地区经济开发程度高，并多半处于平原、河谷以及中国河流水系的下游地区；欠发达地区经济开发程度低，并多半处于高原、山地以及中国河流水系的上游地区。因此，这样的地域分工就是必要的：发达地区要有经济财力来支援欠发达地区的经济发展，欠发达地区要有更多的环境保护来保障中国河流水系的生态平衡。从全国的视野来看，无论经济资源或生态资源，最终都由各个地方共享。如果欠发达地区处于贫困状态，很容易发生对生态资源的掠夺性开发，影响的不仅是本地，还有其他地区尤其是下游地区。1998年长江中下游爆发特大洪灾，就与上游地区森林遭到过度砍伐有关，而上游地区贫困的民众过度依赖森林资源谋生，造成生态环境得不到良好的维护。

总之，生态文明建设如果不包括共同富裕的努力，必然会导致社会经济整体的自然成本增大。

2. 反贫困要联系生态经济。反贫困是体现共享发展的重要领域，是全面建设小康社会的主要系统工程。这一工程的系统性在于：它涉及社会、生态、经济三维系统。开展扶贫工作，中心在于人的再生产走上正常运行轨道，基础在于生态环境再生产走上良性发展之路，基本内容是经济再生产能实现商品生产社会化。如果贫困地区的贫困成因是交通不便、交往欠缺导致，那么，扶贫就要搞好交通建设、通信建设，发展对外交往，按照生态经济要求利用自然资源、增强资源开发力度、进行资源转化。如果贫困成因是地处自然障区，那么，扶贫的首当其冲就是治理环境。把治理生态环境的工作与发展生产的工作摆正位置。发展生产要服从生态环境治理，必要时，宁可调整经济活动，不可停止环境治理。经济建设与生态建设的具体关系当中，有相互矛盾的关系，有关联不大的关系，有某些生态建设不产生直接经济效果但长远有利于经济发展，进而相互融合的关系，对它们要采取分类对策，力争以最小的生态代价，获取最大的经济成效。

第九章 以人民为中心的经济发展

第一节 以人民为中心的发展宗旨

以人民为中心的经济发展，在发展目的当中体现其价值性，而发展的物质保证与环境保证、发展的引导与动力源泉即精神保证、发展的动力机制，则涉及科学性。

一、经济发展以人民为中心

（一）中心论

以人民为经济发展的中心，体现了社会主义国家和执政党为人民服务的宗旨。从价值性看，它本不应当与另一个相反的表述：以政府为中心构成对立。后面这个表述没有人宣示，但实际就是这样做的。前者是对后者进行纠偏而提出来的。由于经济发展以政府为中心有偏差，才提出以人民为中心。

所谓以政府为中心的经济发展，本意也是为人民利益的，但到操作层面，则体现为：①争取政绩成为政府领导班子主导性的主观意图。②为争取政绩最大化，客观上落入"以物为本、以 GDP 为本、以资本为本"的非科学发展路线。③追求短期、片面的发展利益，虽不是以政府为中心的必然伴生状况，却在其相关机制下成为既容易犯又不易克服的弊病。因此急于求成、忽视协调、全面、统筹，只顾经济效益、不顾社会效益、生态效益，就经常见于一些地方的经济发展当中。

出现以政府为中心有其客观原因：①中国政府经常受到国内外有关执政"合法性"的拷问，取得政绩是对这种拷问的最好回答。②中国的市场经济是政府主导型的市场经济，以政府为中心发展经济有客观条件支撑。③政府是具体的人组成的，如果取得政绩能够给政府领导者带来荣耀与升迁的利益，能直接带来投资、带来经济收益、带来 GDP 的增长，自然就与领导者的热情和动力联在一起。

本来在我国，以政府为中心并非与人民利益对立。政绩的基本内容不就是为地方经济发展起来、人民得到物质文化生活的满足么？GDP 越大，不是表明社会经济实力越大么？来的资本越多，不是越能增强建设的能力么？有政绩、让本地 GDP 增长、有更多外来投资资金，不是可以更有条件来满足人民全面的需要么？然而问题没那么简单。从实际中发现：①地方经济发展，如果仅仅体现在楼房更高、街道更美，大众却得不到实惠，经济发展就不成为人民的利益。② GDP 的增长不完全表明社会经济实力增强，要看经济结构，如果都是大堆低端产业的产品，经济实力是不会强的。如果 GDP 的增长是靠牺牲生态环境与劳动者的健康来取得，必然会损害最根本的生产力。③外来资本多不一定能增强建设的能力，也可能只是利用现有的比较优势，而不培育新的比较优势。总之，以政府为中心的科学分析否定了其价值性。

经济发展以政府为中心，指标简单明了，行政权力直接努力去追求，成效很快就清楚地显现。反之，经济发展以人民为中心，就会有一系列复杂的关系需要解决，要全面、要协调、要兼顾、要统筹。所以，以人民为中心的经济发展，才是科学发展。

从以政府为中心转向以人民为中心，包含三层含义：一是经济发展的目的，真正是依从人民的角度；二是经济发展的过程，符合人民的综合利益；三是经济发展的方式方法，最能体现人民的意愿。这三个层次综合为发展的价值性。

（二）目的论

从经济发展目的上体现以人民为中心，要核定发展的范围。要从这个起点来分析，经济发展如何满足人民获得生活安全、幸福的状态。目的论有如下三方面内容。

1. 人民的需要到底是什么？按照恩格斯的划分，人的"需要"在内容上分为生存需要、享乐需要、发展需要。①上述需要的内涵，要结合当代社会经济状况来充实。

2. 有哪些满足需要的途径？途径有三条：通过物质生产来满足，通过改进人与自然关系来满足，通过改进人与人的关系来满足。现分别阐述如下：①通过发展物质生产来满足，归结为提高生产力发展水平，使人们的生存、享乐、发展都有物质条件。这一途径，通俗地说就是要"做大蛋糕"。②通过改进人与自然关系来满足。发展生产力必须兼顾生态平衡，否则人们的生存需要都成问题，各种自然灾害不仅对人类的物质生产造成破坏，也对人类自身生存造成严重的直接侵害。人类必须用自己的能力来抵御、减轻自然灾害的后果，保障自身生存。另外，自然环境破坏，也会丧失对大自然的探索、欣赏，获得精神享乐，提升知识的机会。③通过改进人与人的关系来满足，这要在现有的物质生产水平与自然环境条件下，妥善处理人与人之间因利益争夺或决策荒唐，而造成的对需要满足的不公，这种不公会使部分人的享乐、发展建立在另一部分人（如通常说的弱势群体）生存需要遭致丧失的基础上。这一途径，通俗地说，就是要"分好蛋糕"。

3. 满足人民需要涉及哪些现实生活中的领域？从而哪些对社会成员个体来说是派生的需要？

满足三大需要是经济发展的最终结果，现实生活中，对于各个社会成员来说，要从经济发展过程中得到满足。如，获得财产的需要，就业的需要，业余时间的需要，生活在优良环境的需要，有正常社会权利的需要。通常满足社会成员获得财产的需要与就业的需要在发展物质生产途径，满足生活于优良环境的需要在改进人与自然关系途径，满足正常社会权利的

---

① 存需要是人的生理上的物质性需要，主要包括人的吃、穿、用、住、行以及医疗等需要。享乐需要，即当代社会所能提供的物质条件下，给人们带来感官上、精神上的快感的需要。其内容包括生存需要在质量上的高档化，以及高雅或低俗的娱乐活动。发展需要，就是提供物品或服务的条件，用于提升、改进人本身的能力、性情的需要。社会上的学习、研究、文学艺术、博览、体育等基本属于满足发展需要的活动。

需要在改进人与人的关系途径。

这些派生需要从经济发展的过程开始，到产生结果，服务于逐步满足三大需要。经济发展结果、经济发展过程，都会有派生需要。

派生需要主要来自两大领域，一是通过从业来获得生活资料，二是通过家庭关系。前一个领域的派生需要包括：满足就业的住地迁徙、职业教育、信息获取、经费垫支等。后一个领域的派生需要包括：建立家庭繁衍种群的婚嫁、抚育、养老积蓄、丧葬等。

满足生存需要的派生需要还包括：能够取得物质财富的安全保障感、体现劳动成绩的成就感、劳动付出得到承认的价值感、展现与发展劳动能力的成长进步感。

享乐与发展需要的满足，除了物质条件，还要有业余时间。业余时间能保障人们维护自己的健康，更是满足享乐需要与发展需要的基本手段。因此，闲暇是这三大需要的重要内容，这是理论界的共识。国家公布的法定节假日，已贯彻到公有经济，如何保证贯彻到私有经济中，需要完善相关法律。

（三）载体论

落实以人民为中心的经济发展，要将经济发展的可测量指标与谋求最大多数人的实惠尽可能统一起来，用更有效的方式方法发展经济。

GDP 等指标仅仅是相对性的衡量尺度，一般用于经济发展成就或水平标志，该经济变量就成为"价值载体"。笼统地说，一国 GDP 的增大，会更多地满足该国居民的生存、享乐、发展需要，并有助于满足和谐的需要。甚至认为，"满足需要"像是一句空话，以 GDP 的增大为中心才是"满足需要"的实际保障。然而，经过长期实践，我们终于认识到，GDP 的增大并不能保证人民需要的满足，两者有许多相悖的地方，比如，牺牲生态环境来取得经济财富，财富增大后分配不公平，社会出现许多不合理的需求，产生一些进入 GDP 的数字统计而不能带来实效的产出，等等。而当各级政府以 GDP 的增大为政绩追求、有意或无意地扩大与满足人民需要相悖的经济活动，那么，"GDP 的增大"就不再体现经济发展的目的。

对发展成就的衡量可以有两种方法。一是替代性指标，比如，用绿色

GDP，可以纠正牺牲生态环境来取得经济财富的缺陷；用幸福指数，可以纠正只顾生产财富不顾合理分配、合理使用财富的弊病。二是综合评估，在计算 GDP 的同时，加上配套的因素，如，产业结构的优劣，可以用高新技术产业在所占比重来作为经济变量；分配的公平程度，可以用基尼系数来评估；经济秩序的良好情况，可以用诚信度来评估。

就目前的经济学知识来看，还找不到一个综合指标能够全面衡量以人民为中心的发展成就，在我们尽量寻求较好的一组指标时，应当明白其局限性，不要忽略"全面发展"这个原则。

社会与人的发展都是不平衡的，在中国很可能表面上的统计数字显示进入发达国家行列之时，仍有可能出现许多人连生存需要都难以满足的情况。由于人与自然的矛盾、社会矛盾、人与自身的矛盾，造成满足需要的不平衡，基本需要不能满足与享乐需求过度供给会长期并存，对满足需要条件的争夺与满足需要财富的浪费长期并存。需要深入探讨人的发展不平衡规律，社会经济发展的侧重点，要由追求满足需要的总体财力或物质成果，转向解决人与自然的矛盾、社会矛盾、人与自身的矛盾所引发的需要满足不平衡。

二、正确认识经济发展中的各种关系

（一）长远利益与当前利益的关系

经济发展要在性质上符合人民利益的前提下，对满足需要的努力得按照轻重缓急来排序。

由各种满足需要综合成的发展目的，在不同阶段实现程度不同。根据现实的生产力发展水平与可持续发展的基本要求，以及生态文明理念，决定其量（或者说程度）与质的规定性。就我们当代所处的阶段，它们的实现程度应当这样表述：放在优先地位的是满足生存需要，发展需要的满足应当尽力而为，享乐需要的满足应当逐步推进。

如果生存需要的满足不普遍，社会就没有起码的成就感，就是一个如邓小平同志所言的"不合格的社会主义"。就现有社会发展能力来看，多数生存需要应当在可预期的时间内解决。满足生存需要的工作，难点不在直接致力于生产发展上,而是在这些方面公平分配、区域均衡发展、解决劳动力结构升级、交通顺畅、实现健康国民、创造新的生产与消费领域、保障生态平衡与环境安全等。社会的努力要在教育、医疗保健、科研、交通设施的发展与改革、合理规则的建立完善,以及更多的国土生态建设上。这当中,有不少建设对拉动 GDP 作用不大,但对满足生存需要很必要。

人的发展具有目的与手段双重意义。鉴于现时代对发展需要的满足能力远远不足,我们只要倾斜于满足手段意义的发展需要。除了努力增加教育投资之外,教育领域本身要高效使用经费。要防止学历热反过来冲击人才热,不要让发展需要的满足途径受金钱污染,发展供给畸形。必须扭转发展服务的金钱导向,恢复教育公平的规则。

享乐需要的满足要适应两个限制:一是逐步开发满足享乐需要的内容,使之丰富多彩,不仅物质享乐提升质量与扩大种类,更要在精神生活方面丰富多彩。社会要倡导用更多精神享乐替代物质享乐。二是限制其"度",无论哪一类享乐需要,只有在适度的意义上才是合理的,改革开放前对全体人民的享乐需要过分限制,其负面效果是有损社会主义优越性的体现。但过度享乐,对人的再生产必然产生不利影响,这是一个人自身的生态需要的问题。

(二)公平与效率的关系

在经济发展刚刚热起来的时候,主要追求经济效率,社会公平最多给个"兼顾"。从长远来看,公平具有更本质的地位,经济发展应当从社会公平中来取得经济效率的不竭源泉。追求经济效率而忽视社会公平,最后必将落入两头皆失的困境中。

在既有的经济发展水平上,更好地满足最大多数人民群众的需要要靠分配来调节。在走共同富裕道路的宗旨下,改进分配机制、保障最低工资、降低基尼系数、抑制两级分化、以调富济贫的政策来扩大社会需求,以便保障低收入阶层、弱势群体的生存需要。在"吃、穿、用、住"这些普通商品的供给方面,分好蛋糕比做大蛋糕更有效。

(三)全局利益与局部利益的关系

在经济发展中,全局利益即为社会总体效益,由经济效益、生态效益、社会效益三维构成。社会不能仅仅追求经济效益，而要扩大资源配置范围，从经济效益、生态效益、社会效益三维来综合考虑。

一般来说，局部利益会推动经济当事人努力追求经济效益，因其直接关系到政府的政绩、企业的利润与个体经营者的收入。生态效益基本上体现全局利益，当人们本着全社会的利益来对待经济活动时就会注重生态效益，只顾局部利益就会忽略生态效益，这种效益对地方与企业来说有着很强的外部性。像开展国土生态建设，为减轻自然灾害的危害创造条件，能够有保障生态效益、满足人民的环境安全需要，兼顾了局部与全局利益。社会效益要对其内涵进行界定。如前所述，社会关系和谐、社会风气良好、社会福利增长、社会公平的维护、劳动者权益的保障、群众所居处所的工作与生活便利等都属于社会效益。在经济发展中，体现社会效益的事包括：社会分配公平，消除物质财富浪费与温饱难以解决并存的现象；抑制由于社会风尚恶化不合理地增加某项生存需求；改进社会服务与分工状态，消除人为增大生存成本。

社会风俗习惯关系到经济发展的社会效应，一旦奢靡之风盛行，就会造成供给者乘机敲诈，许多家庭陷于经济困境。政府要带动社区打击婚事丧事的奢侈性，惩治富有者的浪费型恶劣榜样。严肃法规与加强道德舆论软硬兼施，端正社会风气。

政府理当代表社会全局利益，政府在经济发展中必须综合考虑社会总体效益，在发展规划中合理安排体现经济效益、生态效益、社会效益三者的发展目标、发展措施。同时不断改进对企业与个人的引导、管理与服务，促使其自觉地或被迫地兼顾三维效益。

（四）家庭努力与政府努力的关系

满足人民需要有两个依靠：一靠家庭的努力，二靠政府的努力，这两个依靠不是分离的。其中，家庭努力是基础，所有社会成员必须通过勤劳与智慧来满足自己的需要，不能依赖政府的福利；政府努力是发展方向。部分政府的努力是直接为着满足人民需要，部分是为家庭努力创造条件。

为满足人民需要的政府努力，包含在符合价值规范的发展目标中，由此而制订经济社会发展规划、各项产业发展计划、政府的各项政策措施等。为家庭努力创造条件的政府努力主要是公共服务,公共服务是满足人民需要的必要手段。现代社会的发展,使上述派生需要越来越多地依靠公共服务来解决,如职业培训、职业介绍、婚姻介绍、计划生育、幼托、养老、残疾人事业等。政府完善与改进社会保障这项民生工程,涉及财政、银行、保险,要统筹安排。看病难、住房难,是低收入群体的生存需要难以满足的两大问题。前者靠改进医疗保险;后者,发展公租房是一项较新的社会保障,是为满足无力购房者的居住需求,让财力匮乏者在公平条件下解决居住问题。从总趋势看,家庭派生需求的满足能力并不随着经济发展而增强,政府的努力却能随着经济发展而增强。政府要使满足发展需求的服务质量提高,增强满足发展需要的公平性。金钱导向的发展服务导致发展需要满足的社会不公曾经十分严重,一些发展手段成了奢侈品。从幼儿教育起,就要贯彻教育公平的规则。

三、科学分析以人民为中心满足需要的条件

政治经济学需要探讨以经济发展满足人民需要必备的主客观条件,如,体现人民整体利益的政治动员,具备发展的引导与动力源泉即精神保证;合理完善的制度,能提供发展的社会保证与动力机制;科学发展的战略与政策,可通过各领域的作用及社会整体系统性的作用来实现以人民为中心的经济发展。除去这些主客观条件外,深入分析三个较基本的客观条件是必要的。

(一)有效的社会生产

社会生产只有是有效的,才能真正满足人民的各类需要。

国家的经济社会发展规划要围绕基本发展目标而科学设置,使设计尽量符合上述价值规范的具体目标。其科学性就是要回答如何以效益为中心来筹划经济增长。

有效社会生产的经济规模不能以奢靡来拉动内需。靠浪费来扩大经济规模,不如维持合理的经济规模而降低效率。经济规模不乱扩大,可以避免多耗费生态资源。每个人的劳动时间可减少,安排集体的学习、体育活动、增加个人业余时间,提升生活质量。后一个选择才合理。

由此推论，经济速度也要具体分析，浪费型的经济活动、奢靡性的、无益的需求会推动速度增加，但没有实效。

　　有效社会生产要满足的是健康、合理、科学的需要。当今社会许多需要都是应当削减、约束、取消的。典型不合理的需要是烟卷。有数据说，中国的烟草产业雄踞8个世界第一：烤烟种植面积、烤烟产量、烤烟增长速度、吸烟人数、吸烟人数增加数量。中国烟草生产占全球的35%，烟草销售占全球的32%，卷烟年产量达1.7万亿支，我国有3.2亿烟民，占世界烟民总数的25%。这拉动了多少内需、提供了多少就业岗位、提供了多少税收，还拉动了医疗需求。但这种拉动不应存在，解决的办法，就是制定相应的产业政策使烟厂停止设备更新，降低此类商品生产的生产力。

　　我国现有的生产力水平能够普遍满足人民吃、穿、用在数量上的需要。许多行业呈现"产能过剩"，体现了"由短缺经济转变成过剩经济"。有效社会生产应当在需要结构、生活用品质量上扩大内需，在产业发展到一定水平之后，注重质量要重于注重数量。做到产业升级、更新换代，劳动力结构升级、扩大劳动就业空间，两者双管齐下。这两种升级之间青黄不接怎么办？要建立储备基金，扩大保险基金，实行类似于休耕补贴的政策。

　　调节经济结构要补上两类未能满足的需求：一是住、行两项，不能满足需要不在于建筑能力，而在于土地供给。人口再生产与土地资源之间的矛盾造成了土地供给的制约，二胎政策的实施，我国居民的住房问题、交通出行处于供不应求的状况，且很难通过生产发展与财力增长来解决。城镇建设的改进、城市地铁与轻轨的发展，可以缓解。计划生育不能放弃，但难度更大。二是医疗需要，这既是生存需要，又是高端需要。扩建医院不难，但医护人员的培养难，药品的研制难。此外，种种社会问题（居住环境恶化、工作条件恶劣、生活习惯不良等）造成生病的人不断增多，医疗供给跟不上。当今社会，人口再生产不应单纯从劳动力供给角度来看，土地不应作为地方财政的生财资源，人口与土地都成为经济、生态、社会总体调节的对象。

　　（二）规范的社会生活

　　经济秩序有利于关系到社会经济生活质量。如果各类群体和个体都想凭借自身的特长和优势来坑蒙拐骗，造成社会上遇事层层设防，交往处处警惕。人们的生活质量在这个方面十分低下。这些状态，绝不可能通过 GDP 的进一步增大而自然解决。

调节经济秩序要通过建立健全法制（主要是民法方面）、建设、加强调解制度，来解决人际之间的纠纷。主要解决的是企业之间、企业与周边居民、生产者与消费者三类关系：①交易诚信才能保证既有生产与分配条件下的需要满足。保障企业之间遵守合约、履行义务，以保障社会供给。②企业经营要服从社区的生态约束。污染企业的废水废气威胁周边居民的健康，与生态环境破坏相联系的自然灾害频频肆虐。解决这个问题要有一套涉及社会团体——地方人民代表大会——政府主管部门——媒体监督机制的系统安排。③生产、售卖商品要货真价实。以三聚氰胺为代表的假冒伪劣食品损害消费者的生存健康。豆腐渣工程曾经大面积地威胁建筑使用者的生命安全。为此要开展食品安全的系统工程，加强建筑质检，提高消费者的维权能力。

在经济发展过程中，用法治解决经济关系应当越来越有效、成熟，并使三类关系中的负面现象逐步减少。

（三）合理的经济发展方式

经济发展方式是满足人民需要的目的得以实现的手段。该手段要求讲实效，不能图虚绩。经济发展将按照人本型、综合效益型、结构优化型、健康型的方式方法，使每项发展都符合人民意愿。因此，转变经济发展方式本身与以人民为中心满足社会需要具有高度的重合性。片面追求物质数量的发展方式，要想实现发展的初衷，使人民的需要得到满足，只能是南辕北辙。

和谐需要可以通过财力支出来满足，如通过转移支付来补偿贫困群体。但完全满足和谐需要应当主要通过转变经济发展方式，在经济发展当中贯彻以人为本的理念。和谐需要如果在很大程度上依靠合理的组合因素来调动人的积极性、创造性，将竞争、竞赛、合作、解除后顾之忧之间的关系加以正确处理、搭配，和谐需要就会满足。合理组合，包括应有的物质鼓励、精神鼓励、社会地位提高与社会保障。如果完全依赖金钱与物质作为发展动力，完全以竞争作为发展机制，必然会破坏和谐需要。

第二节 "民生论"

"民生论"是指直接关注人民群众生活的经济思想。在不同的进步思想体系中，或多或少有这类经济思想。但是不同思想体系的"民生论"，其时代背景、理论基础、政治前提是不同的。在马克思主义政治经济学的发展历程中，"民生论"由隐性发展为显性，到中国特色社会主义政治经济学，"民生论"的地位变得非常重要。从学科内容来看，它像一个红线，将社会主义政治经济学的许多专题理论串起来，为社会主义优越性的制度体现提供了理论指导。从学科的应用来看，它成为社会主义国家的执政党——共产党明制订路线、政策与发展战略的思想武器。

一、马克思、恩格斯的"制度承诺"

马克思、恩格斯作为科学社会主义的创始者，在其理论论述中，民生改善成为公有制建立的自然结果，成为社会自觉掌握的目标。他们对社会主义取代资本主义这一社会变革，着眼于无产阶级与劳动人民的解放、消除异化劳动、使社会劳动成为自主的、自由的劳动。在他们的心目中，一旦生产资料由资产阶级手中转到社会手中，剥削就被消灭，社会财富就会有计划地用于社会的各种目的，民生改善包含其中。

为此，民生问题是作为一个宣传新社会制度的"承诺"提出来的。马克思在《哥达纲领批判》提到，在社会主义社会，同生产没有直接关系的一般管理费用"将会立即极为显著地缩减，并将随着新社会的发展而日益减少"。而用来满足共同需要的部分，如学校、保健设施等，"将会立即显著增加，并随着新社会的发展而日益增加"①。恩格斯论述，未来新社会的民生是来自社会"为了公共的利益按照总的计划和在社会全体成员的参加

---

① 马克思：《哥达纲领批判》，见《马克思恩格斯选集》第3卷，人民出版社1972年版，第10页。

下来经营"①。"由社会全体成员组成的共同联合体来共同而有计划地尽量利用生产力；把生产发展到能够满足全体成员需要的规模……"②作为"制度承诺"，恩格斯明确提出"我们的目的是要建立社会主义制度，这种制度将给所有的人提供健康而有益的工作，给所有的人提供充裕的物质生活和闲暇时间，给所有的人提供真正的充分的自由"③。"在这个制度之下——也许在经过一个短暂的，有些艰苦的，但无论如何在道义上很有益的过渡时期以后——通过有计划地利用和进一步发展现有的巨大生产力，在人人都必须劳动的条件下，生活资料、享受资料、发展和表现一切体力和智力所需的资料，都将同等地、愈益充分地交归社会全体成员支配。"④实现这一承诺的因素包括：发展生产力、计划分配社会劳动、最有利的产品分配方式。一方面，"使社会生产力及其所制成的产品增长到能够保证每个人的一切合理的需要日益得到满足的程度"⑤。另一方面，分配"将由生产的利益来调节，而最能促进生产的是能使一切社会成员尽可能地全面发展、保持和运用自己能力的那种分配方式"⑥。

二、中国特色社会主义民生论的理论基石

社会主义社会主要矛盾的认识是民生论的理论基石。

党的十九大报告指出：中国特色社会主义进入新时代，我们社会主要矛盾已经转化为人民日益增长的美好生活需要和不平衡不充分的发展之间的矛盾。这一论断，是对原有社会主要矛盾认识的更新，是与时俱进的科学论断。

原有对社会主义社会主要矛盾的表述，始出于1956年党的八大报告。报告中指出："我们国内的主要矛盾，已经是人民对于建立先进的工业国

---

① 恩格斯：《共产主义原理》，见《马克思恩格斯选集》第1卷，人民出版社1972年版，第217页。
② 恩格斯：《共产主义原理》，见《马克思恩格斯选集》第1卷，人民出版社1972年版，第223页。
③ 《弗·恩格斯对英国北方社会主义联盟纲领的修正》，见《马克思恩格斯全集》第21卷，人民出版社1965年版，第570页。
④ 马克思：《雇佣劳动与资本》，见《马克思恩格斯选集》第1卷，人民出版社1972年版，第349页。
⑤ 恩格斯：《卡尔·马克思》，见《马克思恩格斯选集》第3卷，人民出版社1972年版，第42页。
⑥ 恩格斯：《反杜林论》，见《马克思恩格斯选集》第3卷，人民出版社1972年版，第240页。

的要求同落后的农业国的现实之间的矛盾,已经是人民对于经济文化迅速发展的需要同当前经济文化不能满足人民需要的状况之间的矛盾。"这个认识基本符合中国在社会主义初级阶段的现实。此后二十多年,我们进入了社会主要矛盾是"无产阶级与资产阶级两个阶级、社会主义与资本主义两条道路的斗争"的认识误区。直到拨乱反正之后,在1979年中央召开的理论务虚会上,重新明确"我们的生产力发展水平很低,远远不能满足人民和国家的需要,这就是我们目前时期的主要矛盾"。党的十二大明确了我们要建设的就是中国特色社会主义,这个概念涵盖道路、制度、理论。1987年党的十三大报告指出:"我国正处在社会主义初级阶段""我们现阶段所面临的主要矛盾,是人民日益增长的物质文化需要同落后的社会生产之间的矛盾。"

社会主要矛盾的认识对民生问题的理论意义在于:①党的中心工作总要与社会主要矛盾相衔接,既然主要矛盾是发生在"物质文化需要"与"社会生产"之间,党的中心工作就不再是以阶级斗争为纲,而是以经济建设为中心。②解决"满足需要"的手段是改变落后的生产,由此决定了我们的根本任务是集中力量发展社会生产力。③社会主要矛盾与民生有着内在联系,贯穿我国社会主义初级阶段的整个过程和社会生活的各个方面。抓住这个主要矛盾就能把握社会矛盾的全局,有效地促进各种具体矛盾的解决。

经过改革开放近40年的经济社会发展,虽然中国仍处于社会主义初级阶段,仍然是发展中国家,但是已经在总体上实现了小康,中国综合国力的绝对量已经位于世界前列,表明中国社会主义建设进入了新时代。现实的情况是:"人民美好生活需要日益广泛,不仅对物质文化生活提出了更高要求,而且在民主、法治、公平、正义、安全、环境等方面的要求日益增长"①,单纯增加社会生产能力、以及将此为物质基础来发展文化事业,都无法满足人民群众全面的需要。可以看出,发展不平衡不充分是更加突出的问题,成为满足人民日益增长的美好生活需要的主要制约因素。针对这一现实,将社会主要矛盾的表述加以更新,体现了中国特色社会主义理论

---

① 习近平:《决胜全面建成小康社会、夺取新时代中国特色社会主义伟大胜利》,人民出版社2017年版,第11页。

的前进,也为民生论的发展奠定了更加扎实的理论基石。

党的十九大报告将"带领人民创造美好生活"作为"我们党始终不渝的奋斗目标"。有关"美好生活"的外延,从传统的物质文化生活扩展到社会公平正义、有效的社会治理、良好的社会秩序等个人与社会、人与人之间的关系上,尤其突出当前社会民众最关心、最直接、最现实的利益问题:就业质量、收入水平、社会保障与公共服务、住房、医疗卫生、公共安全等。社会不仅要给群众带来日常的美好生活,也要更有力地消除来自自然环境、社会环境及个人心理带来的灾祸,使人民获得感、幸福感、安全感更充实、更有保障、更可持续。

当中国特色社会主义进入新时代之后,习近平新时代中国特色社会主义思想将促进社会公平正义纳入民生内涵,改进了党执政为民的局面。以人民为中心的经济发展,成为政治经济学理论基础上的党政纲领、路线与政策;而党致力于促进社会公平正义,成为现实民众生活中切切实实获得幸福的保障。

三、民生论推进中国特色社会主义政治经济学发展

作为一种经济思想,在中国特色社会主义进入新时代之后,民生论对政治经济学的理论起到有力的推进作用,具有四个"有利于"功效:

(一)拓展政治经济学研究对象的视角

政治经济学的研究对象是生产方式与经济关系。根据历史唯物主义,社会主义阶段的基本矛盾仍然是生产关系与生产力、经济基础与上层建筑之间的矛盾。各种社会矛盾如何看待,会有不同的视角。可能几种视角从科学上来说,都站得住。但从社会发展利益来说,需要选择对文明发展、人民幸福最有利的视角。民生论就是这样的视角。

1.资本与劳动的矛盾。新中国成立初期实行新民主主义制度,党的方针是通过"公私兼顾、劳资两利"来解决劳资矛盾。在社会主义初级阶段,我们鼓励私人经济发展,但必须在领域、内部关系、行为准则等方面受到社会主义原则的调节,法律法规就是这种调节的主要方式。没有这样的调节,私人经济发展的一个后果就是损害民生。比如,老板拖欠员工的工

薪，不提供合格的工作条件，不履行缴纳员工社会保险的费用，不平等的合同关系，等等，从而导致扩大两极分化，加剧弱势群体。科学发展观的提出具有消除这些现象、改善民生的针对性。因此，民生问题直接与正确处理不同所有制经济的内外关系相关。

市场经济使资本与劳动天然的内在矛盾凸显出来。一个企业的发展与利润的取得有关，在商品总值已定的情况下，生产成本越低，利润越高；员工收入越低，生产成本就越低。没有抵消力量，任凭资本本性运作，劳动收入就会被压低到不合理地步。对资本本性的抵消力量，内部来自员工的斗争，外部来自政府的约束。如何在企业内部有对资本进行制衡的力量，如何产生来自政府对资本的约束机制，而不是让官员们屁股只坐在"纳税大户"一边，都要有理论指导。这类问题，用阶级矛盾的视角来看没错，但政治影响不妥。用民生论来看，则符合新时代的需要，可以为马克思主义在中国特色社会主义政治经济学中所兼容。

2. 官民矛盾。理论上，国家与民众之间的利益从根本上是一致的，但有差别。生产与生活、积累与消费之间的矛盾，就是两者利益差别的体现。城乡之间、工农之间的矛盾，也是两者利益差别的体现。在计划经济时代，国家为加快工业化，加快工业企业积累，采取以农哺工、城乡分隔的政策，斩断社会福利向农村延伸。如果这一政策长期化、固定化，就意味着城乡之间、工农之间的矛盾没有处理好，就会损害广大农民的民生，反过来也对工业化所需的积累也不利。农民不富，工业消费品就没有市场；农业不强，作为农业生产资料的工业制成品就没有市场。

在市场经济时期，利益多元化背景下，国家公务人员（简称官员）、政府与国家之间，相互利益基本一致，但又有细微差别。在社会经济由政府主导的特点当中，政府及其经济职能决策者会有三大偏好：GDP的增速带来政绩、计划大项目带来新局面、财力积累应对现实挑战。这三大偏好只要合理，都有改善民生的价值。问题是，不是所有的做法都合理，很多经济开发只有表面效果，对社会进步、人民生活改善没有实惠。即使目标合理，在过程中也有一个安排是否适度、是否兼顾轻重缓急的问题。解决不好，真正用于改善民生所必需的资源就会被挤占。在政治经济学中，就要分析从计划经济与市场经济都共同存在的政府"投资饥渴症"的发生机制，找到抵消的途径。总体价值判断就来自民生论。

（二）从更广阔的视角来看待劳动与财富

政治经济学基本原理告诉我们，劳动创造价值，劳动与自然资源共同创造使用价值，价值是物质财富的社会尺度。国民生产总值（GDP）是一国国内运用价值指标来对使用价值进行总和的统计数据，用国民生产总值减去消耗掉的中间产品的余额，就是新创造的价值总和。一国的人均国民收入越高，人民就越富裕。所以，增加国民收入是提升本国民生水平的经济基础。这些基本原理仍然有效，但是随着生产力的进步，其内涵在深化。需要深化的理论主要有：

1. 在社会主义市场经济中，劳动是在以公有制为主体、多种经济成分共同发展的前提下进行的。因此，按生产要素分配与按劳分配并存成为制度性的分配原则。资本、土地、技术、管理（包含风险应对）、劳动力诸生产要素所有者都有各自的权利与分配途径。鉴于当前劳动力的市场供求处于不利地位，保障劳动权益尤其重要。

2. 财富越来越要从多种类型来理解，物质财富（包括商品与劳务）、信息财富、文化财富、生态财富都对民生有用。例如，在当今温饱问题解决的情况下，乡镇开展的基层社区文化建设，对于民生改善就有极大的意义。城市植树造林对于市民的民生改善就很必要。

3. 创造财富的劳动要从多种类型来理解，物质生产劳动、精神生产劳动、服务劳动、管理劳动都对多种类型的财富增长各尽其责。现在，服务于生活安全、辨别真伪的工作，对保障民生具有重要的作用。

4. 对财富不但要注重数量，更要注重质量与结构，整个经济运行，要越来越转移到质量观、结构观为重的轨道上。因此，一味追逐GDP或人均国民收入的倾向，会妨碍改进民生。

（三）认识人的工具性与目的性的对立统一关系

这一经济哲理关系着政治经济学的民生理论。对于经济发展而言，人的发展应当作为最终目标，但是又具有发展的工具性特征。片面强调后者而弱化前者，就会冲击劳动者的民生。俞梅珍指出了弱化人的目的性的四种表现：①劳动者国家主人翁地位被虚化；②社会保障制度建设严重滞后于经济增长水平；③经济发展与人民享有公平的公共服务不协调；④贫富分化加剧偏离经济发展成果全面共享原则。造成上述表现的，有来自市场上的原因：劳动力市场上供求关系不均衡，形成强资本弱劳工的格局；有来自政府经济管理上的原因：对"人口红利"的关注压倒了对人是发展目的性的关注，分级财政管理体制与劳动群众对公共产品的需求不相适应，社会性规制不完善。还有企业管理模式落后。对于上述的表现②③，将通过贯彻民生优先战略来解决，表现①应当在政治体制改革中解决，表现④需要对走共同富裕道路提出更多的政策与措施来解决。而各种途径都离不开社会公平正义的理念。实际上，人在经济发展中的工具性与目的性本身是相辅相成的，不过目的性主要惠及全体劳动者，而工具性更易于为管理者或企业家所关注，民生论就是要将二者统一起来。

（四）全面理解社会主义物质文明

物质文明有手段性、目的性、载体性三类内容。人们一般关注的是手段性内容，即对产业发展、科技进步、扩大开放十分重视，而对目的性内容，仅仅关注物质富裕，对于劳动职业改进很少关注。对于城乡发展、关系和谐这两项载体性内容，则分别作为发展问题与社会关系问题，没有联系物质文明来看待。实际上，在全面推进社会主义物质文明的进程中，必须在这些方面增进民生：①在物质财富丰裕条件下保障好诚信与消费理性。要使市场对消费要起到良好的中介作用，否则市场商品的丰裕带来的生活水平要大打折扣。还要消除奢华浪费的风俗，不要让消费本身成为异化目的（如情面）、透支家庭财力与透支健康的活动。②改进各职业中的劳动过程，使劳动者能够"体面地工作"，保证人们在劳动中保持身心健康、增进工作本身的幸福度，"使人人都有通过辛勤劳动实现自身发展的机会"[①]。尤其对于高温高压、噪音大、有危险性等不利工作环境，对于环境拥挤、肮脏、空气污浊场所的工作条件，经济发展首先要予以解决。③通过城乡均衡发展，使更多在农村的村民能够工作稳定、丰衣足食、安

---

① 习近平：《决胜全面建成小康社会、夺取新时代中国特色社会主义伟大胜利》，人民出版社2017年版，第46页。

居乐业，不必为挣钱这个单一的目的而抛家进城，使家庭分裂、留守儿童与老人成为历史一页。④通过理顺社会经济关系，各种从业人员都不用为谋生而整天盘算如何取得货币，对于社会交往、个性发挥、兴趣取向甚至连品德都无法顾及。使民众生活压力减小，人的选择性增大。在经济生活中不受气、不受骗、心理压力小、对生活恐惧感弱，从而真正体现社会主义物质文明的最终成就。这样，广大群众就会"端起碗来吃肉，放下碗来宽心"了。

第三节 劳动力价值新论

以人民为中心的经济发展，应当在经济收入分配中，对于劳动收入得到比财产收入更大的重视。这是注重人的发展的必要条件。其理论依据来自对劳动力价值范畴进行科学分析。劳动力是劳动者的能力，它的生产培育本来是一个与人的发展有内在关联的过程，但长期以来，只看到劳动力作为生产要素的一面，市场要素交易关系与要素成本眼界掩盖了对劳动力及其价值的正确认识，不利于劳动收入提高的论证。对此，应当在理论上拨乱反正。

一、从收入分配谈起

社会主义市场经济下的收入分配原则是"实行按劳分配为主、包括按要素分配在内的多种收入分配方式"，这里出现的是"按劳分配"与"按要素分配"两个概念，实际上，真正对立的概念是"按劳分配"与"按资分配"。因为"要素"包括生产中所投入的资本、劳动力、技术、管理、土地等在内，所有这些要素，归根结底都要分为物化劳动与活劳动两类，分别归结为资本、劳动力两大要素。资本包括了资本化的技术与资本化的土地，而从事技术工作与管理工作的劳动，不过就是劳动的特种类别。

这两种分配原则都有两个前提：①先要对 C 和 V 进行补偿；②国家都以税收形式对企业占有的 M 参与分配，公有私有的企业都一样，后面的分析可以撇开国家的分配，对其存而不论。

　　这两种分配原则分别产生于公有经济与私有经济两种不同的生产关系，对商品价值的 C+V+M 三个组成部分的分割完全相异，从而对资本收入（即财产收入）与劳动收入的倾斜度很不一样。按劳分配实施中有关 M 在劳动者个人与企业之间分配，不发生在两个利益对立的主体之间，所以优于按资分配中 M 只归资本所有者，这是两类所有制在分配上的优劣问题。鉴于初级阶段的社会主义市场经济中多种所有制共同发展，按资分配方式有存在的合法性。本书要分析的不是分配方式的价值判断，而是从人的发展角度围绕 V（即劳动力价值）的概念开展分配合理性论述。

　　在按资分配中，在初次分配中 M 只分配给资本所有者，V 只是一个补偿问题而不是分配问题。因此，这种分配方式决定收入分配权在资本所有者手中，劳动收入不能超出 V 的价值，否则就是侵犯了资本收入。资本侵犯劳动收入则表现为"补偿不足"。这个"补偿不足"在按资分配中是常态，一者，如果资本所有者经营不顺，资本再生产受阻，也会发生资本补偿不足问题，与劳动力价值补偿不足很容易混为一谈；二者，在市场竞争中，C 补偿不足会妨碍企业的正常再生产，而 V 补偿不足只会带来降低成本的好处，资本所有者乐于这样做。

　　贯彻按劳分配原则，就意味着劳动成为收入分配的主导方，理论上劳动者的分配不受 V 的补偿限制，M 的分配可以在劳动者个人与企业之间进行分配。企业在这里是二重经济角色，一方面是社会的一部分，而且是与劳动者关系最密切的一部分；另一方面它属于公有资本，因此 M 的分配受公有资本的管理政策调节，不受企业劳动者的意愿支配。从历史与现实看，在新民主主义时期与社会主义市场经济体制下，公有企业与私有企业同处市场竞争的环境中，即使在只有公有制经济的计划经济时期，也有社会主义经济与资本主义经济的国际竞争，竞争导致公有经济企业不能不增强资本积累的力量，因此实际上都要尽可能降低成本，包括对 V 的补偿。

　　政治经济学原理告诉我们：分配问题发生在 M 当中，它是生产关系的派生问题；对 C 的补偿是生产补偿问题，不涉及分配；C 在商品价值中的份额是通过生产成本核算准确得出的；新增价值扣除 C 之后分成 V 和 M

两部分来分配，这一分割的科学性实际上被现实的财会工资制度所掩盖，对 V 的补偿往往服从于企业降低成本的需要，而对 V 的客观科学的评估就推给了经济理论研究。

我国改革开放前实行的低物价、低工资、高积累方针，反映了收入分配服从于社会主义经济与资本主义经济的制度竞争的需要。改革开放初期在公有经济占压倒优势条件下，公有资本的管理政策稍一放宽，80 年代中期以前就出现收入高增长的反弹，一度引起人们对中国企业参与国际经济竞争的忧虑。不过由于外资与本土的私有经济发展、按资分配原则占上风，劳动者收入高增长不再出现，劳动收入在社会收入中的比例每况愈下。迄今，公平与效率的矛盾日趋尖锐，收入分配问题成为社会经济热点，在此背景下，长期被搁置的对 V 的客观科学评估应提到日程上来。

二、劳动力价值得不到足够补偿是市场经济的内在机制

对于西方经济学以"劳动"作为生产要素、选用"劳动价格"来解说社会收入分配来说，马克思在《资本论》中提出劳动力价值这个范畴，是经济学研究一个重要的拨乱反正。这个范畴对发现剩余价值起到关键的作用。然而，劳动力价值概念的理论意义远远不止这些。

（一）劳动力价值概念的应用场合超越劳动力商品交易

价值是财富的社会尺度，劳动力是人力财富，当然有其价值。

有人可能会认为，劳动力价值只与劳动力商品相联系，只有劳动力作为商品放在市场上出售，才有劳动力价值的发生。这一认识还将劳动力商品与雇佣劳动制度作为内在关联，由此认为劳动力价值发生的前提是劳动力商品买卖成为资本主义生产的条件。

这是片面的认识。劳动力作为生产要素，只有在它处于独立小生产的场合，才不用进行价值评估。只要劳动力被社会化地使用，不管是否有劳动力市场，都会有价值评估的需要。劳动力价值概念产生的社会前提是劳动力被社会化地使用。

不错，劳动力商品化是劳动力价值概念产生的最初的社会条件，并且由劳动力价值直接引出剩余价值概念。但是，这个社会条件即使消失，就

算进入社会主义计划经济,不存在雇佣劳动及其与之相联系的劳动力商品市场,劳动力价值也不会退出历史舞台。原因在于:①即使在计划经济,劳动者通过录用制或推荐制的方式就业,不是在劳动力市场上出售劳动力,也有评估劳动力价值的需要。在实行按劳分配原则中,对"劳"的计算本身就有三种形式:劳动的凝结形式(或物化形式,以计件工资为例)、劳动的流动形式(以计时工资为例)、劳动的潜在形式(以岗位责任工资为例)。其中,按劳动的潜在形式进行分配,就与劳动力价值直接相关。劳动力使用价值的社会分配体现为劳动力与岗位责任的合理配置,其经济杠杆就是确定不同岗位的工资数额,这就是劳动力价值的应用场合。②社会主义经济中剩余价值范畴仍然存在,它跟资本范畴一样具有一般性与特殊性这双重性质。一般性反映了社会主义经济仍然具有对资本增值的性质,特殊性在于改变了它的归属,剩余价值由私人资本所有者分配转为社会分配。按劳分配发生在整个 V+M 领域,但在收入分配之前,社会主义的生产需要经济核算,劳动力价值就是经济核算的一个成本变量。在考虑价值的分配与财力的积累当中,不能撇开成本。

当劳动力一方面作为生产要素被社会化使用、另一方面劳动力的使用与劳动者个人利益挂钩的时候,劳动力价值产生的社会前提就具备了。无论是计划经济还是市场经济,社会主义经济中实现生产资料与劳动者的结合,都要通过劳动者跟公有企业进行这样的经济交换形式:从业工作——劳动报酬,由此体现生产资料公有制与劳动力个人所有制同时存在。而劳动力个人所有制就是劳动力价值实际产生的直接原因。在劳动者跟公有企业进行经济交换的场合,劳动力价值以劳动力价格(广义)的形式体现。总之,劳动力价值是与个人所有的劳动力的社会化使用相联系的概念,而不仅是与劳动力商品化相联系的概念。对劳动力价值的研究不仅是资本主义生产关系研究的重要课题,也是社会主义生产关系研究的重要课题。

社会要对社会化使用、个人所有的劳动力这个财富予以评估,劳动力价值就是劳动力财富评价的社会尺度。是劳动力的所有者——劳动者个人获得回报的重要依据。

（二）劳动力交易不像商品买卖那样等价交换，双方一开始就不平等

马克思在论证剩余价值产生的源泉时，假定劳动力交易市场供求一致，双方买卖遵循等价交换原则，也就是劳动力的价格与价值一致。这个假定符合人们对一般商品市场的认识，使马克思对剩余价值来源的揭示无懈可击。

其实，该假定是对现实的"让步"。劳动力交易与商品交易完全不是一回事，双方一进入交易市场，直观感觉就是不平等的。不管市场是否供求一致，劳动力的价格都要低于其劳动力的价值。劳动力价值总是被市场低估，原因有三。

一是劳动力交易主体双方地位滞后于劳动力的供求关系。从资本主义产生历史来看，当劳动力供小于求的时候，劳动力需求方不是依靠市场，而是依靠暴力来强制推行雇佣劳动；当劳动力供大于求的时候，劳动力市场就依靠市场经济本身力量来压低劳动力交易价格。劳动力市场上长期出现供大于求的格局，使得劳动力价格被压低成了社会习惯，即使在局部领域或有的时候劳动力供小于求，劳动力供给方也难以乘机提高自己的交易价格。

二是劳动力交易双方一开始进入市场就出现强势弱势的差距，劳动力只是被资本雇佣的生产要素。客观的交易格局，就是一个资本所有者面对多个分散的劳动力所有者，资本是一个统一的交易主体，劳动力则分属各个不同的交易主体，除非有像工会这样的外部因素，否则劳动力交易双方完全是强弱不对等的主体。

三是现实交易中，劳动力不是被卖出去的，而是被租出去的。经济学常识告诉我们，买卖是交易对象所有权的转让，租赁则是交易对象所有权与使用权相分离的前提下，有代价转让使用权的行为。雇佣劳动制度将劳动力作为资本雇佣的生产要素，这种交易不是根据市场等价交换原则来进行，而是根据"资产折旧"原则。劳动力的租用者付给劳动力所有者的，只是根据劳动力简单再生产必须支出的"折旧费"。这样的论断，对于资本主义剥削的揭示，比劳动力的买卖更能展示"补偿不足"的可能性。

社会主义市场经济出现了生产资料与劳动者相分离的经济成分，也出

现了劳动者的劳动力被租用的交易,这实际上很难等价交换,按照劳动力价值来支付租金,往往是满足"折旧"了事。

(三)将社会系统的产物放在经济系统中处理,必然补偿不足

劳动力价值是与商品价值相并列的另类价值,劳动力的"生产"与"消费"都是社会过程的运动。但是,社会历史的阶段性,存在着将劳动力的"生产""消费"与劳动力价值都置于经济系统的客观条件。不仅日常生活未能揭示这一点,理论界也没有认识这一点。

将劳动力再生产限于经济系统,对劳动力再生产的代价就只会看作是一种活体力的再生产,而不是人这一社会主体所具有的体力与智力的综合能力再生产。在资本主义雇佣劳动制度下,劳动者的能力再生产如同用在生产中的牛马的畜力再生产一样。假定牛马的畜力能够被其主人当成商品出售,就可以用经济学的术语说,牛马的"劳动力"价值取决于生产与再生产它的生活资料价值,包括饲料费、棚舍费、小牛小马饲养费、兽医支出以及调教费等。按照牛马的"劳动力"价值来类比,不可能足额补偿劳动者真正的劳动力价值,只能补偿被误解的劳动力价值。

进入社会主义时期,人们仍然不习惯扭转劳动力再生产限于经济系统的传统思维,仍然满足于将工资与劳动者吃饱穿暖的需要等同起来。

为了打破这个误区,我们首先要认识劳动力再生产的社会性。

三、劳动力价值体现着劳动者"人的再生产"代价

(一)劳动力价值的社会性

劳动力的价值决定不能限于生产与再生产它的生活资料价值。因为劳动力"商品"的生产与再生产不仅是经济系统的过程,更是社会系统的过程。劳动力价值应当是基于社会系统的分析、而不是经济系统分析的价值概念。劳动力所有制具有很强的社会系统意义。这里,经济学界必须树立三个新认识:

——1.劳动力作为劳动者的能力,不是由经济生活中的"生活资料价值"或者说"人体再生产"所决定的,而是由社会生活、"社会人"的再生产所决定的。人的劳动力的生产与再生产,除了包括生存所需的生活资料消

费之外，还包括文化生活、交际、教育的费用支出，还包括劳动者本人在学习中所耗费的时间和精力，再加上劳动者的社会保障费用。概括地说，是人在其全部社会生活中与物质能力、精神能力有关的耗费所决定。

2. 劳动力再生产需要哪些费用，数量界限如何，无法只从经济过程的分析得出，正如马克思说的："和其他商品不同，劳动力的价值规定包含着一个历史的和道德的因素。"① 例如，一个国家的劳动者，需要多少人际交往的代价，包括节庆聚会的活动代价，显然与该国历史传统、风俗习惯有关。再如，劳动者作为社会成员，是否参加宗教活动、参加多少，决定着其脱离生产而耗费生活资料的支出，这些都是不可忽略的生活付出，完全由社会环境决定。

3. 劳动力价值不是像一般商品那样是被动决定的。一般商品价值决定于生产该商品的劳动耗费，劳动力价值的决定也是这样，这一点跟商品价值决定相同。但是，生产某一商品的劳动耗费完全是生产者进行的经济技术过程，商品自身没有生命、没有意识，不会对它生产出来的耗费有任何影响。而生产劳动力的主体就是劳动者自身，生产过程是一个极为复杂的过程。既包括劳动者自己的主观努力程度，也包括个人在人生成长中的社会机遇。因此，劳动者对他的劳动力价值量形成是有主动性的。

（二）劳动力价值水平与人的发展程度相关

劳动力价值的水平反映劳动者的发展水平，包括生活水平与人的需求发展程度。

从理论上来说，人的需求涵盖了三个系统中的内容。其经济系统的需求，就是通常所说的生活资料需求，包括吃、穿、住、行；其生态系统的需求，包括对生活环境的需求、空气和水的质量需求、绿色需求；其社会系统的需求，包括知识学习与文化活动的需求、人际交往的需求、社会政治生活知情和参与的需求。有的需求跨越三个系统，如对健康的需求，就其营养来说是要在经济系统中满足；就其获得人居环境质量的需求来说，是在生态系统中得到满足；就其获得医疗保健服务与开展体育锻炼来说，

---

① 马克思：《资本论》第1卷（上），人民出版社1975年版，第194页。

是在社会系统中满足。

上述需求能否满足，取决于社会制度与综合生产力的发展水平。从社会制度来看，奴隶社会的奴隶只能获得勉强生存的需求，前提是继续给奴隶主役使。封建社会、资本主义社会中劳动者需求的满足程度，与社会当时的剥削程度相关。社会主义制度下劳动者的生存需求理应完全满足，但在局部时期（如苏联的卫国战争时期与中国的三年困难时期）、局部地方（如贫困地区）也有严重不能满足的情况。从综合生产力的发展水平来看，社会的物质生产力、精神生产力、生态生产力构成的综合生产力，决定着人的需求本身的内容与供给保障。需求内容总体上随着综合生产力发展而丰富与完善，劳动者的需求就要用更多的花费来满足，其物质、精神、生态的产品保障能力也将增强。如果社会经济发展不出现失衡，一个国家的劳动者需求满足程度，从该国历史的纵向对比来看是上升的。符合历史发展规律的现象是：社会经济发展体现劳动力再生产的代价趋向增大，劳动力价值必将得到提高。

（三）劳动力价值的创造源泉来自于社会性培养

根据劳动价值论，创造商品价值的源泉来自于生产商品的劳动，劳动力价值与此完全不同。劳动力价值的创造源泉是什么，这无法从经济系统中探寻，只能从社会系统中探寻。劳动力价值的创造源泉来自于社会性培养，这个概念，区别于自然性培养。自然性培养是指人的生产当中的生理过程，它应当排除于劳动力价值创造之外。社会性培养，是以劳动力适应社会生活为目的的自觉的过程，在人的意识当中，一个人从小成长到成年，追求某种与就业直接相关的理想目标与人生价值，追求健康、聪明、机灵、有从业的专长，具备上述综合性的能力，为的是在今后社会中会谋生、有作为、自食其力，这些都属于社会性培养。社会性培养有三个层次：家庭培养、自我培养、社会培养。综合起来，就成为劳动力价值的创造源泉。每个劳动者的劳动力，在社会性培养中的社会平均耗费，就构成该劳动力价值的量的决定。劳动力价值创造包括这些环节：家庭抚养、自我学习与锻炼、社会的培育。越是古代，前两个环节的比重越大，越是临近现代社会，第三个环节的比重越大。在一个现代文明社会，一个人从幼儿园、小学、中学、大学，社会投入的办学力量，社会的学习环境（包括少年宫、图书馆、博物馆、科技馆、夏令营、体育俱乐部），都能对人的综合能力培育起作用。社会培育的地位与有效性，是一个社会文明程度高低的重要构件。

四、工资的国民差异就是劳动者发展的国民差异

马克思在《资本论》第1卷第6篇"工资"当中，专门用第20章来分析"工资的国民差异"。"在比较国民工资时，必须考虑到决定劳动力的价值量的变化的一切因素：自然的和历史地发展起来的首要的生活必须品的价格和范围，工人的教育费，妇女劳动和儿童劳动的作用，劳动生产率，劳动的外延量和内含量。"[①] 这段话列出了决定工资国民差异的五个因素。但接下来我们就会发现，马克思实际论述的仅仅是最后两个因素。马克思论述的是工资的国民差异发生在以下两种情况。一是不同国家的企业生产同种商品所创造的价值，取决于它们之间的劳动强度与劳动生产率，也就是生产者花费的同一劳动时间中，劳动量的内含与效率不同。劳动强度与劳动生产率本身并不直接决定工资的国民差异，这要以劳动的结果——商品生产量不同为媒介，劳动物化形式的差异才决定工资的差异。二是以不同国家交易不同商品为研究对象，价值决定在这里发生了嬗变：生产率较高的国民劳动在世界市场上被算作劳动强度较大的劳动。由此，马克思提出了著名的国际价值论，即价值规律在国际上的应用。

正因为缺少前三个因素的分析，我们就无法解释工资国民差异发生的第三种情况：不同国家的劳动者从事同一种劳动，在没有劳动强度与劳动生产率差别的条件下仍然有很大的工资差别。这一点在当前开放的世界经济中看得很清楚，这种情况造成了驱使发达国家对外投资与实施生产国际化产生的动力之一，也是落后国家吸引外资与开展出口的重要"比较优势"。这一工资国民差异的背后就是劳动力价值的差异，它来自于马克思列举的"自然的和历史地发展起来的首要的生活必须品的价格和范围，工

[①] 马克思：《资本论》第1卷（下），人民出版社1975年版，第613页。

人的教育费，妇女劳动和儿童劳动的作用"这三个因素。简略地概述，相比发展中国家，发达国家的生活水平决定工人生活必须品的范围较宽，教育费用较多，儿童很少参加工作而是在接受教育，妇女更多地在家中从事改善生活质量与儿童抚育，这些都使发达国家的劳动力价值较高，这就是马克思在本章中本应论述的工资国民差异。我们无法知道为何这一论述在《资本论》中缺失，但逻辑的链条是清楚的：那就是工资的国民差异反映劳动力价值的国民差异，进而反映劳动力再生产水平、劳动者发展水平的差异。由此说明：对于人的发展水平来说，发达国家高于发展中国家。如果我们要赶超发达国家，这就是一个目标。

五、正确处理人的发展与劳动力价值的关系

根据以上论述，正确处理人的发展与劳动力价值的关系要有两点认识。

（一）当前提高劳动者工资水平的合理性

根据我国的现状，无论哪种分配原则，都需要向劳动收入倾斜。理由是：①劳动收入有内在的上升依据，但在企业的市场竞争中，不管哪类企业（内资或外资、公有或私有、集体或国家）都有降低成本、增加积累的需要，劳动者的收入被迫服从这个需要，因而现实当中都是被压抑。②劳动力价值 V 得不到足够补偿是市场经济的内在机制，私人企业有追求利润的动机，部分国有企业内部生产关系资本化，仍然扩张了市场经济的这一不公平交易的缺陷。在按资分配中，市场机制尤其对 V 没有足额的补偿，为此，对工资的人为调节普遍出现在世界各个市场经济国家当中。各国颁布的最低工资法，虽然不能说保证 V 的足额的补偿，但至少说明劳动力价值哪怕是部分补偿也离不开人为调节。③理论界尚未认识到劳动力生产不是一个经济过程，将其类比于商品生产，只能低估劳动力价值的真正数量。④对外开放以来我们一直将劳动力成本低廉作为商品国际竞争的比较优势，却不知道这个比较优势是以人的发展水平低下换来的。作为一个发展阶段来肯定尚且可以，长此坚持，只能将我们这个发展中国家陷在低水平发展的泥坑里。

综上所述，经济理论研究理应注重劳动力价值的足额补偿问题，并直

接与满足人的发展的需要相联系。结论就是：收入分配问题背后涉及的以人为本原则，不是一个停留在道德层面上的问题，而是有着深刻的经济本质。

理论分析告诉我们一个道理，概括起来说，就是社会新增价值的分配要向劳动收入倾斜。进一步说，这还不是一个追求公平的问题，而是经济社会发展的需要：①扩大内需，要靠广大劳动者提高消费水平，劳动收入老是被压抑，扩大内需就是空话。②转变经济发展方式必须加强创新与提高生产的集约化水平，这都离不开提高劳动者素质，也就是使劳动力生产过程有更多的投入，劳动力价值增大不可避免。劳动力价格过多低于劳动力价值只能损害经济发展方式转变。③建立和谐社会，关注民生，体现中国特色社会主义的优越性，必定伴随社会历史与道德对生活资料范围的扩展，劳动力价值增大正是中国取得发展成就的体现。

（二）补偿劳动力价值需要两种方式

补偿劳动力价值，一方面是提高劳动者工资水平，另一方面是由企业与政府更多地分别承担劳动者的社会保障费用。因此，社会福利的增加，主要是与劳动力的升值密切相关的。

（三）加强以社会培养来提升劳动力价值

在集约型经济增长方式之下，工作的科技含量增强，产出的附加值增大，劳动的复杂程度提高，这就需要更多劳动力价值高的工作者来从业。人的发展直接带来劳动力使用价值生产的效果。劳动力使用价值生产包含生理自然过程与社会过程。医疗保健事业、教育事业、科学文化事业等的发展，就是适应这一需要的。社会应当对此有更多投入，以提高劳动力质量，增大劳动力价值，并增强劳动力使用价值生产的合理性。

第十章　对外开放与国际经济理论

第一节　马克思的国际价值论

一、商品国际价值的形成

　　国际价值是马克思对外贸易理论中一个重要的概念。商品的国际价值是在国别价值的基础上形成的。在一国范围内，商品的价值取决于该国生产某种商品时所耗费的社会必要劳动时间。当商品的交换由国内交换变成为世界性交换之后，社会劳动便具有普遍的国际性质。一种商品在一国内市场上的社会价值，在国际市场上只能算作个别价值或国别价值。该商品要在国际市场上实现其价值，必须按国际价值衡量，也就是按世界经济的一般条件下生产该商品所耗费的社会必要劳动时间来衡量，把商品的国别价值换算成国际价值。国别价值与国际价值从本质来讲是相同的，都是作为一般人类劳动的凝结。不同之处在于：①价值计量不同。国别价值的计量单位是国内平均的社会必要劳动时间，国际价值的计量单位是世界平均的社会必要劳动时间。②表现形式不同。商品的国别价值以本国的货币表示，商品的国际价值以世界货币表示。

　　那么，世界平均的社会必要劳动时间如何分析呢？我们知道，不同国家由于条件不同，生产商品的劳动强度不同，同一工时的劳动实际消耗是不同的。在国际市场上，商品的交换价值由国际价值决定，首先与世界各国的平均劳动强度相联系。马克思指出："每一个国家都有一个中等的劳动强度……国家不同,劳动的中等强度也就不同。有的国家高些,有的国家低些,于是各国的平均数形成一个阶梯,它的计量单位是世界劳动的平均单位。"① 也就是说,国际价值内包含的社会劳动耗费量,是指在世界平均劳动强度条件下的劳动耗费量。

但是,劳动强度只是形成社会必要劳动时间的一个因素。在国际范围内,生产单位商品的社会必要劳动时间,还要根据世界平均的劳动率来确定。同劳动强度一样,各国的劳动生产率水平也要取得一个平均数。

由此我们可以初步领会到,生产单位商品所需要的世界平均社会必要劳动时间,包含着世界平均的劳动强度和世界平均的劳动生产率。

我们进一步分析,这里所说的世界平均,不是简单的算术平均数,国际价值必然受到世界市场上各贸易国的贸易量的影响。商品的国际价值不是国际市场上各个生产国国别价值的算术平均数,而是各生产国国别价值按出口的加权平均数计算出来的。因此,国际贸易参与国的贸易量的变化,必定影响国际价值的变化。一般来说,表现为三种形式:①如果在国际市场上,商品的贸易总量的绝大部分是由中等生产条件的贸易参与国提供的,那么,国际价值由中等生产条件的社会必要劳动时间决定的。②如果在国际市场上,商品的贸易总量的绝大部分是由劣等生产条件的贸易参与国所提供的,则国际价值由劣等生产条件的社会必要劳动时间决定。与第一种情况相比,国际价值具有上升趋势。③如果在国际市场上,商品的贸易总量的绝大部分是由优等生产条件的贸易参与国所提供的,则国际价值由优等生产条件的社会必要劳动时间决定的。与第一种情况相比,国际价值具有下降的趋势。

二、国民劳动形成国际价值的差异

不同国家的国民劳动在劳动强度和劳动生产率方面都不相同,在形成国际价值方面就有重大差异。马克思指出:"一个国家的资本主义生产越发达,那里的国民劳动的强度和生产率,就会按同程度高于国际水平。因

---

① 马克思:《资本论》第1卷,人民出版社1975年版,第614页。

此，在不同国家用同一劳动时间生产的同种商品，将会有不等的国际价值，即表现为不同的价格，那就是，按国际价值表现为不同的货币额。"①这种差距，决定了生产国在国际市场交易中的地位不同。发达国家由于国民劳动的劳动强度和劳动生产率高，在生产同种商品的同一劳动时间内，就可以生产出更多的价值，相对于不发达国家，在同类商品方面就会在国际市场上具有优势地位。这种优势劣势地位的不同，与国内市场上不同技术、管理水平的商品生产者的优势劣势地位是相似的，还没有反映出不同国家在世界市场上的不平等关系。

在不同品种的商品生产上，情况就不一样了。

生产不同商品所形成的国际价值首先取决于劳动强度。劳动强度与价值量是成正比的，这一点，价值规律对于国内经济与国际经济的作用都是相同的。劳动强度是指劳动的紧张程度及相应的劳动力的消耗程度，国民劳动的强度越大，意味着单位时间消耗的劳动越多，价值量就越大。这正是马克思所说的："强度较大的国民劳动比强度较小的国民劳动，会在同一时间内生产出更多的价值，而这又表现为更多的货币。"②

然而，对于劳动生产率来说，事情就发生了变化。在一国范围内，生产不同商品的劳动生产率与单位商品的价值是呈反比的。对于各种商品，哪一种商品生产的劳动的劳动生产率越高，单位时间内生产商品越多，则生产单位商品所需要的社会必要劳动时间便越少，但此商品的价值量就降低。反映在价格上就是，劳动生产率高的商品将会有较低的价格，这是劳动价值论所揭示的"商品生产的一般规律"（马克思）。在国际范围内，就不是这种情况了。马克思指出："价值规律在国际上的应用，还会由于下述情况而发生更大的变化：只要生产效率较高的国家没有因竞争而被迫把它们的商品的出售价格降低到和商品的价值相等的程度，生产效率较高的国民劳动在国际市场上也被算作强度较大的劳动。"③这就是说，在国际市场上，劳动生产率较高的商品的价格，只要不因竞争激烈而被迫降低，尽管

---

① 马克思：《资本论》第1卷，人民出版社1975年版，第614页。
② 马克思：《资本论》第1卷，人民出版社1975年版，第614页。
③ 马克思：《资本论》第1卷，人民出版社1975年版，第614页。

生产单位商品所需要的本国的社会必要劳动时间减少，其国际价值量并不降低，它被算作劳动强度较大的劳动，等同于在单位时间里内含的劳动量较大。于是，当发达国家在国际市场上用劳动生产率较高的商品品种交换不发达国家劳动生产率较低的商品品种时，就可以用较少的本国国民劳动换取别国较大量的国民劳动。这种交换，尽管还是等价交换，但它是不等量劳动交换，而且是只有在国际市场上才发生的不等量劳动的交换，这是由于价值规律从国内应用进入国际应用发生了"嬗变"而造成的。马克思揭示的这一经济原理极为重要，它是我们理解国际价值规律与国际不平等经济关系的关键。

总之，在国际经济中，国民劳动形成国际价值的差异在于：①发达国家由于生产管理严格，劳动分工合理，同一工时内的有效劳动量大，就会在同一劳动时间内生产更多数量的国际价值，不管是同一品种的商品还是不同品种的商品都一样。②在生产同一品种的商品方面，同等数量的商品只能有同等量的国际价值，发达国家由于劳动生产率高，可以在同样的劳动时间内生产更多数量的商品，也就是生产更多的国际价值。因此，如果一个发达国家与一个欠发达国家都到世界市场出售同样的商品，发达国家在生产上和降价余地上显然都占优势。③在生产不同品种的商品方面，发达国家生产的商品品种的劳动生产率高，被算成劳动强度大的国民劳动，这种商品就有较大的国际价值，以这种商品来与欠发达国家劳动生产率较低的商品交换，就可以用较少量的本国国民劳动换取别国较大量的国民劳动。在这种差异上，如果再加上供求、垄断及不平等的交易规则，发达国家与发展中国家的不平等经济地位就可想而知了。

我们在这里还要探讨有关国际生产价格的问题。国际生产价格与资本有机构成有关。根据马克思的生产价格理论，商品市场价格以生产价格为基础，就是有机构成高的部门得到部分有机构成低的部门转移过来的价值。如果世界市场上国际价值已转化为国际生产价格，商品交易价格都以国际生产价格为基础，就将使发达国家具有更优越的地位，因为发达国家的出口生产主要是资本密集型产业，资本有机构成高。当然，国际价值转化为国际生产价格，需要有一定的条件。马克思指出："商品按照它们的价值或接近于它们的价值进行的交换，比那种按照它们的生产价格进行交换，则需要的发展阶段要低得多。而按照它们的生产价格进行的交换，则需要资本主义的发展达到一定的高度。"① 这个条件就是资本在不同部门间的自由转移。在国际经济中，虽然资本国际化和生产国际化已经有所发展，但还未达到在国际间不同部门自由转移的程度。如果说国际价值的形成以国际贸易的充分发展为前提，越是贸易自由化，国际价值的形成越明显，那么国际生产价格的形成则以国际投资的充分发展为前提，越是投资自由化，国际生产价格的形成越明显。当前，国际经济中尚未实现投资自由化，因此，国际生产价格形成的前提尚不具备。即使是经济全球化发展趋势，也在国际投资自由化面前停滞下来，但国际投资自由化已处在推进过程中，由此国际生产价格也处于形成过程中。在这种形成过程中，发达国家的国民劳动，作为资本有机构成较高的生产劳动，也日趋具有优越的贸易地位，这是世界现实贸易格局可以证实的。

三、马克思的国际价值理论的意义

马克思的国际价值理论是商品国际交换的理论基础，也是国际贸易的理论基础。同一种商品，在国内市场交换时，是以国别价值作为衡量尺度；在国际市场交换时，则是以国际价值作为衡量尺度的。由于同种商品具有两种根本不同的价值尺度，在国际市场上必定会产生各国的国别价值与国际价值在量上的差异，这种量的差异性正是马克思关于国际交换可以使双方得到利益的理论依据。在国际市场上，一种商品的国别价值低于国际价值，按商品的国际价值尺度来衡量，这种商品出口有利而进口不利。反之，一种商品的国别价值高于国际价值，在国际市场上按商品的国际价值尺度来衡量，则这种商品出口不利而进口有利。国际价值论也是社会主义国家参与国际分工和国际贸易的理论依据。在社会主义国家对外贸易中，必须充分考虑国际价值规律的作用，及时调整对外贸易结构，以减少国际市场波动的冲击，真正获得国际分工所带来的好处，促进国内经济的

---

① 马克思:《资本论》第3卷，人民出版社1975年版，第197—198页。

发展。

在国际市场上，商品的交换是按照国际市场价格进行的。商品的国际市场价格是商品国际价值的货币表现，商品的国际价值是商品国际市场价格变动的基础和中心，这是国际价值规律作用的表现形式。国际价值规律在国际市场上起着主导作用，通过价值规律的优胜劣汰，不仅使各贸易参与国不断改进技术，提高劳动生产率，降低生产成本，改进贸易方式，而且加深发达国家之间的发展不平衡，进一步扩大发达国家与许多发展中国家的经济差距。在国际市场上，要求商品的国际交换依据商品的国际价值来进行。但是，国际市场价格受制于市场的供求变动，因此，按照国际价值进行的等价交换，并不意味着每次国际市场价格与国际价值都相一致。加上发达国家拥有的垄断地位，以及国际经济规则向发达国家的利益倾斜，实际的国际贸易往往是不等价交换，这是历史发展的结果。在国际贸易中，发达国家往往借助其经济、政治利益及高于国际价值的价格出售本国的商品，而发展中国家则往往由于其较弱的经济、政治地位，在国际市场上只能以低于国际价值的价格出售本国商品。通过这种不等价交换，发达国家无偿占有发展中国家更多的物化劳动。这种不平等关系就是生产关系在对外贸易中的体现。发展中国家在对外贸易问题上，必须一方面与发达国家的垄断势力与不公正的交易规则作斗争，争取商品交易按国际价值进行等价交换；另一方面则必须提高本国的经济技术水平，提高商品生产的劳动生产率，调整产业结构，提高贸易地位，改善贸易条件，减少或消除等价交换背后实际存在的不等量的劳动交换。

第二节　国际分工与对外开放

一、对外开放的理性思维

（一）对外开放的总体认识

中国实施对外开放战略，根本的目的是通过利用国内国际两种资源，利用国内国外两个市场来促进国家的经济发展。每个当事人都是国家的战略策略、政策法规的执行者、实施者，必须把立场放在国家利益的基础上，树立全局观念，抛弃损公肥私或本位主义的行为作风。面对开放问题，首先就要把立场摆正，从国家发展的大局出发。立场摆正了，在实施开放战略中就不会走极端，就会走正路而不走歪门邪道。

在肯定对外开放是我国谋求经济发展的政治大方针的前提下，把具体的开放行为从"政治任务观"转到"商场交易观"上来，树立开放就是扩大对外交易的空间的观念，核心是在"交易"。要想开放得好，就要把交易搞得好。不要以为交易中没有矛盾，矛盾肯定有，重要的是善于处理好，从某种意义上说，好的开放就是中外交易中矛盾处理得好的开放。理论界早已总结出国际经济合作中的"4 C规律"，即竞争（Competition）——矛盾（Contradiction）——协调（Coordination）——合作（Cooperation），这用在对外开放中是完全实用的。

（二）对外开放的依托

当前，要从"发挥比较优势"转到"既注重发挥比较优势，更注重培育新的比较优势"上来。前者是静态地看待对外开放，眼光只停留在眼前的比较优势，而发展中国家现有的比较优势主要是低端要素，在国际分工中处于吃亏的状态；后者则是动态地看待开放与发展的相互关系，看到本国有没有利用优势的技术力量，有没有适应产业升级的劳动力质量，有没有吸纳国外转移的新兴产业的环境条件等方面，如果没有，要如何创造。产业开放的战略基点是两方面的，既是为了培育我们新的比较优势，以赶超世界经济技术发展潮流；又是为了扩大、延续我们已经有的比较优势，或为了增强正在形成的比较优势，这对于我国在国际市场上争取到更大的经济空间，为赶超世界经济技术而积累财力是非常必要的。

发挥或培育比较优势实际上是对比较利益规律的认识与应用。比较利益规律就像水往低处流的规律一样，是客观性的。但一个工程师不能满足于懂得水往低处流，还要有办法让水往高处走。只不过他在设计水往高处走的时候，不要忘记水往低处流这个规律。因此，他的设计，就要借助某种力量把水提升到高处，然后让水在一个新的高度遵循水往低处流的规律，并且懂得把水提升到高处必须量力而行。

(三) 引进外资

扩大开放的重头戏是吸引外商前来投资。如何增大吸引力？一靠硬环境，二靠软环境，三靠经济实力。对一个区域，越是有成功的企业群、产业群，就越有吸引外商投资的本钱。一般来说，指望外商来投资，所形成的是"锦上添花"的格局，而很难出现"雪中送炭"。为此，我们必须先有对内开放，搞活经济，积累实力，才有开放的好条件。这既说明了对内开放的重要性，也说明了对本地企业的扶持也是为吸引外商来合作创造条件。

二、对外开放的战略思路

(一) 对外开放的目标取向

通过对外开放来取得利用"国内外两个市场、两种资源"的收获，并获得促进改革得以深化的效果。从整个战略上看，中国在国际产业分工中，是顺应静态比较利益规律在国际市场中的自发作用，以我国现在有比较优势的劳动密集型产业来"大换防"，还是遵循工业化发展阶段性特征推移的客观趋势、努力培育我国还没有比较优势的资本、技术密集型产业？是坚持国民经济发展的民族主导权、适应知识经济发展的客观要求、努力培育有自主知识产权的产业，还是甘愿永久性成为发达国家经济发展的附庸、陷入依赖外国技术、依附外国资本、依仗外国品牌的发展模式？这些都是关系到未来前景的选择。驾驭市场经济，就不能迁就已经在中国变得十分强势的西方跨国公司的战略意图、西方商界及其学术代言人的社会关系、国际资本的市场力量，而要从中华民族的长远利益出发，做出正确的选择。

(二) 开放与适度保护相结合

对成长中的产业进行适度保护是一切后起国家发展壮大的必经之路。这个明白浅显的道理，在新自由主义的抨击下遭到否定。这种思潮认为：①只要是保护，就没有"适度"可言，都是保护落后。②从历史到现在，世界上所有国家的经济发展，都与保护没有任何关系。③历史上曾经认为起过发展作用的保护主义政策，并没有起到作用。

我们需要的保护主义，就是对世界市场上"丛林法则"的应对，是后起国家生存发展的辅助措施。后起国家工业竞争力不强,运用政府行政手段对市场构筑保护性壁垒是不得已而为,它只能用于民族国家之间,而在各个地方之间搞这一套则是绝对不可取的。保护主义必然降低资源配置效率,降低居民福利,但正如李斯特早已指出,这是一种发展的代价,只要产业发展起来,将来的收益完全是可以弥补的。相反,没有保护,只靠竞争,两者实力不对等,其输赢结果如何是明摆着的。本国的有前景产业得不到发展,国家更加贫穷落后,这岂是静态资源配置的优化可以解决的。保护主义又是一个双刃剑,运用过头,本国产业就像是温室里的花朵,没有竞争力,永远长不大。因此,保护只能适度,政策必须变化,温室棚必须逐步撤掉。上述道理,早已成为国际经济学的常识。不幸在新自由主义的冲击下,大专家都还得来重修大学的必修课。

现在我们要论证的,是在经济全球化与区域经济一体化条件下,在发展中国家奉行开放型经济国策下,如何实施适度的保护。我国加入世贸组织,是朝着贸易自由化的方向上迈了一大步。在适应多边贸易体制的规则框架下的保护,就是适度保护。保护与开放相辅相成,目的是要让中国发展中的民族产业对你死我活的国际竞争得以适应,从"干中学"当中逐步壮大。

从开放经济理论中论证,作为发展中国家,在开放中一定要有适度保护。保护用在两方面,一是对选定要发展的幼稚产业,通过保护使之有一个发展壮大的过程,避免夭折;二是某些当前对国家就业、税收、产品供给有重要贡献的产业,要延长其衰落过程,避免国民经济中出现产业空心化,未长成的新产业接替不了迅速被挤垮的老产业。

对外开放必须具有双向行为,对经济资源的国际流动,既要消除壁垒,降低门坎,又要设置门坎。后者指的是对外贸、外资设置社会、生态门坎,无论本国的进出口企业还是外商投资企业,都必须贯彻应有的社会责任与环保义务,绝不允许为追求经济实绩而采取掠夺劳动者、掠夺自然资源与环境的做法。

第三节 比较优势与竞争优势

一、比较利益动态化

比较利益动态化包含两方面，一是将比较优势转化为竞争优势，二是培育新的比较优势。

人们对比较优势的认识经历了一个长期的过程，它的内含逐步完善。从李嘉图到俄林的阶段以资本、劳动力、土地等自然资源三要素，到新要素论的技术、管理、人力资本，再到克鲁格曼的规模经济，都可归结为比较优势。它的内涵越完善，越表明比较优势不能只从静态角度来观察，而还要从动态角度来观察。当代国际竞争中，最起作用的比较优势，是最有动态性的。如果说，自然资源与劳动力数量这些资源的静态性较强的话，那么资本的动态性就较强了。而技术、管理、人力资本这类新要素的动态性更强，它往往要通过建立相应的产业，在付出代价（包括保护政策有损财富增值效率的代价）与极大努力后才能培育出来。规模经济的比较优势更是竞争的产物，一国的新兴产业都是从没有规模经济这项比较优势的竞争到有规模经济的竞争，其中一些产业失败了，一些产业成功了——潜在的比较优势转化为实在的竞争优势了，这就是当代国际竞争的现实。

潜在的比较优势转化为实在的竞争优势，是一个超越现有比较优势、即静态比较优势的过程。后起国家就要在转化当中积累原有比较优势中没有的新生产要素以产生新的比较优势。有人以为单纯通过发挥静态比较优势就能积累资本，这种观点不符合当代国际竞争的现实。只有培育竞争优势、扩大比较利益空间、获取新的比较优势，才能使该规律与发展相联系。

二、比较优势与竞争优势

产业的发展是从需求拉动与供给推动两方面来实现的。在国际产业竞争中，供给推动与带来比较优势的因素相一致，需求拉动则是市场扩张的客观因素带来的，竞争优势是以比较优势为基础，以需求因素为实现条件的。在产业发展中，只看到比较优势没有看到竞争优势，就不能全面理解国际产业竞争。

比较优势与竞争优势是两个既有区别又有联系的概念。比较优势是基于经济资源而产生的优势，也就是由于供给条件的有利而产生的优势。但是比较优势不等于市场上必定优胜。由于拥有相同比较优势的竞争对手太多，或由于市场狭小、饱和、萎缩，或由于无法适应人为设置的市场障碍（如技术壁垒），有比较优势也未必在市场竞争中取胜。人们把某产业或产品具有能够在市场竞争中取得优胜的现实优势称为竞争优势。显然，竞争优势不仅一般地包含有比较优势，还有取得市场发展机遇、适应市场需求、化解市场障碍的其他诸有利条件。美国学者波特所提的竞争优势四个因素，其实就是比较优势加上外部条件、配套条件，即构成比较优势的要素得到利用发挥的条件，这些要素的作用得以实现的条件。总的来说，在市场竞争中，比较优势是相对的优势，竞争优势才是绝对的优势。

比较优势与竞争优势两个概念的区别：①从内在因素来看，比较优势的内涵是指一国某产业与本国其他产业相比，在国际市场上是否具有更加有利的条件，这些条件由生产要素体现出来，如自然资源、劳动力、资本以及技术、管理、人力资源等新要素。竞争优势的内涵是指一国某产业与别国同一产业相比，在国际市场上是否有获胜的把握，这些把握包括产品的性能水平、企业实力与经营能力、形成有效竞争的市场结构和产业组织结构。②从形成原因来看，比较优势来自于本国的资源禀赋或经济发展的长期积累，因此，比较优势一方面来自"自然的禀赋"，另一方面来自经济发展历史——经过或长或短的时期所积累下来形成的禀赋。竞争优势来自于企业在市场竞争的努力与企业进入某一竞争市场的产业态势，来自于现实的经济体制决定下的企业制度、决策、政府的经济政策尤其是产业政策、管理决策尤其是战略决策。③从作用发生的时限来看，比较优势是较稳定的、长期起作用的，一国所具有的比较优势不会很快改变，因此比较优势显得"客观性"强。竞争优势所依托的决定因素（如体制与管理水平）也是长期积累的，但是在既定因素下面临什么样的市场状态、采取什么样的决策来产生竞争优势，这样的过程却不像比较优势作用的发生那么长，短期因素往往也起作用，因此竞争优势与主观行为关系更大。

这两个概念的联系在于：具有比较优势的产业容易获得竞争优势，但也并不必然具有竞争优势，由于各种原因（如竞争对手过多过强、企业主观努力差与国家政策压抑）会没有竞争优势。不具有比较优势的产业可能在某些原因作用下取得竞争优势（如竞争对手过少过弱、企业主观努力强与国家政策扶持），但不具有比较优势的产业取得竞争优势可能难以持续与相当费力。

不要以为竞争优势简单地等于"比较优势＋其他有利条件"。在市场竞争中，有些产业或产品比较优势并不强，它迎合市场机遇、符合市场需求、适应市场障碍等，各种主客观有利条件发挥良好，照样可以在竞争中取胜，击败那些虽有比较优势，而各种主客观条件均不利的对手。而这样的产业在创造竞争优势过程中，必然吸取本国大量资源进行最优组合，在竞争优势作用下该产业将由不具备比较优势转变为具有比较优势，与该产业相联系的新的比较优势由此产生。因此，离开竞争优势谈比较优势来确定发展战略，是不充分的。

比较优势与竞争优势两个概念的关系给我们的战略启示是：一国的产业发展首先受比较优势状态所制约，但该国的产业发展并非一定要让比较优势状态牢牢限制住。当该国需要发展的产业还不具备比较优势的时候，仍有必要和可能通过培育竞争优势来形成新的比较优势。因此，发挥比较优势，培育竞争优势，是全面的战略考虑。

大部分经济发展迅速、贸易快速增长的国家都有这样一条发展轨迹：由比较优势起步，实现经济起飞以后，转向通过调整国内经济结构，创造竞争优势。而失败的国家通常要么是仍然坚持原有的比较优势，要么是在比较优势转型过程中由于战略失误或是其他原因未能成功转型。

为什么后起的国家要在竞争中付出代价来培育新的比较优势？除了合理的发展意向外，客观上也来自市场需求的推动。从许多后起国家的发展历史看，市场需求是产业演进的动力，比较优势是产业发展壮大的依托。当一国的产业依托其比较优势具有国际竞争力，又能迎合国际市场需求时，该产业将得以壮大，为该国带来巨大经济利益。当国际市场需求变化，该国依托原有比较优势的产业不符合这种市场变化时，就必须选择符合国际市场需求的产业，在可能条件下努力使其具有国际竞争力，这就要培育新的比较优势。固守原有比较优势，不看国际市场需求的变化，就是再有竞争力的产业，也不会带来多少经济利益。

从前景来看，我国在供给上有比较优势的劳动密集型产业，在市场方面却不尽人意，既有过多的发展中国家与之激烈竞争，又有国际市场整体对这类产品的需求不大的根本制约。从长远看，既有工资增长超过经济效益增长的趋势，又有商品逐步更新换代、价格上升、工资成本所占比例日趋减少的前景。劳动力成本的比较优势越来越不起多大的作用。所以，单靠发挥比较优势的劳动密集型产品出口，我们最多能成为暂时的贸易大国，而将原来没有比较优势的资金、技术密集型产业，加上有选择地发展高新技术产业，通过创新来培育竞争优势，才能由贸易大国向贸易强国转变。

作为发展中的大国，不能任由比较利益规律的客观作用将中国工业化推向"边缘化"境地，必须有我们的选择：实现以信息化带动工业化的产业目标；并确立符合产业结构演进规律与世界产业发展大趋势的发展规划。

三、比较优势和竞争优势的互动关系

（一）劳动和资本比较优势与竞争优势的分离

20世纪90年代以来，经济全球化的推进大大加深了各国和地区间经济的相互依赖，生产要素跨国流动的增加改变了传统比较优势理论的立论基础，出现了比较优势与竞争优势的分离。在赫—俄理论诞生的时代（20世纪二三十年代），资本的跨国流动极为有限，特别是跨国公司组织的国际化生产尚处于萌芽期。在这种条件下，一国拥有劳动力或资本的比较优势，就有可能通过专业化国际分工把这种比较优势转化为企业或行业的竞争优势，比较优势和竞争优势是统一的。然而，在有更多资本自由流动的全球化时代，一方面，一个劳动力丰富而资本缺乏的国家很有可能通过国际金融市场筹措到产业发展资金（关键在于其经营能力，首先是融资能力），资金对经济发展的约束已显著地不同于战后的前30年，"如今一名企业家可以在曼谷建一座丝毫不比美国、德国或日本逊色的资本密集型工厂，虽然他生活在一个人均收入不到以上三国1/10的国度里。实际上就投

资而言，已经没有所谓资金富有和资金贫乏的国家了，资金密集型产品并不一定在富国生产。富国的工人并不一定是在资本投入多、劳动生产率水平高和收入高的行业工作"[①]。　另一方面，劳动力缺乏的发达国家完全可以通过跨国公司的国际化生产，把劳动密集型的生产工序转移到发展中国家，分享劳动力成本的比较优势，这样的发展中国家虽然比较优势还在，但已无竞争优势可言。

因此，在经济全球化趋势下，单纯地强调劳动力丰富或资本缺乏对中国经济发展并无关键意义，自生型比较优势不能帮助中国企业在国际市场上夺得竞争优势，甚至成为竞争的阻力，例如，国外纺织服装业跨国公司在中国开展加工贸易，其产品与中国本土企业的产品拥有同样的低劳动成本优势，但由于包含更多的技术创新成果（如专利、品牌），使其在国际市场上成为中国本土企业强大的竞争对手。所以，劳动力和资本的比较优势或比较劣势不能成为中国产业升级和优化出口结构的指南。

（二）技术是比较优势和竞争优势统一性最佳的要素

技术是一种后天创造的比较优势，这种优势直接源于教育和生产实践中的"干中学"，间接源于国家和企业的研发投资。在全球化中，一国在技术方面的比较优势可以通过国际贸易和国际直接投资外溢到其他国家，但是这种外溢的技术要形成溢入国的竞争优势，还必须依靠自己的模仿和创新。同时，由于技术的源头仍掌握在溢出国，核心的技术或知识仍然是技术创新国独有的比较优势，这些导致溢出国能够分享的技术优势只能是竞争优势。因此，在全球化中，技术和知识优势是参与国际分工、国际竞争的主要"资本"，只有不断地培育人力资本（或技术创新的源泉）、持续地增加研发投资，才可能获得具有竞争优势的比较优势。

在产业升级基础上创造发展型的非资源禀赋比较优势，创造低成本型的资源禀赋比较优势不同于以往资源禀赋意义的比较优势、指在特定产品和特定产业环节上的比较优势。这种比较优势不是先天的资源禀赋的，而是后天的、需要创造的。这就要在发挥已有的比较优势的同时，更多地注

---

① 〔美〕莱斯特·瑟罗:《资本主义的未来》，周晓钟译，中国社会科学出版社1998年版，第66页。

意在新的层次上培植产业竞争力的比较优势，使具有竞争优势的比较优势主要"集中在特定产品或产业的环节上"。

第四节　国际价值链的环节价值是当代价值形态

在当代社会条件下，国际竞争对国际价值形态起到重大的影响作用。国际价值链的环节价值已成为当代价值形态。

一、价值范畴及价值的形态演变

（一）价值决定本身就包含着价值形态演变的历史

价值有两类不同性质的表现形态。一类是外在表现形态，价值表现为交换价值，在货币产生后，交换价值就是价格。按照劳动价值论，可以得出这个一般命题：商品（包括劳务、信息）的价格围绕价值上下波动，影响价格波动的最重要因素是供求状况。另一类是自身表现形态，价值就是它自身的最初形态，其内涵就是以社会必要劳动时间度量的劳动耗费。

作为价值最初形态的劳动耗费，不是经济财富生产者的个别劳动耗费，而是以社会必要劳动时间度量的社会劳动耗费。"社会必要劳动时间是在现有的社会正常的生产条件下，在社会平均的劳动熟练程度和劳动强度下制造某种使用价值所需要的劳动时间。"[①] 实际上，这个定义界定的不是一个静态的规定性，其内涵本身就是不断发展演变的。①在手工劳动时代，生产商品所耗费的社会必要劳动时间几乎等同于社会平均劳动时间，因为在生产者之间，生产条件差异很小，可以忽略，当时的社会必要劳动时间只是对劳动的强度与熟练程度的平均化。②进入机器大生产时代，商品生产的主体是企业，不同企业的生产条件差异很大，于是社会必要劳动时间必须包括生产条件的平均化。人们可以将不同企业的生产条件分为优等、中等、劣等三类，对商品生产分别起到高效、平均与低效三类作用。

---

① 马克思：《资本论》第1卷，人民出版社1975年版，第52页。

③随着商品技术含量的提高，生产商品的劳动者需要有越来越多的专业技能，社会生产的不同工种劳动者之间，需要的专业技能越高，劳动的复杂度就越高。这个差别拉大后，对价值创造也产生了影响，使价值决定包含了劳动复杂度的因素。在同样时间内，复杂度高的劳动比复杂度低的劳动创造的价值要高得多。

（二）价值形态演变的国内路线

从价值最初形态开始，社会生产的发展推动着它的演变历程。对价值形态的分析可以沿着国内与国际两条演变路线进行。

价值形态演变的国内路线，是从马克思分析过的由价值原型到生产价格，再到列宁提出的垄断价格。

《资本论》第1卷分析的是价值原型，到第3卷论述生产价格，后者是在发达资本主义时代的价值形态。在这一时代，资本主义各生产部门的有机构成拉开了差距，理论上可分为高资本有机构成、中等资本有机构成、低资本有机构成三类。按照劳动价值论关于价值直接产生于可变资本的原理，资本家将一笔等量资本投资于这三类部门，势必得到不同数额的利润（剩余价值）。而追求等量资本获得等量利润，是资本主义的竞争法则。竞争的结果是出现利润平均化趋势，各个部门的资本获得的不再是自己生产的价值，而是经过利润平均化之后的生产价格。价值构成由"不变资本＋可变资本＋剩余价值"，转化为"部门平均成本＋社会平均利润"，生产价格取代了价值，成为价值的新形态。于是，商品的市场价格就围绕着生产价格上下波动。

到列宁时代，资本主义从马克思时代的自由竞争阶段进入垄断阶段。价值形态在垄断条件下演变为垄断价格。生产价格背后反映资本家要获得平均利润，而垄断价格背后反映垄断资本家要获得垄断利润。但垄断价格不是随心所欲的价格，而是根据不同垄断条件制定的价格。大体上，垄断条件有三类：①大资本的垄断行为，这是列宁着重分析过的。竞争造成商品生产集中在极少数大企业，从而使其对供给产生举足轻重的影响，大资本家可以远远高出生产价格来定价，并使之常态化，直到受制于市场购买力。②技术差异。某类商品由更先进的技术生产出来，具有更优的品质，而其他同类生产者一时无法跟进,掌握新技术的生产者因而获得垄断地位,可以制定更高的价格。③品牌差异。同类商品,品牌的知名度差异造成市场竞争力的差距,名牌商品可以在购买者趋之若鹜的市场状态下制定高价。后两种垄断价格只反映市场经济的一般运动,只有前一种垄断价格才反映特定时代的生产关系。

(三)价值形态演变的国际路线

这条国际路线,在马克思的分析中是从国内价值到国际价值,后来的马克思主义经济学者讨论过国际生产价格的形态是否出现的问题。

当商品交换由国内交换变为世界性交换后,商品的价值从国别价值到国际价值,就要按世界经济的一般条件下生产该商品所耗费的社会必要劳动时间来衡量。对这一过程的分析,已经在第一节里论述过了。

国际生产价格尚处于形成过程中。是否从国际价值发展到国际生产价格,理论界多数持否定意见。因为生产价格的形成要以充分的部门间竞争、资本自由转移为前提。当前国际经济中尚未实现投资自由化,因此,国际生产价格形成的前提尚不具备。即使是经济全球化发展趋势也在国际投资自由化面前停滞下来,但国际投资自由化已处在推进过程中,由此国际生产价格也处于形成过程中。

以下论述的,是国际价值链中不同环节的价值形态。由于20世纪下半叶生产国际化的发展,国际价值链的出现使价值形态发生新变化。价值形态一直都以最终商品为载体。创造商品的劳动有多种,从直接生产劳动、辅助配套、服务支持等,合计为总体劳动。商品价值是总体劳动创造的,直接生产劳动按照社会必要劳动时间创造价值,其他劳动按照社会平均水平将其耗费摊入到形成商品价值的劳动总耗费中。总体劳动当中的各类劳动都是商品生产内部的分工,每一个分工的结果都不能有独立的价值表现。上述过程,如果只限于企业内部,按照波特的价值链理论,企业的业务流程被描绘成一个价值增值和价值创造的链状结构,由此出现了一种成为"价值链管理"的新型企业管理方式,用于增值商品价值与减少成本。在这里尚未涉及价值形态问题,但到国际生产链出现之后,价值形态就有了重大变化。价值形态不仅以最终商品为载体,还以国际生产链中的不同环节（中间产品或劳务）为载体。原来生产商品的总体劳动被分解到不同国家的不同企业中，总体劳动创造的商品价值也就被分割到各个生产环节上。从质上看，各环节的生产结果都有独立的价格，它们的背后也要有相应的"环节价值"；从量上看，"创造价值"不仅直接取决于商品生产的劳动生产率，还取决于商品生产内部的分工效率。

（四）未来的价值形态演变

价值形态的演变将会随着社会生产方式的进化而继续。还在工业社会的早期，马克思就预言在未来的社会生产中，劳动时间不再是价值决定的基石：价值创造取决于创造性劳动。这一预言在今天的市场上已露端倪。消费需求的高标准与生产的细化竞争推动着商品生产技术差异普遍化，社会必要劳动时间越来越成为一个粗线条的类标准。生产商品的劳动更需要的是创新而不是耗费，而创新劳动更多取决于劳动者的科技能力与生产智慧。可以预见，在未来知识经济高度发达的科技条件下，直接形式的劳动或以劳动时间可测定的劳动，很难成为生产和财富的基础，而人的创造性劳动就成为商品价值的最大源泉。届时，价值形态必定会有新的表现。"环节价值"很可能就是未来价值形态演变中的一个阶梯。

二、国际价值链的经济背景

（一）产品内分工与生产国际化

国际价值随着国际分工与国际贸易的发展而形成。在经济全球化背景下，国际分工从产业间分工发展到产业内分工，又发展到产品内分工。众多产品生产的不同部件、工序或环节分布在不同国家的企业进行，这些企业之间形成相互供求的贸易关系。产品内分工是生产国际化的主要体现。在产品内分工中，一个（或一类）商品的生产过程已经分解，变成国际生产链各个环节，因此，商品价值形成过程也相应分割成不同环节构成的国际价值链。价值创造与价值增值过程实现了国际化，价值增值过程分为不同环节。可以断言：国际价值链的普遍形成以生产国际化的充分发展为前提。

卢锋从产品内分工的角度，将产品区分为一级产品与二级产品。一级产品是能独立发挥某种消费和生产功能的物品，二级产品在自身形态上不具备独立的消费和生产功能，但是通过组装、连接或加工等程序，以原生或转化形态构成一级产品的特定组成部分。一级产品与二级产品比原来的最终产品与中间产品进一步突出了不能脱离生产链条的特征。某些中间产品不能称为二级产品，如燃料和动力，它们是在生产链条之外，由产品经营者单独购买的。

产品内分工把产业间分工的不同要素分布状态带到了一个产品生产的内部。从产业链的角度看，技术密集型产业也有它的劳动密集型环节（如高科技产品的加工装配环节），劳动密集型产业也有它的知识技术密集型环节（如服装产业的服装设计环节）。对于机电产品，生产环节又分为上游生产（关键零部件的生产）和下游生产（终端的加工组装）。不同企业在产品内分工中从事着不同要素密集型的生产经营，它们之间的分工多半不是水平型分工，而是垂直型分工。从国际产业的一般态势来看，发达国家的企业在国际生产链中占据着上游研发设计、关键零部件和下游营销等一级产品的生产，知识技术密集程度高；发展中国家的企业承担加工、组装等二级产品的生产，劳动密集型高。前者具有垄断性，后者几乎是完全竞争市场。

（二）国际价值链的形成

国际生产链导致商品价值形成过程相应分割成不同环节构成的国际价值链。价值创造与价值增值过程的分散化跨出了国界。在没有出现国际生产链时，商品的价值创造是一个完整过程，各个生产环节只是价值创造过程中的各个不可分割的部分，最后到商品出售、价值实现，价值创造过程才完结。出现国际生产链之后，上述价值创造过程没有实质变化，但价值实现方式变了。生产链各个环节由不同的企业承担，它们的市场契约早已确定，交易早已完成，完成自己承担的环节都能得到收入，都算是创造了价值。实际上，只有完成最后一个环节：品牌营销，商品的价值才真正实现。由于绝大多数出自国际生产链的商品都能销售出去，认可价值创造过程的国际化与分散化就能成立。

（三）国际生产链各环节价值的差异

国际生产链中不同环节的附加值呈现极大差异，明显分成高增值环节与低增值环节。如我国加工贸易产品增值率较低，而由外商控制的产业链上下游，其价值收益是国内加工贸易企业的10多倍。根据我国商务部统计的数据显示，自20世纪90年代后十多年时间，中国出口产品中一半左右都属于加工贸易，仅占价值链增值部分的10%—15%，而85%—90%的附加值被研发、营销等服务环节所获取。由此形成的价值链就可以用人们熟知的"微笑曲线"来描绘。根据实践经验，处在"微笑曲线"两端的产业环节，获取的附加价值和利润都较高，一般利润率在20%—25%，而处在"微笑曲线"中间的产业环节，只能赚取很少的加工组装费用，利润率也只有5%左右。对此，主流国际经济学用要素价格来解说。但跟商品价格一样，要素价格最多能够解说的是生产的成本，不能科学解说"成本＋收益"。基于马克思主义经济学范式的论证，将价值形态演变的原因可归结于市场竞争的新态势，竞争态势扭曲了价值的分布，各环节的价值增值量比例完全背离了各环节劳动耗费量的比例。

三、国际价值链中环节价值的决定因素

（一）国际生产链包含两种竞争

在国际生产链当中，哪个生产环节能够创造多少价值，要从两方面来看：一是各个环节所创造的价值总和只能是最后销售出去的商品的价值量。二是最后销售出去的商品的价值量如何在各环节之间分配。综合起来说，各个环节所创造的价值，就是最后销售出去的商品价值总量在各环节之间的分配，而每一方面的结果都离不开市场竞争。因此，国际生产链包含两种国际市场竞争。一种是最终商品的市场竞争，该竞争决定不同商品各自的价值量。这种竞争包含商品设计、质量、价格、品牌、营销等经营因素的综合竞争。另一种是商品生产链内各环节的市场竞争，该竞争决定各环节的价值增值份额。传统经济学理论详尽地分析了商品之间的竞争，而对商品生产链内竞争的理论分析尚未充分建立起来。产品内分工本身就能够提高最终商品的市场竞争力，由此决定了参与各个国际生产链的企业进入该分工的选择。但各个企业在国际生产链中进入哪个产品内分工的环节，则取决于它们相互间在商品生产链内各环节的市场竞争。

（二）商品生产链内的竞争分析

对商品生产链内的竞争理论的探索，要从价值形成过程的影响因素入手。这一分析的逻辑构成三个环节：进入壁垒——市场竞争——要素供求状况。

1. 从进入壁垒来看，制造业中加工装配等环节是有形的物质投入。进入壁垒变动较大，因为随着技术水平的提高，更多的经济体逐步有能力以较低的成本完成这些生产，结果导致竞争加剧、收益下降。研发环节与营销环节都有垄断性。研发环节需要设计能力、专利技术、技术标准的垄断，要求技术水平高、研发资金多，因而进入壁垒较高。发达国家对先进技术设置了越来越完备的知识产权保护，国内的强势企业高力度地实施研发技术专利化的专利战略，不断堵塞后进企业的技术发展之路。它们对技术标准的垄断，给后进企业的技术赶超增加了极大的难度。同时，在国际技术市场中实施技术封锁，防范技术外溢。这一切都使体现技术先进性的研发成果能够在较长时间内带来市场上的技术垄断利润。营销环节主要依靠品牌和销售渠道，高起点的竞争力与知名度、交易关系的长年积累，都让竞争对手很难仿效。因此，在价值链中处于研发与营销环节的企业一般都能得到较高的收益。

2. 从市场竞争条件来看，处于国际商品生产链各个价值环节的企业互为供应者与需求者，它们之间的市场分为卖方市场、买方市场、供求平衡市场三种状态。各国的企业分别处在产品内国际分工的各个生产环节中，各企业所承担的局部生产都要面对市场。哪个国家的企业处于哪个环节，取决于该企业的竞争条件。对于处在缺少竞争优势、生产能力大于需求的环节的企业来说，过去在生产链之外，面对最终商品供大于求的市场而被迫降低价格，现在是所从事的生产环节面对供大于求的市场而降低价格。即使最终商品处于市场平衡状态，部分生产环节也会处于供大于求的状态。而研发环节与营销环节，加上高科技含量的关键零部件生产环节，一般处于卖方市场，由跨国公司占据。他们可以将其他环节的部件或服务价格压低，便于将处于买方市场的环节外包出去。

商品生产链内的竞争是企业两种竞争的复合结果：不同环节间的竞

争与环节内不同"供应商"之间的竞争。①如果企业专长于从事生产链内的某个环节，它要求该环节有更高收益，就要与其他环节的经营者进行价格与收益方面的竞争。设计环节由于研究与开发的高技术、高风险和高投入，必然要求高回报；营销环节则由于广泛的行销网络，以及品牌的创建和维护所导致的高投入，也有同样的要求；而加工环节却由于低成本劳动力在许多发展中国家呈充分供给态势，在缺乏技术创新能力和品牌创建能力的条件下，这一环节的价值增值部分也就只能压低到获取简单劳动报酬的水平，劳动密集的加工环节在全球制造业体系中成为价值增值链中最为薄弱的一环。②该企业能否进入生产链内的某个环节，直接面临与其他"供应商"的竞争。供应商之间的竞争状态，决定着生产链内某个环节的价格与收益的高低。在过度竞争的状态下，生产链该环节的价格与收益必然偏低。发展中国家以加工贸易产业加入全球价值链，嵌入最低端的加工组装环节，附加值最低。理论上讲，加工贸易产业可以通过工艺升级、产品升级、功能升级、链条升级来不断向全球价值链高端攀升，但很可能受到两个障碍：一是受该生产链中处于高端环节的主导企业的控制，被迫锁定在价值链的低端。二是处于低端环节的成本竞争更激烈，一旦有升级的状态就被具有更低成本优势的地区所取代。

3. 从要素供求状况来看，对于某个环节所需的生产要素，在最终商品竞争结果决定的要素需求市场容量已定时，要素供给状况就取决于这个时期的要素稀缺性。当前，资本、技术显然比劳动力、土地更具有稀缺性，尤其是技术。技术取决于研发密集度、资产的科技含量。如果生产链的最终商品科技含量高，就容易在市场上胜出，商品的市场占有份额增大，反过来也就决定了对生产商品的优势资源的需求增大。而这些优势资源在生产链中自然更集中于研发、营销等环节，持有资本、技术这些优势资源的发达国家企业也就在要素供求上强于持有劳动力、土地这些非优势资源的发展中国家的企业。

总结商品生产链内的竞争逻辑的三个环节，生产链各环节的竞争状况与不同资源的稀缺程度相关，由此同各环节的进入壁垒相关。因此，商品的价值在国际生产链中各环节的比例与各环节所需生产要素的稀缺性呈正相关。不同资源的稀缺程度形成了不同的进入壁垒。稀缺资源形成的进入壁垒较高，具有较高的收益。充裕资源的进入壁垒较低，导致其收益较低，或者即使最初有较高的收益，最终也会随着市场竞争的加剧而逐渐耗散。总之，从某种意义上说，环节价值是垄断条件的综合表现形式，包括垄断高价与垄断低价。

四、国际价值链体现的经济关系

不同价值链之间的收益相差悬殊，体现了生产国际化形成的国际市场的经济关系新变化。原来，资本主义经济中有两种经济关系：一是资本与劳动之间的经济关系及雇佣关系，资本家雇佣工人，以工资形式支付其劳动力价格。二是企业之间的劳动交换关系，以市场经济的等价交换为原则。第一种经济关系尽管先表现为交换关系，即工人出售自己的劳动力使用权，换取资本家的货币工资作为谋生手段，但这一交换完全具有形式上平等与事实上不平等的特征，成为产生资本主义剩余价值的土壤。第二种经济关系发生在生产资料商品市场中，企业之间进行原料或机器设备的交换。在没有市场垄断的条件下，不存在形式上平等与事实上不平等的问题。

由于社会分工的发展，企业之间的交换关系向两方面发展：从成品的交换发展到零部件的交换，从商品交换发展到技术、服务的交换。从专业化协作的经营方式看，各企业分成核心与配角，企业主体分化为核心企业与配角企业。在产品内分工中，不同企业共同完成某种产品的生产经营，核心企业占据无形资产强、附加值高的经营环节，配角企业占据无形资产弱、附加值低的经营环节。核心企业称为行业领袖，在市场上占据主导作用，具有对生产链中关键资源的控制、创新能力，承担拓展市场的使命，成为"价值链驱动者"，是一种"瘦身的垄断企业"。配角企业处于被动地位，为核心企业做供应商。按照波特的价值链理论，在全球生产链构成全球生产网络中，行业领袖通过设立行业标准、共享技术和资源、控制核心环节等多种方式，决定产业链的重新构建及其组织方式，掌控了该产业链的竞争优势和发展命运。于是，市场经济主体在交换中的平等互利基础发生变异。所谓的互利变成配角企业图谋生存之利与核心企业图谋大发展之利的不同级别的利益，平等变为形式上的平等与事实上的不平等。人们将配角企业所扮演的角色说成"只不过是核心企业的'打工仔'而已"。

在生产国际化的市场上，众多企业选择配角企业的角色，是市场生存竞争的结果。国际生产在技术与经营水平方面的不断提高，导致部分供应商在国际商品生产链中越来越处于信息不对称状态，他们已无力按照市场经济原则，以平等地位、经济理性人的资格、市场供求信息为依据来讨价还价，只能处于被动接受价格的状态。这种状况可称为"亚市场主体"。于是，当代由资本主义主导的世界市场经济就出现三种市场主体：一是平等交易的企业之间，双方都是全市场主体。二是雇主与雇员之间，雇员在交易中基本没有就业岗位和报酬上的讲价资格，一进入企业内就成为"资本要素"，故称半市场主体。三是核心企业与配角企业之间，后者是亚市场主体。这就是环节价值形态背后的经济关系。

第十一章 可持续发展视角下的经济理论

第一节 可持续发展视角下的经济理论特点

一、从资源环境问题上关注人类的未来

马克思主义的传统是从制度或者说社会关系方面关注人类的未来。在《共产党宣言》中，马克思和恩格斯就宣告"代替那存在着阶级和阶级对立的资产阶级旧社会的，将是这样一个联合体，在那里，每个人的自由发展是一切人的自由发展的条件。"马克思主义的各种学说都在论证，在以公有制代替私有制的制度变革下，劳动异化将被消除，以生产者自由平等的联合体为基础的、按新方式来组织生产的社会将把全部国家机器放到古物陈列馆去，一直统治着历史的客观的异己的力量将处在人们自己的控制之下，人将在一定意义上最终摆脱动物界，人类从必然王国进入自由王国。所有这些未来的构想，固然以制度变革为关键的前提，但最终是建立在物质生产力发展基础上的，再加上相应的思想前进为必要条件。

当然，马克思主义对于生态经济问题原来就有所关注，但在20世纪中后期之前尚未成为理论发展的重要方向。

可持续发展观的出现，使马克思主义还要着重从另一角度，即从资源环境问题来关注人类的未来。这个转折是由时代发展推动的。

（一）矛盾

在马克思主义经典作家当年关注的生产社会化与生产资料私有制之间

的矛盾之外，出现了更为严重的生态经济基本矛盾。在当代物质生产力已在主要资本主义国家高度发达的时期，人类所遇到的可持续发展问题是马克思主义者原来没有遇到的新情况、新问题。20世纪中后期，有关人类生活的自然环境是否会在无制约推进的工业化当中破坏无遗，人类的未来是否会在资源、环境的损耗中丧失，这类问题已经提到社会意识上来了。"罗马俱乐部"的一群先觉者，通过对工业社会"经济增长的极限"的论述，将可持续发展的重大课题提到人类面前，马克思主义本来就是指导社会走向未来的思想武器，面对着如此重大的可持续发展问题，马克思主义的理论体系必须对此做出回答。从探索经济发展和人口、资源、环境相互关系中，体现对社会发展进步规律的深层揭示和理性思考。

（二）引导

自然环境与经济发展作为对立统一的矛盾的两个方面，是从20世纪后半叶开始为国际社会普遍关注的。社会的近代化、现代化发展源于工业革命，相对于工业革命前的经济发展而言，传统的工业化在改造自然和创造物质财富方面建树了辉煌的业绩，但其中包含着的人与自然的矛盾也在积累。到20世纪，当这种工业化模式开始在世界范围推广开来以后，矛盾趋于激化，传统工业化所引发的环境污染、生态失衡、资源耗竭，对人类的生存和发展构成了现实威胁。传统工业化主要是在资本主义国家形成的，但社会主义国家的工业化也沿袭着传统工业化的资源消耗模式，马克思主义本身的使命是既要批判资本主义、又要引导社会主义，离开对可持续发展的研究就不能完成其重大使命。

当今世界已进入信息时代，科学技术日新月异，知识、信息、科技在生产力发展中的作用空前增强。人类对自然进行改造和创造物质财富的能力空前增大。越是能力增大，越是要符合客观规律、把握好争取的方向。因而知识的指导、信息的筛选、科技的运用就越来越关键。在这些具体的认识进步当中，需要有总体的指导性理论，马克思主义生态经济理论对人类的可持续发展起到引导社会前进的航标作用。

（三）理论发展

社会主义建设成为马克思主义由理论指导实践、又通过实践发展理论的主要领域。中国的社会主义建设关系到世界社会主义的前途，解决可持续发展是其中的主要目标之一。在马克思主义的指导下观察与研究可持续发展问题，反过来对马克思主义注入了鲜活的内容。把人与社会、人与自然的关系的论述相结合，从资源环境问题的角度对我国现代化建设实践进行总结，是马克思主义理论新发展的必经之途。

从上述驱动因素还可以看出，马克思主义理论从资源环境问题上关注人类的未来，其意义与原来从社会关系问题上关注人类未来同等重要。

二、伦理与经济的内在结合

可持续发展经济是这一学科的中心概念。这个概念表明，社会经济的发展，应当在为当代人创造福利的同时，能够为后代保持不断发展的余地。这样，经济学就将伦理引进它的可持续发展经济理论中来了。

传统社会科学把伦理作为社会历史的产物，只能对社会起"润滑"作用。各种理论文章都严防伦理这个精神性因素去取代生产力、生产关系这些物质性因素的重要地位。特别是经济学，一向固守"用道德是不能说明经济发展历程的"这个信条。的确，对于只在经济系统内进行研究的经济学诸学科来说，道德不能作为经济问题是非判断的规范，道德也只有在不与物质利益、经济关系的客观性发生矛盾的前提下进入研究。

然而，对于可持续发展来说，伦理这一社会历史的产物所起的作用却是基本的、关键的。排除这个因素，我们就无法指望、甚至无法理解可持续发展能够作为人类社会长远的历史过程。

伦理对社会经济发展的重大作用，不是什么不可思议的事。从历史的大视野来看，伦理约束是人类发展的前提之一。恩格斯的名著《家庭、私有制与国家的起源》当中的理论指出：社会的生产，最基本的是人的再生产与物质资料再生产两大类型。两种再生产各有其相互独立的内容，不能把人的再生产视为物质资料再生产的一个方面。同时它们又是相互影响、相互制约的。在人类社会早期，人的再生产起着更加决定性的作用。正因为在人的再生产中，人类能够以伦理作为选择"生产方式"、调节"生产过程"的手段，才使自身得到发展，拉开了与动物的距离。没有伦理约束，人类就不会从群婚制向对偶制发展。人的群体从生存竞争中选择了有利于种群强壮的"人口再生产模式",所有个体遵循这个模式的规则,并非是直接从生存竞争的这个"经济目标"出发,而是直接受制于伦理约束,长期的伦理约束转为坚固的生活习惯。可以想象,不同原始人群对遵循对偶婚姻制度规则的状况,是决定他们能否在今后与自然界和相互之间的生存竞争中得到发展的重要因素。能够成功地作出这个选择、接受这个伦理调节的原始人群,斩断近亲婚配的人口生产模式,将使自己这一群体的体力和智力不断长进,以适应严酷的生存竞争。

回顾人类走过的道路,今天,我们千万不能因为"市场经济之下个体的物质利益促进生产力发展"这个原理,而将伦理作为次要的东西。因为,可持续发展对我们的子孙后代而言,经济发展所要达到的目标不仅是当代人的福利,而且是子孙后代的发展余地。子孙后代对于当代人的经济行为是不可能通过任何现实力量来加以约束的,只能通过伦理约束来起作用。近现代生产力的发展已经严重地破坏了相当大部分资源基础:从海洋的污染,到大气层上空的臭氧层空洞;从大量土壤的流失和土地肥力的破坏,到矿产资源的急剧耗竭;从热带雨林的大批消失,到动植物物种的大量灭绝;从淡水资源储量的下降,到土地荒漠化的持续扩展……总之,我们留给子孙后代的世界,将是环境与资源越来越低劣、发展余地越来越小的世界。当代人必须从生产力与生活方式都进行转变,以扭转这种非持续发展的趋势。而实施这个转变的基本力量,来自于对我们后代的责任心、即伦理。对于这个选择,不能靠个体的物质利益推动,它充其量只能是一个具体手段。能否使伦理起到实施转变的作用,关系到人类有没有对自身的调节能力。如果说,我们的祖先成功地用伦理约束改变婚姻制度,使他们的子孙后代在体力智力上都强大,以便能胜任发展生产力、征服自然而建立起文明社会的话,那么,我们当代人为什么不能用伦理约束来改变生活生产方式,为子孙后代留下发展余地,以便与自然和谐共处建立起生态文明呢?

将伦理引进可持续发展经济学研究,是在三维复合系统中进行规律探索的不可避免的选择。为此,就将突破现今以个体物质利益为基础的市场经济理论的局限,把人从"经济人"发展主体扩展成"经济人""社会人""生态人"三位一体的发展主体。这势必引发大量的理论创新。

第二节 可持续发展视野中的经济学概念

一、可持续发展经济视野下的理论创新

科学的发展需要创新,科学体系中的理论学科需要靠理论创新来支撑和推进。就理论创新的一般内容来看,包括基本概念及其含义、地位、作用的重新认定,理论体系结构的新安排,基本原理的新探索,学科理论的价值趋向的重大变化,等等。

可持续发展经济视野有助于催生新兴理论学科。该视野从生态——社会——经济三维复合系统的各个方面,探讨现代经济如何发展才能使它自身及其整个社会的发展具有可持续性,它的理论直接服务于指导、推动国家实现人口、经济、社会与资源、环境、生态协调发展。在可持续发展经济视野下,就得研究人类社会经济如何努力来实现可持续发展,其中所要认识的客观规律,及应用这一相关知识所应得出的战略和策略。那么,可持续发展经济这个概念表明,社会经济的发展,应当在为当代人创造福利的同时,能够为后代保持不断发展的余地。围绕这个中心概念而建立的这个新学科,应当有哪些理论创新呢?我们先来看看已有的进展。

在刘思华教授主编的《可持续发展经济学》——中国第一部该学科系统的专著中,产生了一系列理论创新:①将研究领域从经济系统扩展到经济、社会、生态三维系统,而以经济系统为主干。②从可持续发展经济的角度对一系列范畴、概念进行重新界定,扩展了资源、资本、价值、财富、公平、效率、利益、文明等概念的含义。③按照可持续发展经济地位要求提出了一系列社会经济运行法则和原理,如三种可持续性相互适应、三类资本相互增值、三种创新相互作用、三项文明相互促进等原则。④对一些重大基本理论提出了全新的观点,如生态经济价值论。

以上理论创新是一个良好开端。但对于一个新建的学科,仍然是不够

的。本人认为，对于可持续发展经济学，理论创新应当以发展历史唯物主义原理的勇气来探求以下突破。

在拙著《生态文明与马克思主义经济理论创新》一书第3章中，论述了生产力概念的扩大。这里指出进一步发展历史唯物主义的一个基本观点，就是把生产力这个客观的物质力量，按照人类带有伦理性的主观要求的方向去发展，而不是让其循着自发的客观运行趋势去发展，也就是要对生产力发展方向加以调节。在生产力有选择发展的前提下，作为"第一生产力"的科学技术，更有方向性问题。当然，这些调节必须遵循科学指出的客观规律。其次，本书第6章中论述了生产关系的概念也要扩大其含义。一者，它不仅通过生产资料的占有而发生，也会通过对自然资源和环境资源的利用而直接发生。二者，它不仅表明同代人之间的经济利益关系，也涉及人的代际经济关系。上述问题已经触及历史唯物主义的具体理论，需要有理论勇气来进行创新，从而为可持续发展经济学这一新兴学科的建立奠定相应的理论基础。

二、以二重性观点来看待社会经济中的范畴

可持续发展既是人类社会经济的必然选择，具有强烈的客观性，又是与现实有极大差距的发展方向。因此，在致力于可持续发展经济的实践与进行可持续发展经济学的研究中，都充满着矛盾，矛盾反映在理论上，就构成了二重性特点。为此，该学科的理论构造必定来自于分析二重性的矛盾、探索二重性的转化。这二重性的矛盾，就是指理想性与实际性的矛盾。所谓理想性，其实是具有现实的要求、体现着社会经济可持续发展的规范；实际性是指社会经济实际的运行状态。运用"二重性"观点来考察可持续发展经济的客观过程，就很自然地成为可持续发展经济学的研究方式。

勾画我们这个三维复合系统的世界是可持续发展还是非持续发展，就要产生一些具有二重性的范畴。比如：

（一）需要和需求

人的需要是指一定自然环境与社会经济发展水平上对自身生存、发展条件的客观要求。人的需要是多要素的统一，其中基本的需要包括物质需

要、精神需要、社会需要和生态需要。需求是指社会经济中人们具有货币购买力而对市场产生的购买要求。需求也有物质需求、精神需求、社会需求和生态需求几类，它们分别在市场上表现为用货币支出换取：①满足需要的物质产品或劳务，②满足需要的精神产品或劳务，③某些达到自己社会需要的现实条件，④某些可以满足自己生态需要的现实条件。显然，需求是受购买者手中的货币量限制的。可持续发展经济以满足人的合理需要为目标，需要与需求的背离程度，反映着实现可持续发展经济中的矛盾。

（二）财富与产品

从经济理论来定义，能够满足人的需要的客观效用就是财富，财富分为物质财富、精神财富、生态财富。除了大自然提供的天然财富之外，构成财富的主要内容是劳动产品，包括物质产品、劳务产品、精神产品和生态产品。当社会经济关系没有理顺时，人们辛辛苦苦地耗费资源生产出来的产品，却并未全都成为财富，不能给社会带来实实在在的客观效用。由于市场与生产技术的错误引导，无效产品数量越来越多，这也是影响社会经济可持续发展的一个方面。

（三）有效劳动和无效劳动

劳动是创造产品的活动，根据人类所创造的产品与财富的不同，劳动分为不同社会形态，如物质生产劳动、服务劳动、精神生产劳动、管理劳动及生态建设劳动。但更重要的是分为有效劳动和无效劳动。劳动为什么会无效呢？传统经济学认为不能在市场上实现其产品的价值的劳动是无效劳动。其实，有些产品是很有市场的劳动，但也是无效劳动，因为它生产的产品并没有实际效用，没有为社会成员带来福利，它的好销是出于特殊原因。由于竞争过度与社会、市场的扭曲，无效劳动正有上升趋势。这肯定将影响可持续发展经济。

（四）价值

价值是财富的尺度。马克思主义经济学的劳动价值论揭示了这三个要点：①价值是商品的二因素之一，另一个因素是使用价值。②使用价值是价值的物质承担者。③劳动是产生价值的源泉，价值实体是商品中凝结的人类抽象劳动或人类一般劳动。这三个要点分别表明价值的可交换性、有用性和社会衡量性——社会公认的获得其使用价值必须付出的代价。而价值的可交换性取决于两点，一是交换对象必定是稀缺的，否则人们就可以随意取用了；二是价值的可交换性正是社会分工体系中劳动可交换性的反映。

然而，当我们把价值从商品价值扩展到劳务价值、技术价值、信息价值直至生态价值时，价值的二重性（注意：不是商品的二重性）就在三维系统中显示出来了。三个要点都具备的价值，只能说是现实价值或者说是市场价值。从可持续经济发展的角度，必须承认还有理性价值。以物质财富为例，它的理性价值取决于是否真正具有财富属性。在现实的市场中，我们看到有两种情况：一是有的商品能够交换出去，依赖于社会的缺陷与人类认识的偏差，而不是真正有使用价值，这些商品生产得越多，对于可持续发展经济越不利；二是有的物质尚未成为商品，由于它确实有使用价值，并且对人类社会经济生活来说具有有限性，已经被人所占有、储备或已经用于交换，这些物质资料迟早要被开发出来，但当前它被占有、储备或用于交换时，我们不能因为它当前没有劳动凝结在上面而否认它有价值。综合这两种情况，现实价值或者说市场价值要转化为理性价值，有一部分要被扣除，有一部分则要加进来。理性价值概念更强调的是它真正的物质财富与它的有限性。在社会发展的一定阶段，物质财富的有限性未必转化成经济生活中的稀缺性，人类的劳动暂时还未加之其上，它之所以在市场上已经具有交换性，是出于理性而不是市场本身，因此还不是市场经济中的现实价值。然而，理性价值决不是与劳动无关的。它早晚要被人类的劳动加之其上，它一旦失去人们将花费巨大的劳动来重新获得，它的使用价值如果能够被其他物质资料替代，也要付出或者更多或者较少的劳动量。这就是可持续发展经济学视角下，价值作为市场价值与理性价值的二重性观点。

（五）资源和资本

一切可用于生产产品和财富的条件都可以作为资源。生产要素是主要的资源。社会总资源就包括社会经济系统与自然生态系统基本要素的总和。资源运用于有预期回报的场合就成为资本。资本是可能使价值增值的价值。社会总资本主要包括三种：经济资本即物质资本、人力资本、生态资本。资源与资本两个概念的区分，不是从客观实体上来区分的，而是从社会机制上来区分的。资源是与财富生产相联系的，而资本则进一步与投资、回报、价值增值相联系。由于经济机制的缺陷，许许多多的资源都无缘变为资本。这样，没有成为资本的资源，可能得不到充分利用或者珍惜，从而影响经济可持续发展。

类似上述概念的二重性分析，提供一种方法论，它可以引导我们从三维系统世界的矛盾中进行客观运动的探索。

三、生态价值

（一）自然资源有生态价值

在现实生活中，有一个现象一直引起人们对劳动价值论的质疑。这就是大家都倾向于认为：凡是有使用价值、并且对人类社会经济生活来说具有有限性的物质资料都是有价值的，不管它是否有劳动凝结在上面。例如，未经人类开垦的土地、不是人工所引来的清洁水。因此，一个重大的价值问题提到马克思主义经济学面前：没有经过人的劳动加工过的自然资源到底有没有价值。

根据马克思主义经济学的劳动价值论，经济价值的源泉是社会劳动，依据就在于物质财富是由劳动创造的。物质财富的使用价值由劳动与"土地"（土地在这里是作为自然资源的代表）共同创造。沿着这样的思路，必然会坚持认为自然资源没有价值，只有价格，其价格来源于对自然资源的占有而产生的市场垄断。例如，鲁从明在一篇论文中提出：石油作为自然资源，不是劳动的产物，因而没有价值，但它是一种有限的资源，一旦被人占有和垄断，在市场供求关系作用下，就可以卖高价，获取高额利润，然而这是价格而不是价值。这一论点的基本理由就是坚持不是劳动产品就没有价值。[①] 许多人误解了这一论点的理论影响，把否认自然资源有价值与可以随意使用、浪费等同起来，这是需要澄清的。因为"资源无价值"论虽然认为自然资源没有价值，却有稀缺性的使用价值，是必须珍惜

---

① 鲁从明：《坚持和发展劳动价值论及其重要的现实意义》，载《南方经济》，2005年11期，第5—9页。

的宝贵财富，正因为其宝贵才能产生垄断价格。

但是，理论观点到这里就缺乏说服力了。只承认自然资源有使用价值而不承认有价值，实际上就是否定社会经济中非劳动创造物稳定获得价格的背后客观因素，否定对自然资源作为生态财富应有的社会评价。将自然资源获得价格的原因纯粹归结为稀缺性和垄断，完全不能反映自然资源价格的实质。垄断是市场需求超过市场供给带来的现象，在市场供求平衡状态下，垄断不发生，但资源也不是无限供给，它仍然稀缺，这时的资源价格又如何说明呢？因此，简单地套用劳动价值论来认识自然资源与生态经济问题是不可行的。

不仅自然资源有价值问题，环境也有价值问题。经过人们加工过的环境固然有劳动凝结其上，没有经过人类劳动的环境同样是值得评估、可以交易的价值物。此外，从生态平衡的思路出发，我们还会发现更多的生态财富问题需要肯定其价值。也就是说，当生态经济学产生之后，人们的研究视野从经济系统扩展到生态系统，出现了与传统的物质财富性质完全不同的生态财富。生态价值的概念也就呼之欲出。由此，我们可以圆满地回答上述那些对劳动价值论的质疑，这就是：自然资源与环境应当有它们的价值，但不是人类劳动创造的商品那样的经济价值，而是另类的生态价值。生态价值应当以有区别的内容来阐述。

可持续发展经济学开创了价值论的新天地。从马克思主义价值论的大视野来看，仅有经济系统的劳动价值论，不能说明全新的生态价值问题。这就需要分别从另一个系统：自然生态系统来考察价值，建立马克思主义经济学的生态价值论。

（二）生态价值不是劳动创造的

简单地照搬劳动价值论，就会认为生态价值也是人类劳动创造的。这个说法难以成立：

1.一种生态产品或自然资产，无论与社会劳动关系如何密切，本身不是劳动的产物。将生态使用价值与劳动产品放到同等类型上，以劳动产品价值的视角来覆盖生态价值，生态价值概念失去其应有的独立性。

2."使自然物质由潜在使用价值转化为实在使用价值都要付出一定量

的物化劳动和活劳动"①，这只能说明这一转化是将生态价值消耗掉而创造出经济价值，而不能反过来说明生态价值本身得以创造。"使生态系统的自然物质具有符合人类生存和经济社会发展所需要的使用价值过程"，与其说是生态价值的创造过程，不如说是生态价值的消耗过程与经济价值同时被创造的过程。在很多情况下，经济系统与生态系统中这两个价值是一种逆向过程，人类的理性不是要"创造"更多的生态价值，而是要多创造经济价值的同时少消耗生态价值。人类劳动能够既创造经济价值又创造生态价值的场合是很少的。

3. 在自然再生产过程中自然资源和自然环境再生产，主要不是在人工劳动下进行的。如果说，可作为生产要素直接进入社会生产过程的自然资源还可以来自"人类社会劳动"的话，作为环境价值的生态价值形成就很难说人类社会劳动占多大比重，因为人类维护和改进环境的劳动远远不足以与资源环境本身的价值相比。而整个生态系统所提供支撑人类社会存在的永久性的"本源生态价值"只能与人类的"选择"中耗费的劳动相关，不是它本身固有的。

为此，我们应明确指出生态价值的源泉来自自然力的作用，生态价值是人类社会对生态财富的衡量尺度，其实质是自然力的作用与生态财富社会稀缺性的相互关系。

（三）生态价值的表现

生态价值归根到底要通过社会劳动来表现。自然力的作用不可能像劳动那样有自身的社会尺度，大自然不可能准备任何社会尺度，人类不能向老天爷要生态价值的参照标准，这个参照标准只能由社会来赋予。在没有人类社会，也就是没有社会劳动之时，尽管有生态财富，却谈不上有生态价值。当人类劳动发展起来之初，对自然资产的消耗极小，自然资源的自然更新速度大于人类对自然资源的消耗速度，这时也无须有生态价值这个概念。离开人类社会生产，谈纯粹的自然资产有什么生态价值，这是没有意义的。只有当人类劳动规模增大到一定程度、自然资源相对于社会生产

---

① 刘思华：《可持续发展经济学》，湖北人民出版社1997年版，第147页。

成为稀缺的要素，生态价值才发生。因此，经济学意义上的"稀缺"概念，就是生态价值发生的前提。这个稀缺是相对于社会生产而言的。

社会劳动不是创造生态价值的源泉，但它是衡量生态价值的尺度。当人类劳动作用于自然资源和自然环境成为一种生态经济现象，当人类劳动直接或间接使生态系统得到改进（即朝着有利于人类生存和经济社会发展的方向进化与演替）时，凝结在生态系统中的劳动就衡量出自然力创造的生态价值。不错，生态财富是大自然本身的产物，但人类的相关劳动给了它一个衡量尺度。

我们能够让生态价值表现出来的唯一途径，就是通过人类社会将自然再生产的能力恢复、重建所花费的社会劳动。生态价值的创造是绝对的，而表现是相对的，实际上总是不充分的。可以说，在生态系统中，生态价值的总量完全不能计算出来，只有部分与人类的生态经济相关的生态价值才能得到体现。这些场合是：

1. 完全可以用人类劳动再生出来的生态财富。如破坏了的森林重新恢复，在这个场合，人类所补偿的生态价值就由其生态建设劳动来衡量。

2. 无法通过劳动创造，但可以在一定程度上用劳动产品来加以替代的生态财富。在这个场合，人类创造替代品的劳动可以暂时衡量原有生态财富的生态价值，但替代品的生态功能是否真正与原有的生态财富等价，有的还要经过长时期的认识才能判定。

3. 对某些生态财富用各种有效的劳动来加以维护。在这个场合，人类所耗费的维护劳动一般会小于该生态财富的价值，因为这一价值不仅要用维护生态财富的劳动来表现，还要由该生态财富被破坏之后人类再将它重新恢复起来所耗费的劳动来衡量。

在每个具体的场合，生态价值量的规定性是由社会劳动来决定的。社会用劳动来替代自然力创造相同或相似的生态效用所耗费的必要劳动时间，就构成生态价值量。生态价值量的决定是根据补偿机制，当社会消耗掉一定量的生态财富，假定以人类劳动来补偿大自然创造的同等生态财富，从补偿中所消耗的必要劳动时间，就是生态价值量的尺度。

我们必须指出，以人类劳动来补偿大自然创造的同等生态财富只能在一定限度内。对生态价值损害的补偿存在着不同的可能性：一是可以等量等价补偿，二是以人类劳动来补偿终归得不偿失，三是永远无法弥补，损失的价值无穷大。这就告诫我们，通过保护生态环境来维持生态价值的非减是第一位的。

现实生活中，生态价值向经济价值的转化有三种情况：一是货币化，就是生态价值能够作为经济价值进入市场交易。二是进入经济统计中，作为国民财富总量。这种情况，实际不是直接货币化，但总能够以这种那种方式来间接实现货币化。因为自然资源的生态价值与资源的经济价值之间存在着相互制约和补充的关系，在一个长时期内这些价值会通过经济价值表现出来。如，当自然资源的生态价值较大时，经济发展的成本就会较小，劳动生产率会更高；当自然资源的生态价值量小，则会一切相反。三是只能作为经济理论探讨的对象，或者作为正面的理论货币化，在理论上事先肯定其价值，评估消耗的代价；或者作为负面的理论货币化，在理论上核算生态价值客观受到削减，人类的生存发展成本如何增大。

四、冲破工业文明的眼界局限重塑"生活价值观"

该标题的"价值观"是一个哲学概念而不是经济学概念。工业文明造就的生活价值观，体现在工业经济时代人们较为普遍接受的西方经济学者对"福利"的解说上。由于工业革命推进的社会生产力通过消耗大量自然资源生产出大量的物质财富，因而在人们的意识中，就以占有和消费更多的物质财富作为衡量生活水平的标准。这个时代的"福利"概念内容，一方面继承了农业经济社会的物质享受，另一方面加进了适应社会快节奏，代表舒适、高效、便利的内容，包括轿车、乘坐飞机、优质餐饮服务及耐用消费品等。总之，以商品的功能、品位、售后服务所联系的物质生活水平，决定着"福利"的档次。科学社会主义的诞生并未从这方面冲破工业文明的眼界，只是要把原来由资产者享受的生活质量转为由劳动者大众来享受。在这种工业文明的眼界局限下，人类的生活要想符合可持续发展的要求是难以做到的。

可持续发展经济学的研究不能局限在工业文明的眼界中，而应当向前看，预期知识经济的到来对人类"生活价值观"的变革。由于知识进步带来人类理性的进步，对生活质量的正确理解与追求将会代替对拥有物质财富的追求，新的生活质量意味着人的物质、精神与生态需求这三种需求的统一体。只有丰裕的物质财富与平等安定的社会环境、丰富多彩的精神生活、健康科学的消费习惯、文明友好的社会风气、清洁纯净宽敞、物种多样的自然环境结合在一起时，才能反映出生活的高质量。这样，在商业刺激下滋长起来的浪费奢侈、追求豪华的消费之风要被扭转，代表过度物欲与消费特权的需求标准会受抵制。

可持续发展经济学指出的方向，是以知识经济为时代背景而产生的一系列新观念，构成未来生态文明的"生活价值观"。它们一定要在与工业文明背景下的观念冲撞当中得到推广。这些新观念有：平等意识、生态导向、理性消费、公众约束、发展需求。简单展开说明如下：

平等意识，表明掌握不同规模财富的社会成员越来越不愿在他们所消费的物质上来表明这一差距，而是让经济地位的悬殊表现在他们所支配的资源的社会性使用上，在他们所从事的事业的社会覆盖面与对外部世界的影响程度上。

生态导向，表明人们将越来越看中获得自然风光、清洁的空气与水、幽静的环境、宽敞空间等生态性的生活条件；在现有的物质消费中越来越选择体现自然优点的文明特色，增加天然食品、衣着、住房的比重，由此形成劳务、商品以及产业发展的导向。

理性消费，表明人们在追求高生活水平、发展生活情趣中有理性地消除讲排场、盲目攀比、烦琐的应酬、商业误导、无益的物质占有欲望，并注重实用实效和时间、精力与资源的节约。

公众约束，表明在个人生活中所释放的物质、信息、能量要顾及周围环境的可接受程度，一切可能的三态废物（水、气、渣）污染、声光污染、信息污染都自觉解决。

发展需求，表明人们越来越把物质条件、时间精力运用于发展自己的知识、个性、能力，积累才干，情趣高雅的广义消费活动大为推行，承载着知识与感情交流的信息消费不断增加。

只要我们确立了上述立场，那就必然引发巨大的理论创新。因为，在这个立场下，可持续发展经济理论不会无原则赞同基于个体物质利益的市场机制。尽管现在开始流行的"绿色消费"已将商业自由基础上的市场导向与人类理性中的生态导向结合起来，但仅仅依靠这种自发结合是远远不够的。可持续发展经济学必须探索新的社会机制。

第三节　生态文明与社会历史发展

一、生态文明与社会主义前景

在20世纪，社会主义与资本主义的制度发展竞争发生在工业文明时代。在这个时代，资本主义制度在阶级剥削、社会不平等方面理屈词穷，它采取的对策就是用"福利主义"、社会保障与"社会市场经济"模式来加以调节，缓解资本主义在这方面的弊病。另一方面则利用工业文明所崇尚的物质财富观对社会成员起到腐蚀作用。资本主义利用人性弱点、以其自私、享乐、不劳而获等一套观念来引诱后发展的社会主义国家的人民群众，炫耀发达资本主义的"物质文明"。当年东欧苏联正是在人民群众基本实现小康生活的情况下，由于许多人羡慕"西方生活"，错误地抛弃了本来可以改革和前进的社会主义。这一套，为资本主义制度发展竞争增强了某些优势。

随着人类文明的进步，随着对生态文明世界性的呼唤，资本主义的这一优势将越来越失灵。遏制资源耗竭、保护生态环境，已经成为世界的共识。然而，即使国际社会认可了可持续发展的观念，并努力推进可持续发展事业，但无法在现实生活中完全解决人类社会的可持续发展问题。

原因在于：资本主义生产方式必然使物质生产和物质消费具有无限扩大的趋势。资本主义生产是以资本增值为本性、以利润增长为目的的，这就决定了该生产方式一方面掠夺自然资源和人力资源、不顾自然环境与社会环境的承受，另一方面拒绝承担应有的生态代价与社会代价。资本主义市场经济提供了与"为利润而生产"相适应的消费方式。在资本主义生产观和消费观作用下,人的价值取向被扭曲了,资本主义社会塑造了反生态的"经济理性人",从根本上误导着人类的社会行为,社会将人均占有和消费物质财富的多少与用外部自然力代替人的生理功能的程度作为衡量生活水平的标准,使社会再生产、特别是人的再生产朝着病态方向发展。资本主义市场经济的调节机制、科技与经济的发展机制、人的欲望、追求、荣耀、生活价值取向均违背可持续发展的要求。大资本的人格代表者作为资本主义世界的主导力量,其本性偏偏与生态文明格格不入。只要资本主义制度统治地球一天,生态经济危机就存在一天。在生态领域中暴露了资本主义社会制度的历史过渡性,以及与全人类可持续发展的不相容。

正像19世纪为了取代资本主义对无产阶级的剥削而诞生了"共产主义幽灵"一样,为了取代资本主义对人类生态环境的破坏,诞生了生态文明这个新的"幽灵"。生态文明理念是工业文明中许多理念的对立产物,是新观念,在世界上刚刚破土萌芽。一切有识之士正在推进这类新理念。共产主义者应当抓住这个历史机遇,将生态文明理念纳入马克思主义意识形态。从生态领域揭露资本主义社会制度的历史过渡性,关系到全人类的可持续发展,也能打破资本主义制度赖以利用工业文明物质财富观的这根救命稻草。

当然,社会主义利用人类呼唤生态文明来压倒资本主义还有两大困难。

一大困难,是生态文明观的普及尚待时日。尽管工业文明物质财富观的资本主义解说越来越暴露出其反可持续发展、反生态文明的本质,但西方思想体系仍然乘着20世纪后期国际社会主义陷入低潮的惯性,还在那里顽固宣扬其根本落后于时代的一套。恰好这对于长期处于贫困中的发展中国家大众颇有吸引力。西方势力惯用的伎俩就是双重标准,如自己搞保护主义、叫人家搞彻底开放;自己搞舆论控制,叫人家搞自由化,等等。在生态领域,他们肯定会大搞双重标准,自己搞低碳生活,叫人家搞腐朽享乐。我们为此要高度警惕,也许我们在生活方式上实行生态文明时,西方思想体系会用其腐朽享乐的一套,重操对苏东那一套来腐蚀我们,编造"全盘西化进天堂"的神话。值此中国国力上升、经济富裕之际,为了可持续发展，我们永远不能将西方政客推崇的奢侈生活方式作为楷模。

另一大困难，是中国正处在发展市场经济与工业化的时期，市场经济必然包含着资本增值与利润目的，工业化必然引发人与自然的冲突。我们难以绕开这两大发展生产力与人自身的必经阶段，不能将否定市场经济与跳过工业化作为追求可持续发展的制度前提与发展路径，只能运用社会主义制度本身的优势来进行调节。在承认市场经济与工业化客观上包含着不利于生态保护的前提下，21世纪的社会主义应当创造出一整套政治的、法律的、经济的、思想的调节机制，有效控制市场经济与工业化中的反生态弊病，寻求尽可能以少的生态代价取得更多的经济发展效果，在一定的生产力高度上有序地走向生态文明。

在这个调控当中，必然出现最高理想与实际措施之间的差距。我们追求生态文明与共产主义的天下为公、共同富裕、社会利益高度一致、人的全面发展、人与社会、自然的完全和谐，并根据社会发展当前阶段的需要与可能有选择地坚决付诸实践。但我们又在一定的历史时期允许有私人经济、收入差距、竞争、旧式社会分工、传统产业等。总之，理想要尊重现实，现实要服从理想。而其重点是弘扬理想、推进体现理想的现实措施。首先要从观念上批判体现资本主义自私、贪婪、奢侈、物欲享乐、浪费等色彩的价值观。要在新观念基础上，创造出我们自己简朴、健康、幸福、人与自然和谐的社会主义生活方式，使生态文明观成为社会主义价值观的有机组成部分。有正确的生活方式追求，才能在科学技术高度发展的帮助下，推进产业生态化、不断创造出经济与生态双赢的新兴产业门类，构建可持续发展的产业体系。

二、走向新的文明形态

现在，我们从新型文明形态的含义来分析生态文明。

从历史发展的大角度来看，整个工业文明需要进行深刻的反思。如果说，农业文明的总体特征是体现为人类对自然界的低水平和谐、低水平征服这样的双重性，那么，工业文明的总体特征就体现为人类对自然界不断加大征服力度、不断破坏和谐关系的一重性。三百年的工业文明，给人类一个充分展示自我力量的机会，人类驾驭着强大的自然力来创造物质财富，在越来越高的程度上按照自己的意愿来掠取自然资源、支配自然力、改变自然地貌、利用自然物来构筑人工客体，根据自己的利益来将植物占有的领土变为人类拥有的领土，占领动物的生存空间。世界工业化的发展，使这样的"征服自然"的结果达到极致。但是，工业化的全球发展并没有最后完成，后进国家仍然需要继续去"征服自然"，只是自然界已经难以经受这样的征服了。自然资源正在被耗竭殆尽，对自然力的支配和构筑人工客体正在危及人类生存的环境，自然地貌的改变已经引发了一系列地质灾害，拥有植物的领地与占领动物的生存空间正在导致物种的大规模灭绝。这就表明，地球再没能力支持工业文明的继续发展。

工业文明给人类历史带来了生产力巨大进步的成就，但是，现有的生产力发展的资源基础正在遭到完全被破坏的结局；工业文明给更多地方带来现代社会生活的物质基础，改变着城市和部分乡村的面貌，但也给越来越多的地方带来环境破坏、空间拥挤、土壤、空气与水源遭受污染的结果；工业文明给人类社会带来丰富的物质资料，给越来越多的人带来了更高的生活水平，但是财富分配的不均、社会的两极分化、劳动者为富裕付出的巨额代价、部分人的物欲膨胀、更高生活水平带来的文明病等一系列的负面效应正在出现。所有这些现象，归结为一个结论，就是人类社会的生态危机挑战工业文明。人类不得不把越来越多的精力放在应对这些负面效果方面，人们曾经努力尝试在工业文明本身的框架内解决这些问题。但是，清醒的认识告诉我们，不开创一个新的文明形态，就不可能根本解决生态危机。

一系列全球性生态危机，可以由于工业发展方式的改进而缓解，但难以基本消除。由于生态环境的制约，发展中国家在工业化的某些成就方面将永远难以赶上发达国家，也没有必要全面攀比。如果说，人类需要开创一个新的文明形态来延续人类的生存，就是走向生态文明；那么，为避免不可持续的前景，发展中国家的出路就是要争取在新的文明形态中不落后。

生态文明的崛起是一场涉及生产方式、生活方式和价值观念的世界性革命。生态文明是在人类历史发展过程中形成的人与自然、人与社会环境和谐统一,这种文明形态表现在物质、精神、政治等各个领域,综合了人类取得的物质、精神、制度成果的总和。生态文明是人与自然交流融通的状态,在文化价值观、生产方式、生活方式、社会结构上都体现出一种人与自然关系的崭新视角。它以人与自然协调发展作为行为准则,建立健康有序的生态机制,实现经济、社会、自然环境的可持续发展。

三、生态文明是社会调节的宏伟理想

在马克思主义理论体系中,社会变革的宏伟理想是共产主义。共产主义这个概念具有双重含义,它既是世界无产阶级领导的社会运动(即国际共产主义运动),又是马克思主义创始人预期,且为世界广大人民与共产主义者追求的理想。马克思主义理论指出人类社会经过原始社会、奴隶社会、封建社会、资本主义社会,将要经过社会主义社会到达共产主义社会。未来的共产主义制度是建立在社会变革与高度的生产力发展基础上的。

现在,我国理论界对已经出现的生态文明概念也赋予双重含义。一方面,它是社会主义建设中所体现的文明类型。这个角度的生态文明,是与物质文明、精神文明、政治文明相并列的。党的十七大、十八大、十九大报告中都阐述了"建设生态文明",建设内容包括围绕生态、资源、环境问题建设相应的政治制度、政治结构和法律体系;创建生态化的产业体系,如环保技术、循环经济、绿色产业;创造生态文化形式,包括生态环境教育、生态伦理、提高环保意识的科学、推崇生态意识的文艺。另一方面,它是人类社会历史上一个新的文明形态。著名生态经济学家刘思华在广西大学举办的"中国杰出社会科学家报告会"上,做了《关于生态文明理论与实践的几个问题》的演说,他在演说中提出:人类文明发展史上的三大革命,分别创造了三大文明形态。农业革命创造了农业文明,工业革命创造了工业文明。经过三百年的工业文明发展,人与自然的关系被推向极端对立的地步,这时产生了新的文明要求,这就是生态文明。生态文明是比工业文明更先进、更高级的文明形态。这三种文明形态,农业文明称为黄色文明,工业文明称为黑色文明,生态文明称为绿色文明。今天,在一定意义上,生态文明还不是现实,我们还要经历较长的工业文明时代。与共

产主义相似，生态文明也是人类的理想。可以说，社会调节的宏伟理想是生态文明。

生态文明的理想性在于，它要求人与物质变换的关系要来一个大转变，重建人与自然的和谐关系。这一理想与社会变革有联系，但主要是社会调节的产物。重建人与自然的和谐关系，人类社会将调节这三个关系：人既是消费者又是生产者，既是自然的调控者又是与自然的共同进化者，既是自然资源的利用者又是自然资源的维护者。

在生态文明中，生态马克思主义的物质变换理论将得到实现。这个理论揭示了劳动过程中人与自然的关系，提出了人与自然之间物质变换的协调发展与良性循环的价值规范，从而要求人类劳动必须有调节，确保人类劳动不去破坏导致自然生产过程中的物质能量循环平衡基础。人类社会的物质资料生产过程中存在着三个方面的人与自然的物质变换，生态文明将分别达到其规范要求：①自然的物质代谢不是处于社会生产过程的，而是由人类的劳动启动的。自然的物质代谢过程本身受自然规律支配，不受人类调控，但开启什么样的物质代谢过程却是人类造成的。人类将能够预见其因果关系，调控自己的社会生产，不去盲目地开启导致某种后果的物质代谢过程。②社会的物质交换，其过程主要受经济规律的支配。但是，社会的物质交换会对自然生态系统产生反作用。人类将能够消除社会物质交换失衡产生对自然生态系统的有害的反作用，如超过正常消费的生产规模造成自然资源的浪费、消费预期诱发对自然资源掠夺性开发的冲动等。③人和自然之间的物质变换，这个过程中自然规律与经济规律同时起作用。人类将合理地利用自然力来改变自然物质、合理使用物质资料、控制废弃物的排放。人类将一方面消除自然界变化所包含的有害后果：自然物质的耗竭、自然力的过度使用、废弃物和排泄物对自然生态环境的污染；另一方面将避免人自身变化所包含的有害后果：劳动者身心健康受损、畸形发展，消费者损害健康，不能适应自然环境。

实现生态文明的道路，在当前主要是走可持续发展道路。20世纪80年代人们提出了新的发展观：可持续发展观，它要求人类社会经济的发展，既要使当代人类的各种需要得到满足，个人得到充分发展；又要保护资源和生态环境,不对后代人的生存和发展构成威胁。世界各国在可持续发展观的引领下,纷纷制定了可持续发展战略,由此,对传统的工业文明发展模式造成了巨大的冲击,为合理调节人与自然的物质变换、酝酿生态文明的理想创造了条件、开启了实践过程。

马克思在工业文明的早期,就以深刻的洞察力指出公有制条件下人和自然之间的物质变换的愿景:"社会化的人,联合起来的生产者,将合理地调节他们和自然之间的物质变换,把它置于他们共同控制之下,而不让它作为盲目的力量来统治自己;靠消耗最小的力量,在最无愧和最适合于他们的人类本性的条件下来进行这种物质变换。"① 一个多世纪过去了,人类在饱尝了工业文明和资本主义私有制条件下人与自然之间不合理的物质变换的后果之后,在生态经济学的知识不断积累之后,在可持续发展实践的有力推动之后,终于在社会调节领域提出了宏伟的理想,即生态文明。它与共产主义一样,成为又一面指引人类走向未来的旗帜,两面旗帜又是相互辉映的。而真正能够论证与揭示生态文明的社会状况与实现道路的理论,必须是以马克思主义为理论基础、吸收世界一切科学思想的理论。

---

① 马克思:《资本论》第3卷(下),人民出版社1975年版,第926—927页。

参考文献

（以文献与各章正文的相关内容先后为序）

第一章

[1] 李欣广：《"当代中国马克思主义经济学家：批判与创新"评介》，载《马克思主义文摘》，2013年第2期。

[2]《经济新常态与经济学创新：纪念〈经济研究〉创刊60周年笔谈》，载《经济研究》，2015年第12期。

[3] 社会主义市场经济编写组：《社会主义市场经济学》，广西师范大学出版社1992年版。

[4] 何自力：《历史感与马克思主义政治经济学的生命力》，载《高校马克思主义理论研究》，2015年第1期。

[5] 程恩富、王朝科：《用发展的马克思主义政治经济学引领应用经济学创新》，载《教学与研究》，2010年第2期。

[6] 白永秀、吴振磊：《中国30年经济改革与转型的政治经济学分析》，载《西北大学学报》，2008年第1期。

[7] 景维民：《转型经济学》，南开大学出版社2003年版。

第二章

[1] 程恩富：《经济全球化与反全球化的若干分析》，载《海派经济学》，2007年第4期。

[2] 胡乐明：《转变经济发展方式必须坚持〈中国道路〉》，载《海派经济学》，2010年第32辑。

[3] 王宏斌:《生态文明:理论来源、历史必然性及其本质特征》,载《当代世界与社会主义》,2009 第 1 期。

[4] 贾建芳:《全球化背景下社会主义与资本主义的关系》,载《思想理论教育导刊》,2006 年第 7 期。

[5] 许先合:《技术标准专利化趋势对我国技术创新的影响》,载《湖北教育学院学报》,2006 年第 11 期。

[6] 潘家华:《哥本哈根气候会议的争议焦点与反思》,载《红旗文稿》,2010 年 3 月 19 日。

[7] 朱延福:《中国的"受控核聚变"——社会主义与市场经济相结合之机理分析》,湖北人民出版社 1997 年版。

[8] [波] W. 布鲁斯、K. 拉斯基:《从马克思到市场:社会主义对经济体制的求索》,银温泉译,吴敬琏校,上海三联书店、上海人民出版社 1998 年版。

第三章

[1] 密加凡、刘光杰、张寄涛:《我国经济体制改革的理论探讨》,湖北人民出版社 1983 年版。

[2] 林子力:《社会主义经济论》第 1 卷,经济科学出版社 1985 年版。

[3] 恩格斯:《政治经济学批判大纲》,见《马克思恩格斯全集》第 1 卷,人民出版社 1956 年版。

[4] 周建明:《社会主义和商品经济》,人民出版社 1985 年版。

[5] 景天魁:《打开社会奥秘的钥匙》,山西人民出版社 1981 年版。

[6] 罗文花:《马克思社会分工理论新析》,载《马克思主义研究》,2008 年第 6 期。

第四章

[1] 刘东、陶骏:《比较经济体制学》,南京大学出版社 1991 年版。

[2] 恩格斯:《论权威》,见《马克思恩格斯全集》第 2 卷,人民出版社 1974 年版。

[3] 马克思:《马克思恩格斯全集》第 46 卷(上册),人民出版社

1979年版。

[4] 列宁：《国家与革命》，见《列宁选集》第3卷（上），人民出版社1972年版。

[5]《马克思恩格斯全集》第46卷（上册），人民出版社1979年版。

[6] 华生、张学军、罗小朋：《中国改革十年：回顾、反思和前景》，载《经济研究》，1988年第9、10、11期。

[7]［南］爱德华·卡德尔：《公有制在当代社会主义实践中的矛盾》，中国社会科学出版社1980年5月版。

[8] 赵泉民、井世洁：《市场化力量的缺失：对20世纪中国合作经济困境的一种诠释》，载《甘肃社会科学》，2005年第6期。

[9] 刘诗白：《产权新论》，西南财经大学出版社1993年版。

[10] 陈湘、孙是炎：《市场型公有制》，上海三联书店1998年版。

[11] 陈湘轲、罗树明：《论市场型公有制——简论公有制与市场经济结合的新思路》，载《福建论坛》，2005年第12期。

[12] 薛功来：《从发展的角度看公有制与市场经济的"兼容性"》，载《理论月刊（武汉）》，2005年第12期。

[13] 郑新立：《积极推行公有制的多种有效实现形式》，载《当代思潮》，2004年第6期。

第五章

[1] 赵林如等：《市场经济学大辞典》，经济科学出版社1999年版。

[2] 恩格斯：《社会主义从空想到科学的发展》，载《马克思恩格斯选集》第三卷，人民出版社1972年版。

[3] 李欣广：《提高驾驭社会主义市场经济能力是执政党全新的历史使命》，载《广西社会科学》，2008年第12期。

[4] 吴树青、胡乃武主编：《模式、运行、调控》，中国人民大学出版社1987年版。

[5] 华民：《西方混合经济体制研究》，复旦大学出版社1995年版。

[6] 林卓群、李欣广等：《中国式比较经济学简论》，广西人民出版社1995年版。

第六章

[1] 罗季荣：《马克思社会再生产理论》，人民出版社1982年版。

[2] 梁文森、田江海：《社会主义固定资产再生产》，中国社会科学出版社1983年版。

[3] 王时杰：《社会主义发展经济学》，大连海运出版社1990年版。

[4] 苏星：《扩大再生产两种基本形式与我国经济增长方式的转变》，载《贵州财经学院学报》，1997年第6期。

[5] 焦方义：《转变经济增长方式：实现十一五规划的根本措施》，载《当代经济研究》，2006年第8期。

[6] 纪科：《以知识为基础的经济》，载《中国投资导报》，1997年7月25日。

[7] 路甬祥：《建设面向知识经济时代的国家创新体系》，载《光明日报》，1998年2月6日。

[8] 吴季松：《知识经济时代离我们究竟有多远》，载《中国青年报》，1998年4月23日。

[9] 冯之浚主编：《知识经济与中国发展》，中共中央党校出版社1998年版。

[10] 古惠冬：《中国的对外经贸关系与工业化的发展——对外开放视角下的中国工业化发展（上）》，载《改革与开放》，2004年第11期。11.《对外开放新阶段中的中国工业化发展——对外开放视角下的中国工业化发展（下）》，载《改革与开放》，2005年第1期。

[12] 赵文丁：《新型国际分工体系下中国制造业的比较优势》，载《中国工业经济》，2003年第8期。

[13] 芮明杰：《中国产业发展的挑战与思路》，载《复旦大学学报》，2004年第1期。

[14] 周云：《工业化、信息化与新型工业化道路》，见《东西方现代化发展比较》，中国经济出版社2006年版。

第七章

[1] 魏焕信、刘相、李允详：《树立新的科学的劳动与财富观——

社会主义劳动与财富问题研究》，山东人民出版社 2005 年版。

[2] 钱伯海：《社会劳动价值论》，中国经济出版社 1997 年版。

[3] 蔡继明、李仁君：《广义价值论》，经济科学出版社 2001 年版。

[4] 杨文进：《经济可持续发展论》，中国环境科学出版社 2002 年版。

[5] 陈永忠：《论社会主义市场经济条件下的资本和剩余价值》，载《经济体制改革》，2002 年第 2 期。

[6] 钟盛熙等著：《资本论与当代》，安徽人民出版社 2003 年版。

[7] 钱津：《劳动价值论》，社会科学文献出版社 2005 年版。

[8] 张帆：《知识财富、虚拟资本对财务管理的挑战及对策》，载《商丘职业技术学院学报》，2008 年第 4 期。

第八章

[1] 冯莉枝：《马克思主义两极分化理论研究》，长安大学（西安）2010 年硕士论文。

[2] 江泽民：《中国共产党第十四届中央委员会第三次全体会议公报》，载《党的建设》，1994 年第 1 期。

[3] 马克思：《资本论》第一卷第二十三章，人民出版社 1975 年 6 月版。

[4] 齐建国：《用科学发展观统领经济发展方式转变》，载《财贸经济》，2010 年第 4 期。

[5] 李欣广：《三维效益的辨析与综合初探》，载《经济纵横》，2011 年第 6 期。

[6]《中国 21 世纪议程——中国 21 世纪人口、环境和发展白皮书》，电子图书 https://max.book118.com/html/2017/0328/97503029.shtm。

[7] 吴宣恭：《五大发展理念是社会主义基本经济规律内涵的深化和高度概括》，载《马克思主义研究》，2016 年 8 期。

[8] 吴睿：《经济增长方式转变的新思考》，首都师范大学 2008 年硕士论文。

第九章

[1] 齐卫平、赵雷：《中共八大关于社会主要矛盾的认识分歧及其

后果》，载《河南师范大学学报》，2016年第8期。

[2] 梁启东：《新时代社会主要矛盾的表述是重大理论创新》，http://news.nen.com.cn/system/2017/10/19/02014237shtml。

[3] 习近平：《决胜全面建设小康社会夺取新时代中国特色社会主义伟大胜利——在中国共产党第十九次全国代表大会上的报告》，载《人民日报》，2017年10月28日。

[4] 魏焕信、刘相、李允详：《树立新的科学的劳动与财富观——社会主义劳动与财富问题研究》，山东人民出版社2005年版。

[5] 俞梅珍：《坚持以人民为中心的发展——人的工具性与目的性的矛盾冲突及环节对策》，载《改革与战略》，2016年第12期。

[6] 上海市劳动局资料组：《建国以来按劳分配论文选》，上海人民出版社1978年版。

[7] 彭光细：《科学发展观与民生幸福》，载《经济师》，2009年第4期。

[8] 林昆勇、任春晓：《论以人为目的包容性发展战略的生态伦理意蕴》，载《改革与战略》，2014年第6期。

[9] 曾杰：《深刻理解坚持以人民为中心的发展思想》，载《人民论坛》，2016年第4期。

[10] 巫文强、王政武编述：《社会主义市场经济与人的协调发展研究述要》，线装书局2017年版。

[11]《习近平总书记系列重要讲话读本》，学习出版社、人民出版社2016年版。

第十章

[1] 程恩富、廉淑：《比较优势、竞争优势与知识产权优势新探》，载《求是学刊》，2004年第6期。

[2]［美］迈克尔·波特：《国家竞争优势论》，李明轩、邱如美译，中信出版社2007年版。

[3] 卢锋：《产品内分工：一个分析框架》，载《经济学季刊》，2004年第5期。

[4] 许南、李建军：《国际金融危机与中国加工贸易转型升级分析》，

载《财贸经济》，2004年第4期。

[5] 马晓河:《迈过"中等收入陷阱"的结构转型》，载《农村经济》，2011年第4期。

[6] 江静、刘志彪:《服务业外包：深度开放中的产业新选择》，载《学海》，2007年第5期。

[7] 罗建兵:《加工贸易产业升级与国内价值链构建》，载《当代财经》，2002第2期。

[8] ［美］迈克尔·波特:《竞争优势》，陈小悦译，华夏出版社2005年版。

[9] 李晓钟:《从比较优势到竞争优势——理论与实证研究》，浙江大学出版社2004年版。

第十一章

[1] 恩格斯:《家庭、私有制与国家的起源》，《马克思恩格斯选集》第4卷，人民出版社1972年版。

[2] 刘思华主编:《可持续发展经济学》，湖北人民出版社1997年版。

[3] 李欣广:《生态文明与马克思主义经济理论创新》，中国环境科学出版社2011年版。

[4] 胡振生:《生态环境的恶化呼唤着共产主义》，http://mept.gxu.edu.cn/lwjc/stwmll/24991shtml。

[5] ［美］约翰·贝拉米·福斯特:《生态危机与资本主义》，耿建新等译，上海译文出版社2006年版。

[6] 胡茂成、张新平主编:《文明的转型：从经济循环到生态和谐》，湖北人民出版社2009年版。

后 记

2009年，我主持了学院硕士点当中政治经济学专业马克思主义经济学发展与应用方向的研究工作。为便于教学，我将自己20世纪90年代末以来属于马克思主义经济学的论文编辑成讲义。此后年年改版，逐步收入新的论文，直到2013年停招。这段时间，讲义基本是选择性地汇编，按照逻辑顺序将原有独立的论文编成各个章节，只有少数文字修改，没有统稿，不算一个严谨的系统。这次将其改编成本书，利用几个月的时间进行统稿，填平补齐，加大增减力度，使之成为较有逻辑性的理论系统。由于原有的文章写成于不同时期，时间跨度较大，虽然在改编中删去了明显过时的提法、事例与背景，但论述的语境仍然保留了部分当时的特点。只要观点本身没过时，有一些历史的痕迹也有其作用，就是能够看出理论的发展历程。马克思主义经济学理论正在蓬勃发展，期望本书能作为一滴水珠融入这个大潮当中。

李欣广

2018年3月23日